JN438295

| 월간『문학세계』 인기 연재작품 |

최병영의

바람 따라 물결 따라

시와 에세이로 엮은 문학여행기

길에서 만난 풍경

월간 『문학세계』 인기 연재작품
바람 따라 물결 따라 시와 에세이로 엮은 문학여행기

최병영 시·수필집

도서출판 천우

| 자서(自序) |

잔인한 사월, 그 처절한 비정의 결기에 서서

그렇게 처절히 슬퍼하고도 아직 더 슬픔의 잔해가 남아 있다는 게 슬프다. 그렇게 한없이 찔끔거리고도 아직 더 찔끔거릴 수 있는 눈물이 남아 있다는 게 슬프다. 이 땅에 태어난 게 슬프고, 이 땅에서 어른이 되어 사는 게 슬프다.

바다처럼 무심히 흘러갈 장엄한 역사 앞에서 우리는 이 슬픈 바다 이야기를 어떻게 아우를 수 있을까. 어떻게 비극의 이야기를 정리하여 이 땅의 후손들에게 전해 줄 수 있을까. 최후까지 승객을 살리려고 버둥거리다 비장한 운명을 맞이한 거룩한 넋에게, 자신의 구명조끼를 양보하고 안타깝게 주검을 맞이한 고귀한 넋에게 어떻게 오늘의 이야기를 말할 수 있을까.

어른은 원래 그런 거라고, 어른이 되면 다 그런 거라고…. 그래서 저 먼저 살기 위해 주검 앞의 승객을 버리는 야만도 있을 수 있고, 이권 챙겨 검은 뱃속 불리며 불법을 묵인할 수도 있고, 돈을 벌기 위해서 위험스레 화물을 과적할 수도 있는 거라고, 총체적으로 부실하여 재난에 허둥대는 무능한 정부도 있을 수 있고, 처참했던 수많은 사고에도 전혀 진화하지 못하는 나라도 있을 수 있는 거라고….

이 땅에 사는 아이들에게 한없이 부끄러웠다. 이 땅에서 어른으로 사는 게 한없이 부끄러웠다. 그리고 지금도 그렇게 부끄럽다.

세월호 사고 이후 좀체 글을 정리할 수 없었다. 그저 멍하니 현실이 아닌 듯한 침몰의 바다만 지켜보았다. 거기에선 속절없이 탁한 물살만 흘러갔다. 팽목항의 통곡소리만 들려왔다. 진도체육관의 비통만 왱왱거렸다. 생기 차게 재잘거리며 수학여행을 떠나던 어린 꽃송이들의 주검이 쇠망치로 가슴을 쳐왔다. 교단에서 평생 아이들을 가르치며 교육자의 길을 걸어왔기에 그랬다. 여기 담는 글이 바로 여행 이야기이기에 더욱 그랬나. 그러기에 자꾸만 헝클어져 이완되는 의식으로는 글의 감성도 사유(思惟)도 좀처럼 정리할 수 없었다.

이 소소한 여행 이야기가 이 땅의 가슴 아픈 이들에게 조금이라도 위로가 되면 좋겠다. 고통 어린 멍울을 안고 살아가는 이들에게 조금이라도 정서적 위안이 되면 좋겠다. 일찍이 영국시인 T.S Eliot는 「황무지」에서 사월을 잔인한 계절이라 노래했지만, 정작 이 땅의 비극이 이렇게 잔인할 줄은 예견치 못했다. 극도로 이기적이고 탐욕적인 세상에 대한 하늘의 응징이리라. 정녕, 내일의 태양은 오늘보다 좀 더 순박하고 은연하면 좋겠다. 오늘이 너무 슬프고 아리기에 내일의 태양은 꼭 그랬으면 좋겠다.

2014년 4월
세월호처럼 침몰하는 먹자주빛 어둠 속에서

| 서시(序詩) · 1 |

불러도, 불러도 대답 없는 이름이여!

— 세월호 애달픈 꽃송이를 애도하며

오, 하늘이시여 신이시여
정녕 이 참담한 비극을 어찌하오리까
종달새처럼 재잘대며 수학여행 나선 아이들
소라처럼 꿈을 키우며 초록으로 망울지던 꽃송이들
차가운 바다에 시린 넋을 묻고 누웠는데
너울거리는 바다에 펴런 혼을 묻고 누웠는데
이 찢어지는 아픔 어찌하라고
이 북받치는 슬픔 어찌하라고

맹골수도 탁한 물골에다
원혼으로 결기 접어 숨결을 묻고
여린 꽃잎 서러이 산화(散華)하는 저곳
채 피우지 못한 꽃잎 애절히 낙화하는데
팽목항 처절한 절규 어쩌라고
진도체육관 피맺힌 울부짖음 어쩌라고

차가운 바다에 순백의 넋으로 진 꽃무리들이여
이제 몸서리치게 아픈 물골에서

그만, 한 줄기 바람으로 돌아오시게
모두 탐욕적이고 야만적인 어른 잘못이어니
잔인한 주검 앞에서 아무것도 할 수 없는
내 무력하고 무능한 생명을 갉아서라도
터억 턱 가쁜 숨이라도 몰아쉬며
저승에서라도 신화로 살아 있으라
영혼이라도 천사처럼 살아 있으라
꼭 그렇게 뜨거운 불꽃으로 영원히 살아 있으라

바닷새 부리로 제 모공(毛孔) 모조리 쪼아대며
난 이 땅에 사는 게 한없이 슬퍼라
우는 것도 사치라서 남몰래 속울음 삭이며
이 나라 어른으로 사는 게 한없이 부끄러워라
노란 리본 휘휘 날리는 이 땅에서
붉은 멍울 아리게 가슴 깊이 묻어두고
박제된 얼룩을 화석처럼 안고 살아가는 죄인이어라
오, 절망의 바다에 누운 넋들이여
불러도, 불러도 대답 없는 이름이여!

청정한 열목어의 눈빛으로

글월이 마구 겉돌아
칠흑 같은 어둠의 늪을 헤맬 때
훌쩍 진안에 가서 마이산을 만났습니다
거기서 말처럼 두 귀 쫑긋 세우고
돌탑 사이로 흐르는 바람소릴 들었습니다
온 정성으로 층층이 쌓아올린 돌탑과
청량한 바람소리가 글귀를 터주었습니다

글은 바로 돌탑이고
돌탑을 스치는 바람소리였습니다

시상이 마구 덜컹거리며
갈림길에서 미로를 헤맬 때
훌쩍 두물머리에 가서 한강을 만났습니다
거기서 우화한 나비처럼 팔랑팔랑 날며
북한강과 남한강이 살 섞는 소리를 들었습니다
퍼렇게 멍울져 흘러가는 강물과
해말간 물새 울음이 시의 행간을 열어주었습니다

시는 바로 강물이고
강물을 쪼아대는 물새소리였습니다

나는 지금 강 안개에 감쳐져 희끄무레한
활자의 뭉툭한 돌기로 판화(版畫)를 새기며
청정한 강어귀 열목어의 눈빛으로
목단 같은 여인의 사타구니를 탐하고 있습니다

하지만,
해 설픈 오후
돌탑 다리가 자꾸만 짧아지고
물새 부리가 자꾸만 닳아지고 있습니다

여인의 사타구니는
바람소리 거칠고 강물소리 드센
시의 늪이고 미로였습니다.

| 목차 |

길에서 만난 풍경

첫 번째 이야기

바람의 깃에 은빛 날개를 달고 나서다

계절이 옆구리에 은빛 날개를 달기 시작한다. 은빛 날개의 곡진한 동력은 다홍색 체관에서 비롯된다. 선홍빛 홍조(紅潮)를 머금은 단풍잎이 날개 끝에 매달려 대롱거린다. 여성으로 막 진입하려는 소녀의 초경처럼 순수하고 선연하다. 단풍의 혈관으로 붉은 피톨이 흐르고 힘줄이 툭툭 불거져 고동친다. 은빛 날개는 무형의 소용돌이로 무채색 바람을 일으킨다. 바람이 문고리를 달랑거리다가 봉창에 부리를 박는다. 바람소리에 인내의 저점에서 술렁이던 고독의 줄기세포가 꼿꼿하게 등뼈를 곧추세운다. 속살을 저며 드는 바람의 옷자락이 파랑으로 너울거린다. 늘 이맘때쯤마다 계절은 아리게 가슴의 밑면을 파고들어 술렁인다. 슬픔의 잔상들이 바람의 골마다 들쑤시며 심층에서 먹빛 갈기를 곧추세운다. 가을마다 돌기하는 아픔과 슬픔에 나는 오늘도 물컹하게 운다.

그래, 이제 떠나야 한다. 타는 목마름으로 어느 산천에 이르러 과체중 체액을 장막에 가둬버린 지방층을 분열시켜야 한다. 분열된 것들을 무심의 본역(本域)에서 달관한 초월자의 의지로 모조리 분쇄해야 한다.

저 날개는 산 넘고 물 건너느라 얼마나 고단했을까. 산과 물을 건너며 이파리마다 붉게 터진 핏자국을 닦느라 얼마나 고심했을까. 그래, 이제 바람의 깃에 은빛 날개를 달자. 은빛 날개를 단 바람을 타고 훠이훠이 창공을 날자. 오늘도 구름 한 점 없이 쪽으로 채색한 하늘이 저리 깊고 시리지 않은가. 연줄처럼 팽팽한 하늘이 새끼손가락으로 살짝 튕기기만 해도 쨍그랑 소리를 내며 금세 깨질 것 같지 않은가. 가을의 심장이 마치 빙하의 얼음장 같다. 가을은 저처럼 한없이 청량하고 탱탱하다.

바람의 깃에 은빛 날갤 달고

가을이 무르익으면
시퍼런 하늘에 이가 시리다
새하얀 구름에 눈이 아리다

까마득한 옛날
땅 울림과 바다 파동이 격동하고
태초의 햇살이 누리에 차오르며
수피(樹皮)마다 동그랗게 나이테 둘러온 날들
두레박 한 가득 푸른 전설 길어 올리며
씨앗들이 암팡지게 여물어가는 돌샘 언저리
그곳에선 설화처럼 들꽃들이 벙글었는데,

언제부턴가
등피 질긴 먹빛 어둠 깔리고
광야에 폭풍우 들이쳐 들꽃 질 때

재 너머에서 움트는 빛살 바라기하며
헝클어진 상념의 조각 주섬주섬 챙겨
바람은 물결 따라 너울너울 흐르고
물결은 바람 따라 넘실넘실 흐르고
울퉁불퉁한 삶의 여울 그리 흘러가며
애틋한 그리움 한 자락도 자꾸만 멀어지는데,

이제, 바람의 깃에 은빛 날개를 달아야 하리
은빛 날갤 달고 훠어이 훠어이 창공을 날아야 하리
가을이 오는 길목이 저리도 서럽거늘
가을이 물든 세상이 저리도 저리거늘
불새처럼, 비익조처럼 비상하여
타는 목마름으로 창공을 날며
갈매 빛 울음이라도 실컷 울어야 하리

가을이 저토록 시리기에
계절이 저토록 아리기에.

꼬장꼬장한 햇볕이 따갑다. 날씨를 예보하는 화면의 여성은 겨울을 꼭꼭 껴입었다. 아랫녘 지도를 가리키며 주말의 수은주가 빙점으로 곤두박질칠 거라고 호들갑을 떨어댔다. 줄곧 은일(隱逸)한 시선으로 화사한 매무새의 굴곡을 더듬노라 방점 찍힌 언어의 실체조차 모조리 놓쳐버렸다. 분명치 않은 그녀의 육감적인 장밋빛 입술을 믿을 수밖에 없다. 서둘러 온몸을 친친 둘러 바람 구멍을 막아대고 길거리로 나선다.

태양이 바삭바삭한 고샅에 불화살을 꽂아댄다. 이내 귀 엷은 믿음이

후회로 엄습해온다. 내 삶은 언제나 그래 왔다. 그처럼 귀 엷은 예각의 모서리에서 미로처럼 길을 잃고 멈칫거려 왔다. 분별없이 부화뇌동하는 귀청은 사려 깊은 심연을 이루지 못한다. 세상엔 진화한 문명과 더불어 탈피하지 못한 문명들이 횡행한다. 망각하고 털어내려 길을 나서며 켜켜이 껴입는 건 아무래도 이질적이다. 이 칙칙한 표피들은 여정 내내 또 얼마나 많은 번거로움과 불편을 동반할 것인가. 세상에 대한 무조건적인 믿음은 때로 우매한 늪의 수렁을 파기도 한다.

굽이진 길가로 방목된 야생의 숨결들이 몰려든다. 비탈에 선 나무들이 애써 몸을 가누느라 관절마다 휘었다. 이파리를 떨친 나무의 눈망울이 몹시 처연해 보인다. 나무에게 잎은 한해 내내 얼마나 거추장스럽고 또 얼마나 사랑스러운 존재였던가. 뿌리는 열매의 완숙을 위해 어둔 터널 속에서 줄기차게 푸름을 잉태한다. 암흑의 결을 더듬어 무화과 같은 사랑으로 희망을 피워낸다. 그렇게 연녹색 숨결로 거친 비바람을 헤쳐 온 길은 형극의 고통이었으리라. 큰 호흡으로 목젖 차도록 수분 머금어 키워낸 이파리는 가멸찬 인고의 결실이리라.

세상에선 언제나 떠나는 객체보다 보내는 주체의 눈망울이 더욱 깊고 짙은 그늘을 드리운다. 이파리는 뿌리의 체관에서 상처가 덧나 흐르는 수액을 흡입하여 생명을 키운다. 소슬바람에 바스러져 떠나갔을 이파리들은 이별 저편에서도 항시 나무의 고통을 상기해야 한다. 나무는 이파리의 주검에까지 희생으로 사랑을 전이한다. 그리고 그 죽음이 아려 나무는 하얀 계절 내내 비등점(沸騰點)에 서서 앙상한 나목의 고통으로 경련할 것이다. 북풍에 몸을 내주고 휘청휘청 흔들리는 나목은 떠나간 이파리에 대한 그리움의 진통이 실체화한 몸짓이다. 못 견디게 그리운 정회를 극한적인 통증의 율동으로 정화한 눈물 어린 춤사위이다. 그러기에 앙상한 나목의 율동은 늘 거칠고 격렬하다.

나목(裸木)

티베트 사원 순례구도 나선 행자
처절한 오체투지 기구(祈求)처럼

목젖까지 타드는 아픔으로
극한의 생을 살라 불춤 춘다

정녕 사랑하기에
정녕 그리워하기에

바람 부는 들길에 상처 난 넋을 묻고
낙엽 진 산길에 선홍색 피를 토혈하고

툭툭 가지 부러진들 어떠리
우지끈 뿌리 뽑힌들 어떠리

사랑은 그렇게 바스러진
심장의 피돌기였거늘
그리움은 그렇게 일그러진
생명의 맥놀이였거늘.

산비탈에서 억새가 무리지어 하얀 손을 흔든다. 사념 깊은 억새의 대궁이 구슬픈 현악(絃樂) 한 곡조 채록하여 바람결에 띄운다. 가을엔 화려한 원색만 아름다운 게 아니다. 억새는 낮은 채도에다 저만의 질박한 아름다움을 예술의 극치로 피워낸다. 산에서 열두 폭 치마를 펼친 바다가 끊임없이 하얀 파도로 넘실댄다. 파도의 깃이 고지에 깃발을 꽂은 병사의 기상마냥 의기양양하다. 순백의 실올로 직조한 무명자락이 싱싱한 바람의 날갯짓에 출렁거린다. 억새 숲에서 솜털 날리는 바람의 눈시울이 붉다. 억새는 결코 생의 행간(行間)에 온전치 않은 구두점을 찍지 않는다. 끝 숨으로 생을 갈무리하고서도 늘 이맘때면 다시 하얀 숨결로 부활하는 불사조의 생명력을 보여준다.

억새는 바람의 숲에서 순결한 영혼으로 망울진다. 억새는 결코 양질의 삶터만을 고집하지 않는다. 건조하고 척박한 곳에 자리 잡고 질기게 생을 피워낸다. 습지와 강가만을 골라 안주하는 갈대와는 기호도 습성도 다르다. 가늘고 길며 가지런한 은빛 머릿결도 수수 뭉치 같은 갈대잎과는 품격이 다르다. 하지만 억새면 어떻고 갈대면 어떠하랴. 저토록 슬픔 한 덩이 베어 물고 무리지어 눈부시게 출렁이는 것을.

억새의 군무(群舞)가 아리다. 억새는 산기슭에서 떠나가는 것들에 대해 이별을 곱씹어 노래한다. 언젠가 꽃상여 타고 산길을 넘어가던 할매의 마지막 길에서도 억새는 저랬다. 할매가 가신 길로 산모롱이를 넘어가던 엄니의 마지막 길에서도 억새는 저랬다. 긴 머리 찰랑거리며 떠나간 여인의 아련한 눈망울에서도 억새는 저랬다. 몸 비벼대며 살아가던 이들이 떠나갈 때 억새는 늘 바람을 불러 저토록 술렁였다.

쇠잔하지 않는 슬픔은 지울 수 없는 고통을 배양한다. 망각되지 않는 기억은 인간에게 최대의 축복이자 불행이기도 하다. 억새는 끊임없이 떠나는 것들을 전송하기 위해 새로운 악보를 쓴다. 억새의 구슬픈 노래는 하얀 현으로 연주하는 이별의 전송곡이다. 산을 내려올 때까지 지속된 이별의식은 현충일 묵념처럼 엄숙하고 경건했다. 그곳에서 억새는 종일 주파수가 같은 하얀 파장으로 울음을 터뜨리고 있었다.

억새의 울음
— 시나위 · 32

그대는
저 억새 울음소릴 듣는가

진양조 절창 은빛으로 빚으며
빈궁한 영혼의 뜨락에다
조락한 햇덩이 검붉게 뱉어놓고
갈맷빛 격랑의 갈피에서
꺼억꺼억
도드라지는 숨결로 망울지는 꽃술

흐르는 것들이 아려서
떠나는 것들이 슬퍼서

등줄기 휘어진 뒷산 능선에서
시린 무릎 펴고 일어나
새하얀 무명천 훨훨 날리며
노을빛에 살풀이 한 장단 풀어놓는
억새의 서러운 춤사위
우련한 달빛 한 자락 품어 안고
바람의 넋으로 서걱거리는
은파의 구슬픈 노래

흘러간 것들이 그리워서

떠나간 것들이 보고파서

그대는
저 억새 울음소릴 듣는가.

세월이 갈까마귀처럼 날아간다. 무정한 세월 앞에 결코 온전한 것은 존재하지 않는다. 갈고랑쇠로 당겨두고픈 일월이 마냥 떡갈잎처럼 바스러진다. 차창으로 이따금씩 굴러 내리는 능선을 타고 들녘이 흐르고 촌락이 흐르고 도시가 흐른다. 도시의 문을 닫고 나선 이역(異域)에서 활짝 문이 열린 또 다른 도시의 맨살을 멀건이 바라본다. 어디서나 도시의 문명은 마른 회색 더미 속에서 가쁘게 성장한다. 잿빛 구조물 속에서 발아하여 질기게 싹을 틔우고 숨구멍을 열어 생을 피워낸다. 도시는 본능적으로 집요하게 인간을 문명의 틀 속에 구속하려 한다. 인간을 가두기 위해 도시는 끊임없이 단절의 벽을 드높이 쌓아올린다. 그리고는 종래 자신도 절망적 나락(奈落)에서 벽에 갇혀 질식하고 만다. 도시는 휘청거릴 만큼 높이에 대한 욕망과 집착이 강하다.

지구는 연일 저 무거운 문명의 잔해를 짊어지고 자전하느라 얼마나 고달플까. 만취한 행객처럼 비틀거리며 어지러운 발길을 가누느라 얼마나 힘겨울까. 짊어지고 짊어져도 층층이 쌓이는 도시의 욕망이 두렵기만 하다. 돌연 도시 끝에서 골 깊은 계곡이 폭포수처럼 떨어져 내린다. 저 계곡은 언젠가 도시가 눈을 질끈 감고 몸을 던질 아스라한 운명의 공간일지도 모른다. 능선 언저리 틈바귀에 몸이 낀 빛살이 숲을 헤치느라 붉게 상기된 채 자꾸만 종아리를 부여잡는다.

산비탈을 옆구리에 끼고 마른 강이 굽이돌아 흐른다. 한때는 활기차고 풍성했을 강이 쇠락한 세월처럼 너부러져 주름진 뱃살을 드러낸다. 빗살

문양의 모래톱이 타는 갈증으로 목말라 있다. 푸름을 잃은 강은 부끄러운 치부를 드러내고도 수치심을 의식하지 못할 정도로 극히 쇠잔해졌다. 동력을 잃은 강이 하염없이 느린 물살로 힘겹게 흐른다. 빈한한 강으로 퇴적한 시간이 흐르고 추억이 흐르고 애상이 흐른다. 늙은 어미의 말라버린 젖가슴 같은 강어귀에서 한들거리는 코스모스의 청초한 꽃술이 이채롭다. 산들거리는 바람결에 코스모스가 한껏 몸을 꼬고 향기를 내뿜어 벌 나비를 유혹한다. 꽃잎에 내려앉는 벌의 날갯짓이 음계 낮은 비파(琵琶)음을 튕겨낸다. 가을 강바닥에 상큼한 코스모스 향이 물큰하다.

가을 강

언젠가는
유월의 신록처럼 탱글탱글했지
등에 질끈 책보 둘러메고
달그락거리는 빈 도시락 소리 파장으로 날리며
학교에서 돌아오는 개구쟁이들
텀벙텀벙 뛰어들어 물장구 개헤엄 치고
얄팍한 돌멩이 골라
물수제비 날리며 하루하루 커가던 강

느슨한 해거름
서산마루 불태우는 햇덩이에
불씨 한 장씩 붙여 들고
송아지 고삐 풀어 풀 뜯기며
천연덕스럽게 버들피리 불어대던

아스라한 흑백사진 속 추억들
그리움도 깊어지면 저리 노을로 타던가

어느 계곡에선가
동심으로 다홍색 낙엽 한 잎 띄워 보내고
자꾸만 뒤돌아보며
어깨를 들썩이던 가을 강
언젠가부터 산허리 질러 댐이 들어서고
바짝 말라 주름진 강어귀로
곰삭은 세월만 무심히 흐르는데

개구쟁이들
길어진 그림자 거둬가고
수양버들 하염없이 흐느적거리는 강
목마른 계절은 바람 세찬 강나루에 머물며
비쩍 마른 추억 한 잎 짓지 못하고
몸을 접어 기나긴 동면(冬眠)에 들어갈지니

그리고
그 강변 언저리에서
메마른 내 삶의 여울도 모래섬이 되어
타닥타닥 그리움으로 타들지니.

돌연, 코스모스 꽃길 너머에서 황금 들녘이 탱글탱글한 앞가슴을 풀어 제친다. 육감적인 가슴골이 땀 젖은 아낙의 유선(乳腺)처럼 물컹하다. 가을 진경의 정수는 역시 누런 벌판이 압권임을 실감한다. 곡식은 농부의 발걸음 소리를 듣고 자라난다. 땡볕을 푸지게 짊어진 벼들이 제 무게를 감당하지 못하고 허리를 꺾어 모로 드러누웠다. 조바심 많은 농부가 논배미에다 과도한 집착의 발소리를 풀었나 보다. 참새를 쫓느라 지친 허수아비의 밀짚모자에 참새들이 태평스레 앉아 재잘댄다. 허수아비의 마른 적삼에서 진득한 소금 내가 풍겨온다.

문득 길 하나가 툭, 실 끊어진 연처럼 가장자리로 튕겨져 나간다. 길은 저처럼 자유를 희구하는 본연의 속성으로 자아의 내면을 충족시킨다. 길은 분열하여 길을 벗어나고 그곳에서 또 다른 길을 분만한다. 거기에서 잠시 걸음을 멈추고 걸어온 길을 돌아본다. 길에 찍힌 발자국은 굴곡 많은 삶의 여정이 남긴 생활기록부의 진본이다. 거기에 쓰인 진한 잉크글씨가 깨알과도 같이 조밀한 필체로 지난날의 회상을 더듬어 간다.

예까지 걸어오며 길에 무수히 찍힌 내 삶의 족적은 지금 어떤 의미를 지녔을까? 또 내일의 지평에서 내 길은 어디로 이어지고 어디에서 종료될 것인가? 선택의 갈림길에서 망설이다 부스러기처럼 털어냈던 미지의 길은 지금 어디쯤 가고 있을까? 걸어온 길보다 걸어갈 길이 막막할 내 삶의 발자국은 앞으로 어떤 색채와 문양으로 생을 갈무리할 것인가? 삶의 계곡에서 고비 때마다 갈래로 나뉜 길의 의미가 자꾸만 상념의 골을 파고들어 수런댄다. 모두가 미련과 아쉬움이 응고된 회한의 응어리들이다.

길 · 2

해묵은 생채기 하나씩 보듬고
거기에 길이 있어 그 길을 걸었네

때론 눈비 내리고
때론 폭풍우 들이치고
질척거리는 어둠 속에서도
길은 길을 낳고 길로 이어졌네

산모롱이 칠부 능선쯤 올라
휘적휘적 걸어온 길을 돌아보았네
때론 갈림길에서 주춤거리고
때론 숲속에서 방황했던 발자국들
굽이 길에 화석처럼 박힌 그림자는
모두가 아픔이고 부끄럼이었네

진초록이 물컹거리는 숲
풀벌레 시린 울음소리에 하늬바람 들고
경계선에 발 디딘 수양버들 능청이는 그늘에서
만난 사람 보내고 보낸 사람 만나며
결빙된 시간 깨워 예까지 달려왔는데,
저 길엔 어디쯤에 구절초가 피었을까
저 길엔 어디쯤에 달그림자가 고였을까

별 자위 초롱초롱한 밤
산 너머로 꼬불꼬불 이어진 외길 따라
아스라이 놓인 움푹한 발자국들
자국마다 떫은 일상들이 뒤엉켜 출렁이고
길 잃은 북극성 하나 무심히 떠도는데.

신작로가 배양한 샛길에 잡초가 무성하다. 길은 운명적으로 만남과 이별의 대척적 정황을 수득(收得)하는 공간이다. 세월은 비록 길을 버렸지만 그 길에서 여문 사람들의 인연과 추억은 쉽사리 지울 수 없으리라. 잡초 우거진 길에 서성이는 들바람이 풀꽃을 흔들어댄다. 풀꽃이 바람의 물결 따라 때로는 굿거리 춤으로, 때로는 자진모리 춤으로 고개를 주억거린다. 풀꽃의 춤사위가 풀벌레 울음과 어우러져 한껏 애상적인 정취를 자아낸다. 가을은 현란한 색채의 계절이기에 그만큼 슬픈 계절이기도 하다.

섬처럼 잔뜩 웅크리고 있는 능선을 넘으니 거기서 까칠한 길 하나가 암팡진 집게발로 바다를 물고 늘어진다. 집게에 물린 바다가 버둥거리느라 상흔마다 시퍼렇게 멍들었다. 하늘을 채색한 쪽빛 물감이 뚝뚝 바다로 떨어진다. 거기서 파도더미를 넘던 솜털구름이 갯바위에 올라 젖은 몸뚱이를 말린다. 해면을 박차고 오른 해조(海鳥)가 햇살을 쪼아 구름의 솔기마다 콕콕 박아 넣는다. 구름의 하얀 실올이 능금처럼 빨갛게 익어간다. 멀리 수평선에서 맨살을 맞댄 하늘과 바다가 얼싸안고 검붉게 타오른다.

온종일 바다를 캐던 통통배 한 척이 노을을 헤치고 포구로 돌아온다. 배에 실린 비릿한 해풍이 포구에다 남루한 닻을 내린다. 저물녘의 포구에선 뱃고동조차 빨갛게 익어간다. 시뻘건 바다가 온몸으로 한해 내내 타올랐던 서녘 노을을 품어 안는다. 새해 첫 새벽은 저 검붉은 텃밭에서 우주의 뜨거운 항성(恒星) 하나를 캐낼 것이다. 그리고 그날, 나는 상처 많은 도마에다 수심(愁心) 깊은 칼금 하나를 그어댈 것이다.

한해 막바지 바람 드센 해안에서 온 바다가 검푸르게 갈기 세워 술렁인다. 깡마른 바람이 작두 타는 무녀처럼 파도 등성이에 올라 펄쩍펄쩍 뛰어댄다. 어디선가 가뭇없이 북장구 소리와 날라리 소리가 들려온다. 주술 걸린 바다가 해신의 길을 열기 위해 잔뜩 등줄기를 곧추세운다. 신들린 바람이 푸닥거리하면서 드높이 널을 뛰어댄다.

두 번째 이야기

소쇄원(瀟灑園), 대숲에서 튕겨지는 대피리 소리

울창한 대숲에 결 고운 빛살이 비껴든다. 통통한 햇살이 댓가지에 앉아 은어처럼 빛을 산란한다. 대숲은 품 안의 포근한 온기로 새소리를 키우고 바람소리를 키운다. 대숲에서 서걱거리는 바람소리가 풀 먹인 한산모시처럼 정결하다. 대숲은 자연의 소리를 태교로 죽순을 키운다. 청순한 죽순이 대밭에 산란된 햇살을 먹고 마디 굵게 자란다. 청대들이 긴 허리를 제쳐 바람 길을 터준다. 스쳐가는 바람의 살결에서 자르르 대향이 배어난다. 소쇄원, 대숲 바람이 이처럼 청아한 것은 이곳 주인장의 지고한 품성에서 기인한 것이리라.

내 고향집에도 이리 청량한 대숲이 있었다. 낡은 소월 시집 한 권 들고 찾아든 대숲은 향기로웠다. 텃새가 나래 접고 재잘대는 대숲은 안온하고 평화로웠다. 이따금씩 댓잎 사이로 어른거리는 짙푸른 하늘엔 부시도록 새하얀 뭉게구름이 떠돌았다. 대나무는 일생에 단 한 번 화사하게 꽃을 피우고 뿌리째 고갈되어 장엄히 생을 마친다. 그러기에 대숲에 들면 고집스럽게 살아가는 의기에 찬 생과 올곧은 자태에 절로 숙연해진다.

그런 날엔 담양으로 달려가시게

세사번뇌 둥지에 만삭이고
삶의 문양이 고적(孤寂)에 휩싸인 날엔
훌쩍 남녘 땅 담양으로 달려가시게
거기서 바람소리와 물소리가
새벽이슬처럼 영롱한 숨결로
그댈 반기리니
그댈 반겨 번뇌와 아픔을 씻어내고
고절한 선비들이 대청마루에서
얼룩진 그대 소맷자락 끌어
향 짙은 죽로차(竹露茶) 한 잔 권하리니

대숲에서 태동하여 서걱대는
강건한 의기와 올곧은 선비정신이
누리에 물결처럼 찰랑대고
청명한 대피리 소리와 남도 절창이
계곡마다 메아리로 울려 퍼져
그대 회색 빛 회억을 정화하고
대숲에서 결 고운 빛살이 참빗으로
그대 영혼의 헝클어진 이랑을 빗으리니
세상살이 번거롭고
길 잃은 영혼이 방황하는 날엔
바람처럼 훌쩍 담양으로 달려가시게.

대숲에서 일렁이는 대피리 소리를 따라가니 거기서 청량한 물소리가 마중한다. 뒷산에서 흘러내리는 계곡의 물색이 가공되지 않은 수정처럼 원색으로 맑다. 장원봉과 까치봉에서 발원한 물이 폭포수로 떨어져 작은 소(沼)를 이루다가 천천히 대숲 쪽으로 흘러간다. 개울이 물길 굽이진 곳에서 옥구슬처럼 또르르 물소리를 굴려간다. 멀어져 가는 물소리의 여음(餘音)이 긴 파장의 메아리로 되돌아온다. 심호흡으로 청량한 바람소리와 물소리를 가슴 깊이 들인다. 이내 세사의 온갖 고뇌와 잡념들이 제 스스로 까끄라기를 털어내 소멸되고 머릿속까지 명징해진다. 자연은 인간에게 있어 잡다한 사념을 정제하는 천혜의 산실이고 보고임을 실감한다.

맑은 바람과 물은 신이 인간에게 베푼 최고 가치의 선물이다. 자연은 인간의 품성을 완결시키고 인간은 자연의 품성을 닮아간다. 자연의 품 안에서 자연을 닮은 세상을 만들어 가는 소쇄원, 깨끗하고 시원한 원림(園林)이란 의미가 무색치 않음은 바로 그런 연유에서 비롯되었으리라. 이곳에선 조선조 학자가 지녔던 고결한 품성과 절의의 선비정신까지 절절이 느껴진다. 호남선비의 정신적 산실(産室)인 이곳에선 잠깐 찾아드는 행객들도 금세 심성 맑은 선비가 된다. 올곧은 선비로서의 초절한 삶을 새기고 기리게 된다.

대숲

시골집 뒤뜰 대숲에 들어
갈잎 돗자릴 펴고 누웠네
설핏설핏 댓가지를 헤치던 햇살이 다가와
강건한 목청으로 속삭였네
얼핏얼핏 댓잎을 헤집어든 낮달도 다가와

결연한 목소리로 소곤댔네
굽어지고 꺾어지기 쉬운 세상
늘 청대처럼 푸르고 올곧게 살라고
늘 대뿌리처럼 단단하고 질기게 살라고

낡은 시집 뒤표지 접을 무렵
죽순 두어 마디 톡톡 불거져
돗자리 곁에서 불끈 고갤 내밀었네
가녀리고 청순한 떡잎이
어영차, 한순간에 지구를 들어올렸네
서리 밀치고 돋아난 청보리순처럼 대견했네
갈 숲에 포란(抱卵)한 쏙독새처럼 경건했네
결 고운 태양 한 조각 대숲에 들어
은어처럼 찬란히 빛을 산란하고 있었네

산발한 비바람 아무리 대숲 뒤흔들어도
결코 휘어지지 않기로 했네
폭풍한설 모질게 대숲 몰아치면
그냥 꼿꼿하다가 부러지기로 했네
늘 청대처럼 푸르게 살기 위해
늘 대뿌리처럼 단단히 살기 위해

죽순 겹겹이 에워싼 청대들이
생애 단 한 번 눈부시게 꽃잎 피우려고
비탄의 함성 안으로 삭히며
끙끙, 하늘 향해 용쓰고 있었네.

소쇄원(사적 제304호)은 우리나라 대표적인 원림으로서 별서(別墅) 정원으로 조성되었다. 별서정원이란 은일과 풍류와 거주를 목적으로 산수가 수려하고 한적한 곳에 조성하는 정원을 말한다. 소쇄원은 조선 전기의 문신 양산보(梁山甫 : 1503~1557)가 스승인 정암 조광조 선생이 정쟁에 휘말려 죽게 되자 세상에 대한 출사의 뜻을 접고 향리인 담양에 낙향하여 만든 정원이다. 양산보의 호인 '소쇄옹'에서 비롯된 이 정원은 주인이 평생 머물기 위한 목적으로 시작하여 무려 칠십여 년에 걸쳐 조성되었다. 자연경관을 원형대로 살리고 최소한의 인공미를 가미함으로써 풍광이 자연스럽고 빼어난 우리나라 정원의 백미이자 양산보가 꿈꾸던 이상향이라 할 수 있다.

소쇄원 입구에 다다르니 초가지붕에서 상서로운 봉황이 나래 펼치고 반기는 환영이 비친다. 벽오동에 내려앉아 대나무열매인 죽실(竹實)을 먹는다는 상상의 새이다. 예천(醴泉)이란 동쪽의 맑고 푸른 샘물을 마시며 지고한 삶을 산다는 전설의 새이기도 하다. 봉황이 환영으로 전설의 세계에서 날아와 세월 따라간 주인의 이야기를 전해준다. 여기 주인장은 '대봉대(待鳳臺)'라는 이곳 정자를 중심으로 오동나무를 식재하고 곳곳에 대나무를 심어 봉황의 먹이와 쉼터를 마련했다. 또한 정원에 예천샘물을 마련하여 봉황이 안락하게 살아갈 수 있도록 최적의 환경을 조성했다. 대봉대는 본래 '봉황처럼 귀한 손님을 기다려 맞이하는 곳'이란 의미를 내포하고 있고, 또 주인장이 '성군을 갈망하여 기다리는 곳'이란 의미도 함축하고 있다. 양산보는 소쇄원에 은둔하여 자연을 벗삼아 글을 짓고 학문을 탐구하면서도 이상세계에 대한 희원을 거두지 않은 선비로서의 의지에 찬 모습을 보여준다. 대봉대에 오르니 수려한 계곡 건너편에서 오곡문(五曲門)이 고풍스럽고 야트막한 담장에 오후 햇살을 푸지게 짊어지고 마주한다.

대봉대

갖가지 부스럼이 군락으로 돌기하고
비바람 키질하여 어둠 칙칙한데
생솔가지 같은 삶의 상처 도진 뒤란에
훨훨, 봉황은 언제나 날아들려나

온갖 잡어(雜魚)들 득실거리는 개울
물결 거슬러 오르는 송사리 떼
그놈이 그놈이라 분간키도 어려운데
난삽하게 뒤엉켜
서로 멱살 잡고 싸우며

오동나무 앉겠다고
죽실 먹겠다고
예천 마시겠다고

위선과 가식을 진실로 호도하여
뒷골목 어슬렁거리며 검은 잇속 챙기고
세치 혀 거짓 굴려 온 세상 현혹하며
맑은 물 텀벙텀벙 진흙탕 일으키고도
오로지 자기만이 참 일꾼이라고
오로지 자신만이 참 희망이라고

초록별 진 뒷골목 비탈길
긁히고 멍든 자국 보푸라기로 일어나고

응달마다 진눈개비 들이쳐 질퍽한데
훨훨, 봉황은 언제쯤이나 날아들려나.

오곡문은 담장 아래 구멍으로 흘러드는 물이 암반 위에서 다섯 굽이를 이룬다 하여 붙여진 이름이다. 물의 흐름을 원형대로 유지하기 위해 돌을 괴어 담장을 쌓음으로써 물길을 툭 터놓은 모습이 무척 인상적이다. 물은 자연의 순리(順理)에 따라 자연스럽게 흘러야 한다. 그것이 순수한 자연의 형상이고 원형질의 모습이기 때문이다. 물길을 막아대고 임의로 변형시키는 것은 인간의 탐욕이 빚는 부조화의 현상이다. 자연을 통제하고 지배하려는 그릇된 욕망에서 비롯된 단면의 모습이다.

물은 덕을 지니고 있어 어질고 겸손하고 의롭다. 물은 언제나 유연하고 조화로운 자아본성을 지닌다. 외골수로 비합리적 독단에 빠져 일정한 형태를 고집하지 않는다. 그런 본성으로 바람처럼 흐르도록 자연에 그대로 맡겨두어야 한다. 오곡문 수구(水口)를 관류하는 투명한 명경지수가 실핏줄까지 훤히 내비치며 흘러간다. 그 물결에 남도 붓 한 자루가 온몸 담그고 먹물을 세척한다. 청량한 물소리로 씻은 남도의 붓에서 세속으로 범접할 수 없는 강고한 묵향이 아롱아롱 번져온다.

저토록 맑은 물도 소쇄원 밖 속계에 이르러서는 이내 혼탁해질 것이다. 세상의 눈치를 살피고 적당히 타협하면서 그렇게 흐려져 갈 것이다. 세상의 물과 합수하여 금세 탁류가 되고 종래에는 허드렛물로도 쓸 수 없는 흙탕물로 오염돼 갈 것이다. 변질된 물에서는 그토록 시리게 맑았던 물의 원자조차 발견하기 어려울 것이다. 세상은 집요하게 맑은 것들을 흐려놓는 본성을 지녔기에. 세상은 본래 그런 곳이기에.

붓

눈꽃 송이송이 하얗게 핀 솔잎처럼
강고하고 고절한 선비가 난을 친다
상서로운 댓바람과 청명한 물소리 담뿍 찍어
화선지에 정결히 붓끝을 곧추 세운다
꾸부정한 억새 붓이 아닌
흔들리는 갈대 붓이 아닌

오랜 날 모질게 비바람 맞고 자란
바닷가 절벽에 선 해송(海松)
그 거칠고 억센 뿌리로 추려 만든
곧고 빳빳한 붓끝으로
온 세상 기개 바로 세우고
온 누리 절의 바로 세우고

북풍 몰아치는 한겨울
대청마루에 난향 지피며
그윽이 꽃술 돋아나는 남녘땅
거기서 나고 자란 꼿꼿한 붓 한 자루는
세한도 노송 같은 품세로
농묵(濃墨) 한 가득 머금고
바닷가에서 또 한 그루 해송의 잎을 피운다.

꾸부정한 소나무 아래로 외나무다리를 건너 광풍각(光風閣)에 오른다. 경내의 아름다운 풍광을 거침없이 완상하도록 개방구조 형태로 사방을 툭 틔워놓았다. 계곡 가에 위치하고 있어 물소리와 폭포수, 바위에 부딪는 물방울, 물레방아의 정취를 맘껏 누릴 수 있는 중심 공간이다. 예전에 주인장이 내방객을 맞아들여 시를 짓고 국사와 절의를 담론하였으며 후학들을 교육하였던 사랑방이기도 하다. 광풍각이란 이름처럼 주위 자연의 밝고 맑음이 마치 비 갠 뒤 해 뜰 녘의 청량한 바람소리와도 같다. 이곳에는 당대 선비로 이름 높았던 고경명, 김인후, 송순, 정철, 김성원, 기대승, 송시열 등의 대가들이 자주 드나들었다고 한다. 계류를 마주하여 지그시 눈 감고 시구를 읊조리는 선비들의 초절한 모습이 선연히 부연되어 온다.

광풍각 건너편 담장에 쓰인 명필이 일시에 시선을 옭아맨다. 오랜 세월의 더께를 쓰고도 자획들이 살아서 생동적으로 꿈틀거린다. 우암 송시열이 썼다는 '소쇄처사양공지려(瀟灑處士梁公之廬)'라는 글귀가 소쇄원의 문패 구실을 하고 있다. '처사'는 학문의 목적을 자기완성에 두고 나라에서 벼슬을 내려도 나가지 않은 선비를 지칭했으니 양산보의 곧은 지조와 이에 대한 선비들의 공경심이 실로 대단했음을 알 수 있다. 양산보가 담장 바로 앞에 학문을 뜻하는 측백나무를 심어 선비 가문의 상징적 의미를 시사하고 있는 점도 새겨둘 만하다.

'소쇄원도'를 살피면 예전에 우리 선조들이 정원에 식재하는 나무와 화초를 결코 허투루 다루지 않았음을 알 수 있다. 조상들은 소나무, 대나무, 매화, 연꽃, 국화를 품계 중에서 가장 상급으로 인식했다. 원내 계류를 중심으로 한 바퀴 돌아가며 자연스럽게 완상토록 조성된 식물들은 장구한 세월에 걸쳐 고매한 정신적 의미까지 내포하기에 결코 예사롭지 않은 풍광과 품격을 보여준다.

소나무는 사철 푸른 기상과 더불어 껍질이 용 문양과 비슷하다 하여 용의 화신으로 여겼으니 오곡문 길목에 드리워진 노송의 운치는 참으로 대단했으리라. 또한 매화를 심은 화단을 조성하여 매화꽃과 떠오르는 달의 아름다운 조화를 완상하였고, 파초를 심어 비 오는 날 널찍한 이파리에 떨어지는 은빛 빗방울을 감상하는 탐미적 취향도 보여준다. 선조들은 건강과 무병장수를 기원하는 살구나무, 사철 변함없이 효를 상징하는 동백나무, 자손의 번성을 염원하는 산수유나무, 무릉도원의 이상향을 현세에 구현한 복숭아나무, 귀신의 범접을 막아주는 배롱나무, 인생은 일장춘몽이라는 경각심을 일깨우는 회화나무, 집안의 결속과 번영을 기원하는 석류나무, 가족 간의 우의를 뜻하는 앵두나무를 즐겨 심었다.

제월당(霽月堂) 대청마루에 적요한 달빛이 수북이 쌓인다. 당호의 의미인 '비 갠 뒤 하늘의 상쾌한 달' 처럼 신이하기 그지없다. 달빛이 새하얀 무명천을 두르고 바람에 소맷자락 날리며 너울너울 춤을 춘다. 마당 한켠의 회화나무는 연신 타래처럼 휘감기는 한풍을 털어내느라 부르르 온몸을 떨어댄다. 직녀성이 베틀에 앉아 짜는 하얀 비단결로 어둠의 화선지에 오솔길을 놓는다. 대청마루에 넘실대는 맑고 상서로운 기운이 고즈넉한 달빛에 젖어든다.

예전에 소쇄원의 선비들도 저 맑은 달빛과 물소리에 취해 화선지를 펼쳤으리라. 자연의 시심(詩心)에 취한 남도선비들이 물소리, 바람소리, 댓잎소리를 오롯이 시로 승화시켜 농익은 음률로 읊었을 것이다. 이곳 제월당에서 자연은 아름다운 시가 되고, 시는 절절한 가락이 되어 선비들의 가슴에 은하처럼 물결쳤을 것이다. 선비들이 노래하는 질펀한 남도가락이 달무리 진 석류나무 가지에 주저리주저리 열린다. 대숲이 연주하는 대피리 산조(散調) 한 소절의 농염으로 남도 밤이 이슥해진다. 원림이 어두워질수록 밤의 눈망울은 더욱 초롱초롱해진다.

담양 소쇄원

모질고 험한 세상
제 아무리 거칠게 비바람 할퀴어도
골 깊은 계곡
선비정신은 끄떡없더라

산까치 울음소리 전설처럼
고사목에 휘감기고
귀뚜라미 애절히 임 부르며
혼신으로 노래하는 풀숲에서
가깝고도 먼 그리움을 찾아가는 담쟁이 줄기
초록 물감 둘러쓰고 담장 기어오르는데,
온 누리는 그저 물소리더라
온 세상은 그저 바람소리더라

물소리는 한없이 유장(悠長)하더라
바람소리는 한없이 청정(淸淨)하더라

풀 먹인 모시처럼 서걱대는 소리들이
말간 계류(溪流)에 목청 씻고
달빛 찰랑대는 대청마루에 올라
영겁의 넋 태워 비손하며 외쳐대더라
명리는 한낱 물결이라고
욕망은 한낱 바람결이라고
그냥 물처럼 바람처럼 흘러갈 뿐이라고.

우리나라 삼대 정원으로는 영양의 서석지, 보길도의 세연정, 담양의 소쇄원을 들고 있다. 그중에서도 소박하고 자연경관이 빼어난 소쇄원은 갈등과 번뇌로 일그러진 상념을 정화하고 깊은 사색에 잠기기에 가장 적합한 정원으로 인식된다. 예전의 고절한 선비처럼 올곧은 정신으로 새로운 미래의 꿈을 설계하고 내일에의 희망을 점등하는 뜻깊은 장소로도 적합한 원림으로 여겨진다. 소쇄원은 품격 높은 시의 산실이고, 올곧은 정신의 산실이고, 강인한 의지의 산실이다.

예전에 학문의 전당으로 풍미했던 소쇄원, 양산보는 이곳을 팔지도 말고 어리석은 후손에게 물려주지도 말라는 유훈을 남겼다고 한다. 일찍이 초연한 선비의 그런 혜안이 있었기에 우리는 이처럼 소쇄원에서 선인의 굳센 정기와 지고한 정신적 가치를 음미하고 되새기는 열락을 누리고 있다. 청량하고 소슬한 자연의 소리를 결결이 가슴에 새겨 온유하고 정결해진 마음으로 세속을 정화하는 안락을 누리고 있다.

오늘, 세속을 떠난 고즈넉한 선경(仙境)의 중심부에서 하얀 달빛을 받으며 자유로이 사유의 나래를 펼칠 수 있어 행복하다. 일상의 잡다한 얼룩을 지우고 맑은 여백으로 내면을 가득 채울 수 있어 흡족하다. 묵향 진하고 대 뿌리 깊은 이곳에선 꾸부정하고 허리 꺾인 성정도 금세 꼬장꼬장 올곧아진다. 자연에 동화될수록 무심으로 비워지는 곳, 그러면서도 비울수록 내면이 통통히 여무는 곳, 그렇다. 여기는 바로 담양 소쇄원이다.

세 번째 이야기

백령(白翎), 그 섬에 극점의 붉은 바람이 분다

백령이라 했다. 첫사랑의 연인처럼, 그 연인의 매혹적인 향처럼 늘 연무 속에 아슴푸레 지피던 자태, 신이 아련한 꿈의 상면을 주선하고 숙명을 완결시켰다. 얼마나 그리웠던가. 얼마나 보고팠던가. 서해 외연에 멀리 떨어져 거친 파도에 애달피 부서져 왔기에 그랬을 테다. 바다의 퍼런 날에 베이며 이따금씩 고통 어린 신음소리가 들려오기에 그랬을 테다. 이산(離散)의 한으로 얼룩진 멍울을 안고 살아가는 생이 있기에 더욱 그러했을 테다. 따오기가 눈부시게 하얀 날개를 펼치고 날아오르는 섬, 잔등 퍼런 격랑(激浪)이 외쪽으로 눈 부릅뜬 그곳에선 오늘도 극점에서 생성되는 붉은 바람이 분다.

바다에 징검다리처럼 놓인 섬들을 성큼성큼 건너뛴다. 인천 연안부두에서 쑥물 든 바다에 순백의 물보라를 일으키며 달려온 길, 부표와 준설의 인간 흔적을 멀찍이 떨치고 티끌 하나 없는 바다를 파도타기한 지 네 시간여 만이다. 소청도와 대청도를 밀치자 그 끝머리에서 용기포 부두가 고혹적인 속살을 드러낸다. 갯바위에서 눈꽃처럼 하얀 선학이 푸른 깃을 펼치고 칭얼대는 파도를 달래고 있다. 뱃고동소리에 소라 고동 같은 해안선이 일제히 환영의 팡파르를 울려 화답한다. 여인의 나신처럼 아름다운 해안 절경이 일시에 절정의 감탄사를 끌어낸다. 포구의 굴곡진 해안선을 둘러 배열한 수많은 태극기가 해풍을 불러 제 몸을 내주고 있다. 서해 최북단의 섬은 그렇게 경건하고 엄숙하게 국토의 초병이 되어 내방객을 들인다. 군용트럭이 먼저 섬으로 배치된 일단의 해병대 장병들을 싣고 사라진다. 비로소 결코 낭만적이지만은 않은 분단 국토의 긴장 한복판에 와 있음을 실감한다.

백령도는 우리나라에서 여덟 번째 큰 섬으로 인천 연안부두에서 직선거리 174㎞에 위치한 서해 종착점이자 시발점인 섬이다. 청정무구한 자연 그대로의 원형이 생생하고 효녀 심청의 설화가 지피는 이상향이기도 하다. 백령도는 섬 전체가 문화재의 보고라 할 수 있다. 사곶 천연비행장(천연기념물 391호), 남포동 콩돌해안(천연기념물 392호), 하늬바다 감람암포획현무암(천연기념물 393호), 물범(천연기념물 394호)이 그렇고, 두무진의 선대암 일대(대한민국명승지 제8호)가 그러하다.

백령

설렘은 늘 그리움의 체액으로 들끓었다
농익은 바람 무성한 날들
쪽빛 바다가 술렁이는 수평선에선
검붉은 빛살로 채색한 하늘이 열리고 있었다
신이 허락한 이들만을 들이는 성지
무욕의 유열로 번뇌 사르고
푸른 숨결들이 풍도(風濤)에 날을 간 조각도로

오랜 날 깎고 다듬어 완성한 예술의 조형(造形)
자연이 사리되어 역사의 갈피에 쌓이는
그곳에선 늘 극점의 붉은 바람이 분다

옹진반도 앞바다
백학이 하얀 날개 펼치고
칭얼대는 파도소리 달랠 때
몽환적 해무 속에 아스라이 피어나는
따오기 울음소리
숨소리 가쁘게 그물코 더듬으며
망향의 그리움에 피눈물로 불러보는 서러운 이름들
멍울 든 가슴들이 용암처럼 뜨거워져
검붉게 노을 태우는 해역
그곳에선 오늘도 극점의 붉은 바람이 분다.

백령에서 가장 높은 지대, 해발 184m의 업죽산 관측소에 오른다. 정상에 서니 까마득히 떨어져 내린 촌락이 도로를 중심으로 장난감처럼 올망졸망 펼쳐진다. 매립지 들녘도 바둑판같이 반듯한 지평을 활짝 열어젖힌다. 백령의 신비로운 풍광이 망막 가득 들어차 출렁거린다. 남쪽 바다는 일망무제로 탁 트여 선연한데, 장산곶과 월래도의 북녘 섬들은 안개 속에 깊이 은신하여 본연의 자태를 드러내지 않는다. 물골 너머 그 어디쯤에 연일 미사일을 쏘아대며 광분하는 기형적 붉은 제국의 야만이 숨겨져 있을 게다. 바람 드센 광야 화적 떼 같은 집단, 그들의 망령된 불놀이에 지금도 그곳에선 굶주림의 고통 끝에 비참히 주검을 맞이하는 앙상한 비명들이 횡행하고 있을 게다.

군부대 K3 거점 동굴에 들어선다. 비상시 관측소 정상에서 곧바로 진입할 수 있는 긴급대피용 지하 동굴이다. 수백 계단을 내려서는데 드넓은 동굴 내부가 무척 안옥하다. 동굴 군데군데 교육과 집회를 위한 광장, 식수를 공급할 공간들이 효율적으로 구축되어 있다. 장기간 적과 대치하여 전투를 전개할 수 있는 기능과 구조를 갖춰 축조된 모습이 무척 인상적이다. 계단 맨 끝 지점에 당도하니 동굴 출구는 바로 자동차 도로와 연결되어 있다. 북과 인접한 지근 거리에서 섬은 두꺼운 외투로 중무장하고 호국의 옷깃을 단단히 여미고 있다. 안보의 군화 끈을 바짝 죈 섬의 모습이 적이 미덥다. 동굴을 나서자 산기슭에서 풍겨오는 꽃향이 들쭉하다. 푸른 물감이 뚝뚝 떨어질 것 같은 청명한 하늘이 쪽물에 흠뻑 젖은 바닷물을 두레박질한다. 적과 지근거리에 대치한 긴장 상황에서도 자연은 본연의 색채로 채색하고 화선지에 동화 속 세상의 아름다운 수채화를 그리고 있다.

흑룡부대, 사선(射線)에 오른다. 서북지역 도서의 안전과 사수를 책임지는 해병 부대이다. 오랜 날 망각된 의식의 저변에서 해방되었던 긴장감이 일시에 극한점으로 치달으며 팽창한다. 치약을 짜듯이, 애인의 가슴을 만지듯이 당기라 했던가. 그래도 여전히 방아쇠를 당기는 순간은 조급해진다. 고요를 깨뜨리는 벽력 같은 굉음에 귀청이 얼얼하다. 저 멀리에서 벌렁 넘어지는 표적이 통쾌감을 증폭시킨다. 명중률이 높은 현대 과학의 개인화기임을 감지할 수 있다. 무거운 M1 소총을 둘러메고 훈련하던 시절이 생각난다. 무게도, 길이도 우리 신체 구조에는 버겁기만 했던 총기였다. 훈련을 마치고 자대에 부임해서는 칼빈소총을 지급받았다. 그러나 이는 가벼운 반면에 명중률이 떨어졌다. 오분전투대기 소대장으로 복무하던 시절 권총 차고 작전을 수행하던 기억도 새록새록 돋아난다. 당시 성능 우수한 M16 소총이 파월부대에 지급되기 시작했으나 국내에선 그림의 떡이었다. 헌데 벌써 그 기능성 총기까지 한물가고 K2 소총이라는 새 첨단 개인화기가 출현하여 중추적 역할을 담당하고 있는 사실이 놀랍다.

사선(射線)

총알 한 방 장전하고 총구를 겨냥한다
가늠쇠 끝에서 바다가 눕고 바람이 비켜선다

과녁 저편에 붉은 제국이 보인다
자신을 옹립해준 고모부까지 기관총으로 사살하고
군부대 찾아다니며 거들먹거리는
철부지 제왕이 보이고
굶주려 죽어가는 광신도들이 보이고
국수 가닥 찾아 장마당 떠도는 꽃제비가 보이고
광장에서 인민의 꽃다발에 파묻혀 사는
허상의 지존들이 보인다

방아쇠를 당긴다
총구가 불을 뿜고, 번쩍이는 섬광 속으로
붉은 제국이 쓰러지고
검은 피 쏟으며 망상(妄想)들이 쓰러진다

비로소 파도가 톱날 같은 이랑을 접는다
바람이 순연한 눈을 뜬다
대동강 벚꽃이 꽃비처럼 날린다

하르르, 어디선가 학적(鶴笛)처럼
평화의 종소리가 들려온다

아늑하다
참, 평온하다.

섬의 동남쪽에 위치한 사곶 해변에 이른다. 석영으로 이루어진 백사장의 몽근 모래가 발바닥을 간질인다. 금세 파도가 출렁이다가 물러간 물가를 차량으로 달려도 빠지지 않는 기이한 해변이다. 이처럼 순식간에 단단히 다져지는 해변은 이탈리아 나폴리와 함께 세계에 단 두 곳밖에 없다고 한다. 그러기에 6 · 25동란 때에는 천연비행장으로 요긴하게 활용되었던 공간이기도 하다. 사곶 해변은 방사림과 방풍림이 울창하게 우거져 검푸른 송림을 이루고 있다. 오염되지 않은 자연환경과 빼어난 바다 경관이 호기심 어린 발길을 꼭 부여잡고 놓아주지 않는다.

파도가 끊임없이 해안으로 밀려와 하얀 포말로 부서진다. 파도가 저처럼 흰 잇몸을 드러내고 밑줄 그어 강조하는 말의 의미는 무엇일까? 세상의 무슨 이야기를 전해주려고 저처럼 고통스레 몸을 접었다 펴면서 술렁이는 걸까? 국토와 멀리 떨어져 사는 섬의 외로움에 대한 위로의 언사일 수 있겠다. 거친 세상에서 살을 에며 살아가는 고통 어린 일상을 다독이는 안타까운 몸짓일 수 있겠다. 조기잡이 나왔다가 그대로 눌러앉아 이념의 철책을 마주하고 만선의 깃발을 올려야 하는 설움에 대한 공감일 수 있겠다. 섬은 상처 난 파도의 맨살을 온몸으로 껴안으며 마냥 푸르게 젖는다. 그것은 망망대해에 부표처럼 떠서 뒤뚱거리며 살아가는 섬의 아린 눈물이기도 하다. 그것은 격정적인 파도에 맨살을 베이며 숙명적인 삶을 살아가는 섬의 신음소리이기도 하다. 섬의 고통 어린 신음소리가 점점이 피톨로 용해되어 마디마디 물보라를 일으킨다.

섬

아직은 서러이 눈물을 보일 때가 아니다
아무리 슬프고 애달파도
아직은

따스한 햇살이 더듬고 간 길섶 골라
달빛이 자근자근 풀어놓는 풀벌레 교향악
아직은 그 감미로운 선율이 있지 않은가
내게는

불현듯 높새바람 불어와
크고 작은 신열들이 잔등을 훑을 때마다
살갑게 다가와 향기 지펴주는
아직은 그 새하얀 찔레꽃 순정이 있지 않은가
내게는

검붉은 노을 깃발로 달고
먼 바다 텃밭 그물질하고 돌아오는 통통배
지친 고동소리 보듬어줄
아직은 그 포근하고 순박한 포구가 있지 않은가
내게는

파도가 겹겹이 날을 세운 바다
해면에 부리 박고 물질하다 지친 갈매기
평화롭게 앉아 젖은 날개 말리며 쉬어갈

아직은 그 따뜻하고 넉넉한 갯바위가 있지 않은가
내게는

오늘도 길 잃은 철새 줄지어 날고
천둥소리에 붉은 동백꽃잎 툭 떨어지지만
아직은 서러이 눈물을 보일 때가 아니다
아무리 아리고 고통스러워도
아직은

우리나라에서 두 번째로 세워졌다는 중화동교회이다. 1896년에 초가 여섯 칸을 세워 첫 복음의 종소리를 울리고 언더우드 목사의 집전으로 '허간' 이라는 우리나라 최초의 목사가 탄생한 성전이다. 역사적 가치가 큰 고색창연한 교회 건물이 해거름에 근엄하다. 동그란 파문으로 물결치는 교회 종소리가 온 누리에 복음을 전파하며 긴 공명을 빚는다.

교회 입구 언덕에서 활짝 가지를 떨친 아름드리 무궁화 한 그루의 기상이 참으로 가상하다. 국내에서 가장 큰 몸체를 지닌 순수 재래종으로 백여 년 세월의 흔적이 올곧이 담긴 꽃나무이다. 외로운 섬 백령에서 국화(國花)의 이름으로 오랜 역사의 현장을 굳건히 지켜온 무궁화이기에 느낌이 더욱 각별해진다. 교회에서 한눈에 내려다보이는 섬의 들녘이 무척 평화롭다. 한 해 지은 농사로 삼 년 동안이나 자체 자급이 가능하다는 풍요로운 섬이다. 사방에서 반농반어(半農半漁) 생활을 하는 섬사람들의 신명 어린 풍년가가 들려오는 듯하다.

심청각에 오른다. 전통문화 발굴과 계승, 효 사상의 함양을 목적으로 세운 단아한 건물로서 외관의 품격이 빼어나다. 언덕에서 바다를 향해 날아갈듯 추녀 치켜든 한식 구조의 날렵한 모습이 무척 인상적이다. 심청에 관한 고서, 영화, 판소리 등의 각종 사적 자료가 일목요연하게 전시되어 눈길을 끈다. 심청각은 시대조류에 따라 자꾸만 소멸되어 가는 우리의 효 사상에 대해서도 다시금 되짚어 생각하게 한다.

심청각

천둥번개 몰아쳐 해수면 가르고
인당수 물골 야생마처럼 길길이 날뛰어도
그날, 검정 치마폭은 정녕 위대했다
비바람에 낙화한 꽃잎 한 송이
그 가여운 몸짓에
늙은 봉사는 못내 가난이 서러웠다

공양미 삼백 석의 무게로
장렬히 물결치는 해안
영근 햇살로 꽃술마다 채색하고
용궁에서 효성스런 연꽃 한 송이 피어올라
연봉바위에 찬연히 심지 밝힌 향촉불
저리도 영원불멸의 표상으로 타드는데,

청이여, 효성스런 청이여
메마른 세상의 변덕스런 세태변화 어이할꼬
백령 물결 저리 넘실대는데
그대 뛰어든 바다 저리 너울대는데
효 사상이 모조리 유린당한 뒤안길에서

눈엣가시처럼 구박하다
어둠 속 으슥한 뒷골목에 버려지는
거추장스럽고 초라한 늙음들

마른버짐처럼 번져가는
고려장 지게질에
주름 골 깊어지는 심청각 파랑소리.

밖으로 나오니 바다가 온통 해무에 잠겨 실루엣처럼 가물거린다. 심청이 공양미 삼백 석에 몸을 던진 인당수도, 용궁의 연꽃이 조류 따라 떠내려가다 걸렸다는 연봉바위도 물안개 속에서 좀처럼 본연의 실체를 드러내지 않는다. 안타깝고 애절한 마음 간절한데, 치마폭 둘러쓰고 인당수에 몸을 던지는 판소리 심청가의 구슬픈 대목이 거푸 파도소리에 잠겨든다.

햇빛에 반사되는 바다가 진주를 뿌려놓은 듯이 반짝인다. 하늬해변에 이르니 세계에서도 희귀하다는 현무암이 기이하게 바다 풍광을 장식하고 있다. 감람암포획 현무암분포지라 한다. 바다에 널브러진 현무암들이 한 폭의 형이상학적 추상화를 그려낸다. 노란 감람암 덩어리의 용암층이 분출할 때 함께 솟구쳐 나와 검은 현무암으로 굳어진 것이라고 한다. 이곳은 지하생태연구에 있어서도 귀중한 자료 현장으로 인지되고 있는 보물 바다이다.

예전에 철책으로 바다를 격리했던 철제지주들이 녹슨 채 현무암에 꽂혀 파도 따라 기우뚱거린다. 국토 분단에 극단적으로 대치할 수밖에 없었던 긴장 상황이 빚은 우리 현대사의 아픈 자화상이다. 가슴에 비수처럼 철책을 꽂은 현무암의 고통 어린 신음소리가 처절하다. 아름다운 쪽빛 바다와 인위적인 철제지주의 부조화가 너무도 삭막하고 이질적이다. 괭이갈매기가 현무암 철책 쇠막대 사이로 날아들어 끼룩끼룩 붉은 울음을 토해낸다. 붉은 색조만큼이나 처연하고 아리다.

콩돌 해변, 현(絃)으로 연주하는 자연의 순결한 음향이 오음계로 사각거린다. 해안에서 들려오는 화음이 간헐적으로 끊어졌다 이어지며 환상적인 음파로 오선지를 더듬어간다. 백색, 갈색, 회색, 적갈색, 청회색으로 다양하게 단장한 형형색색의 콩돌이 지천으로 널려 해변을 아름답게 수놓는다. 밤하늘 별무리처럼 빼곡한 콩돌이 하얀 포말에 쓸리며 서로 몸을 비벼댄다. 콩돌의 미색에 홀려 주워가려고 다가선 바다 한 자락이 자꾸만 경계선에서 미끄럼질을 해댄다.

콩돌은 백령도 지질의 대부분을 이루는 규암(硅巖)이 부서져 파도에 닳기를 거듭하다가 작은 모양으로 형성된 것이다. 이 콩돌 하나를 빚기 위해 자연의 인자는 오랜 동안 아프게 부서지며 풍화로 작용했을 게다. 이 콩돌 하나를 빚기 위해 해신은 간절한 희원으로 비바람과 파도를 애증으로 다스리며 운용했을 게다. 콩돌은 모든 우주 만물이 합심하여 정성스럽게 빚어낸 창조물이다. 콩돌은 우주의 상관물이 맨몸으로 부딪쳐 부서지며 탄생시킨 빛나는 결정체이다. 그러기에 콩돌은 바로 그 자체가 우주이고 생명이고 예술이다. 바다의 콩돌 빚기는 오늘도 끊임없이 현재형으로 진행되고 있다. 먼 훗날, 아마도 언젠가는 이 콩돌들이 모두 닳아져 무형의 바람으로 산화하는 날이 올 것이다. 하지만, 그런 자연현상 또한 감동적인 예술의 극치가 아니던가.

콩돌 해변

억겁의 세월 두름 엮어 차고
아득한 해원에서 발원한

포도넝쿨 같은 파도 줄기
아련히 피어오르는 욕망 사르며
모천(母川) 회귀한 연어처럼
하얀 물보라로 장렬히 산화하는 해안에서
파랑에 널브러진 형형색색 몽돌들

각(角)과 모서리가 극단으로 부딪쳐
살점 떨어지고 피 튀기는
살벌한 세상
서로 상처주지 말라고
서로 상처받지 말라고
아픔도 굴리고 고통도 굴리며
뾰족뾰족 날 선 모난 부위 둥글게 다듬어
제 몸 부셔내는 거룩한 희생

바닷물에 퉁퉁 불어터진 시간
치자 빛 넋으로 씻고 씻으며
각진 모서리 잘라 자벌레처럼 순화하고
드디어, 콩알만큼 작아진 콩돌
격랑의 바다에 온몸 내던지고
해변에서 빙글 한 바퀴 구르니
온 세상이 다 둥글어진다.

바다를 마주하니 파도에 올망졸망 드러누운 북녘 섬들이 해무(海霧)를 지펴 슬금슬금 제 몸을 은닉한다. 북녘을 격리한 철조망 한켠에서 알을 품은 괭이갈매기가 극도의 경각심으로 사위를 경계한다. 예서 불과 15㎞, 장산곶마루에서 부르는 몽금포타령이 민들레 씨앗처럼 날아들 듯하다. 남녘을 향해 모조리 포문 열어놓고 음험한 눈망울 홉뜨고 있는 망나니들, 그들이 벌이는 광란의 소용돌이에 장산곶에서는 연일 붉은 바람이 불어온다. 오소소한 화약 연기가 흙비처럼 섬의 살 속을 파고든다.

붉은 낙조가 서해를 핏빛으로 물들일 무렵 천안함 위령탑 앞에 선다. 천안함 사십육 용사 위령탑을 둘러 장렬히 전사한 젊은 넋들의 순국을 기린다. 얼마나 고귀하고 안타까운 영혼들인가. 얼마나 거룩하고 애석한 주검들인가. 조국의 이름으로 산화한 숭고한 넋들의 희생이 뼈저리다. 그대들은 어찌 이토록 푸른 바다가 통곡하는 언덕에다 등을 누이고 하염없이 망망대해를 응시하고 있는가. 그대들은 어찌 이토록 파랑이 격동치는 해변에 누워 바위처럼 침묵하고 있는가.

용사의 푸른 넋으로 점화하여 하염없이 타오르는 불꽃, 영원히 꺼지지 않고 점점이 타오르는 불꽃이 바닷바람에 몸을 비틀며 울먹인다. 바다에 뛰어들어 어둠을 떠먹은 저녁이 한 뼘 넘게 자라고 정적(靜寂)의 표피가 더욱 도톰해진다. 용궁에 뜨겁게 군불을 지피던 검붉은 햇덩이도 가만가만 잦아든다. 가쁘게 술렁이며 들끓던 바다가 점차 평정을 회복하고 안온해진다. 등가죽 두꺼운 밤이 숨비소리를 내뱉다가 이내 조밀한 세포 구멍을 모조리 닫고 돌아눕는다. 바다가 아가미 부풀리는 어둠을 마구 삼켜댄다.

바다의 열꽃들
— 시나위 · 33

옮은 햇살은 진종일 핏기를 잃었다
헝클어진 생의 표피에서 웃자란

바람 불고 비오는 거리
꽹과리 자지러져 불꽃으로 이글거리고
삭이고 삭이며 한생을 건너온 물골
동강 난 어둠의 틈바귀에서
장구도 북도 선홍빛 격정으로 진저리 친다

수장된 설운 넋 달래려
갯바위에서 생살 쪼아대는 바닷새
그날, 바다는 격동의 춤을 추고
파도는 갈기 세워 태산으로 요동쳤다
만삭인 한 벌의 죄를 다스리기 위해
폭풍 속에 내지르는 징의 고함소리

도드라지는 통한 삼키지 못하고
해원(解冤)하는 백학의 비나리 고사 굿
골 깊은 사념의 등피에 생불 지피며
점액질 하늘은 오늘도 끝없이 작열한다
다시는 슬픔 없으라고
다시는 아픔 없으라고
굴곡진 한 생을 또드락거리며
사위어가는 수평에서 달아오르는
저토록 세찬 열꽃들.

한 차례의 소나기로 섬이 제 몸에 돋아난 열꽃을 식힌다. 울창한 나무숲길 등성이를 넘자 명승지 두무진 포구가 빗장을 활짝 열고 반긴다.

백령도 비경 중에서도 으뜸으로 꼽히는 이곳은 태곳적 신비를 그대로 간직한 명승지이다. 장인이 혼신을 다하여 망치로 두드리고 정으로 쪼아낸들 이보다 더 정교하게 다듬을 수 있으랴. 바다와 바람의 장구한 예술적 조형물이 아름다운 장관의 극치를 이룬다. 바위들의 모습이 마치 투구 쓴 장군의 군상을 닮았다 하여 이름 붙여진 두무진은 예술의 신이 마법의 손길로 빚어놓은 기암괴석 군으로 별천지를 이루고 있다.

두무진 포구에서 바다에 들어서자 웅대한 바위들이 파랑에 발을 담그고 마치 열병식 하듯 줄지어 선다. 일찍이 고려 중신 이대기가 '늙은 신의 마지막 작품'이라고 극찬한 절경이 아주 환상적인 정경을 연출한다. 서해의 해금강으로도 불리는 이곳은 바다를 둘러 쭉 뻗은 바위군락이 천하제일경을 자랑한다. 촛대바위, 형제바위, 코끼리바위, 장군바위, 고릴라바위, 사자바위, 용트림바위, 그 많은 형상의 바위들이 층암절벽을 이루며 절정의 돌 미학을 선보인다. 바위마다 장중하고 기이한 자태가 신비로움으로 입체적인 하늘 선을 그린다.

배가 모퉁이를 돌아나가자 원시에서 날아온 듯한 까만 깃털의 신사 가마우지가 절벽 바위에 새까맣게 매달려 있다. 수직으로 깎아지른 바위절벽에 터를 잡은 모습이 매우 위태로워 보인다. 아마도 먹이 활동을 할 때 곧바로 물속에 뛰어들기 용이한 위치를 선택한 듯하다. 솜씨 좋은 장인이 벽돌을 층층이 쌓아놓은 듯한 벼랑바위가 가마우지의 배설물로 새하얗다. 곁에서 석벽 벼랑에 뿌리박은 사철송의 끈질긴 생명력이 경외감을 자아낸다. 흙 한 점 보이지 않는 험난한 바위 절벽에 굳건히 버티어 선 생명체의 경이로운 모습이 외경심과 함께 많은 깨달음으로 와 닿는다.

가마우지 바위를 밀치고 나아가니 돌연히 점박이물범들이 파도타기를 하며 환대한다. 물속에서 유영을 즐기며 수면 위로 머리를 내놓았다가 들이기를 반복한다. 만조 물때로 인하여 물범 바위가 해수에 잠겨 있기에 바위에 올라 일광을 즐기는 평화로운 모습을 관찰할 수 없어 아쉽다. 검푸른 바다는 솔개 부리처럼 늘 생명력이 넘친다. 백령 바다는 그렇게 건강하고 활기차다.

가마우지처럼, 물범처럼

파도가 깃을 세우고
바람이 초록으로 곶 부리 휘어감은
백령 두무진에서
한가로이 노니는 가마우지와 물범을 만났네
둥근 피안(彼岸)이 군자란 꽃처럼 지피는 그곳에서
가마우지와 물범의 일상에 매료되었네
내 유년의 땅에서 수많은 시간을 날아와
날개에 앉은 보송보송한 햇살 손질하며
순수하게 살아가는 자연의 개체들
청정무구한 바다 자맥질하며 평화를 만끽하는
그들의 완벽한 자유가 부러웠네

소라 고동마다 봄소식 왁자한 해변
멀리서 돛대 출렁이며 돌아온 일광에
선홍색 얼굴 파묻고
삶의 애환 은닉한 바위들의 숲
그 경이로운 만물상에 올라
바다의 퍼런 숨결 서리서리 여미고
몸 안 가득 해풍에 너울대는 꽃불 지피며

가마우지처럼, 물범처럼
그렇게 자연에 동화되어 살아가는
완벽한 자유로의 일탈을 꿈꾸네.

하선하여 가파른 산길을 오르니 일망무제로 탁 트인 바다의 절경이 망막 가득 들어찬다. 가마우지가 무리지어 앉았던 바위 지근거리에 터를 잡는다. 해룡이 용궁에 들어 오침(午寢)을 즐기는지 바다가 풍만한 뱃살을 접고 적이 화평하다. 햇빛에 반사되는 물결이 먼 바다에까지 현란한 빛의 연육교를 잇는다. 아찔한 협곡으로 떨어져 내린 바다가 극심히 고소공포증을 부추긴다. 까마득한 벼랑 아래에서 바다구경을 나선 일단의 무리가 개미처럼 작아진 몸체로 곰실거린다.

백령에는 조선 선조 때 거주민이 식재(植栽)한 노송 한 그루가 자리하고 있다. 섬 주민들은 이 거목이 임진왜란과 6 · 25동란을 겪으면서도 훼손되지 않고 꿋꿋한 기상을 떨쳐왔기에 이를 기려 '천년송'이라 일컫는다. 오늘날 노송은 백령 주민의 순수하고 성실하며 강인한 의지를 표상하고 있다. 뭍으로 돌아가면 마냥 순연치만은 않을 불확실한 내 앞날의 기복(祈福)을 염원하며 이곳 백령에서 뿌리 튼실한 천년송 한 그루 마음에 이식해가야겠다.

불현듯, 가마우지처럼 자유로이 날고 물범처럼 평화롭게 물장구치고 싶은 욕구가 솟구친다. 모든 일상의 굴레와 멍에를 탈피하고 자연으로 돌아가 자연인으로 그렇게 자유로워지고 싶다. 자연 속에서 자연을 구성하는 작은 분자로 용해되어 그 안에 머무르고 싶다. 오늘, 나는 백령 바닷가에서 속세의 족쇄를 풀어놓을 자유로운 일탈을 꿈꾼다. 영원히 섬에 머무르며 가마우지처럼, 물범처럼 그렇게 자유롭고 싶다. 그들처럼 그렇게 영원히 평화롭고 싶다.

네 번째 이야기

〈우리 읍내〉, 비 오는 날의 수채화

— 이쯤 어딜 거야. 그래, 분명 그럴 거야.

그리 보이지만 확신은 서지 않는다. 아침부터 줄곧 가을비가 질척거리고 있다. 비는 잠시의 휴식도 없이 끈질긴 속내를 내보이면서도 권태의 의미와 무관한 본성을 지녔다. 온종일 이토록 지루한 행보를 지속하면서도 전혀 물릴 기미조차 보이지 않는다. 차창으로 들이치는 비의 눈망울이 흰 자위 드러내고 번질거린다. 비가 후줄근한 바람을 타고 분별없이 은빛 날개를 퍼덕인다. 연신 차장을 닦아대지만 좀처럼 시야는 투명성을 확보하지 못한다.

게딱지 같은 집 몇 채가 전부였다. 소로(小路)에 연하여 늙은 아낙의 둔부(臀部)처럼 펑퍼짐한 언덕이 자리하고, 그 끝자락에 동네가 붙박이처럼 턱 버티고 있었다. 동네라기보다는 가옥 서너 채가 띄엄띄엄 미루나무에 박혀 있는 모습이었다. 언덕엔 듬성듬성 솔숲이 우거졌고, 대밭은 방풍림처럼 동네를 에워쌌다. 등 뒤로 대숲을 두른 그녀의 집도 게딱지마냥 납작 엎드려 있었다. 그 집을 측면에서부터 탱자나무가 촘촘히 둘러쌌다. 탱자나무 울타리는 호위병이 되어 밤낮없이 가시를 세우고 그녀를 지켜냈다. 탱자나무는 그녀의 완벽한 보호막이면서 세상으로부터 그녀를 격리하는 장벽이기도 했다.

이따금씩 탱자나무 울안에서 그녀의 웃음소리가 자지러졌다. 그 소리는 파동 치는 율동으로 동질의 음계를 그려냈다. 음계 높은 웃음소리는 울타리를 넘다 탱자가시에 찔려 지르는 비명 같기도 했다. 웃음의 파장이 숙성되지 않은 시인의 추상적인 언어처럼 공허했다. 웃음소리와 함께 간헐적으로 대숲바람이 서걱거렸다. 댓잎 사운거리는 소리가 대금소리를 닮았다고 여겼다. 대나무가 세상에서 가장 깊고 그윽한 음조로 대금산조 장단을 빚고 있었다. 영혼의 푸른 숨결이 어스름 달빛에 젖어 흐느적거렸다. 대밭은 천공(天空)으로 음률을 짓는 바람소리의 산실이었다.

너무도 오랜 날들이 세월의 저편에서 낡아져 갔다. 기억에 확신의 추를 얹기엔 너무도 많은 세월의 잔상이 시간의 퇴적층에 쌓여졌다. 예전의 허름한 게딱지들은 모두 어디론가 사라지고 말았다. 가도 가도 끝없던 황톳길은 굽은 잔등을 펴고 허리를 곧추세웠고 게딱지들은 용마루 높여 가난을 털어냈다. 거리를 약간 비켜선 붉은 벽돌 양옥들이 교만한 고개를 빼들고 고샅을 굽어본다. 동네 앞 공터에서는 대규모 비닐하우스가 너른 품에 다닥다닥 꽃송이를 안고 있다. 화사한 꽃송이가 온 동네에 지천으로 지폐 냄새를 흩뿌려댄다. 바람소리 횡행하던 대숲과 가시 억센 탱자나무는 이제 그 존재의 흔적마저 지웠다. 장구한 세월의 더께는 소박한 마을을 완전히 이질적이고 낯선 형상으로 바꿔놓았다. 이는 기억 속에 그리움으로 잠재하는 아늑하고 평화로운 정경에 대해 완벽한 결별의 통고였다.

탱자나무

여린 꽃잎 한 송이 지키려고
천 개의 이파리가 겹겹이 에워싸고
온몸으로 뾰족이 가시 일으켜 세운다
가시가 바늘 끝으로 날카로이 사위를 경계하고
꽃을 탐하는 세상의 모든 것들이 가시에 꿰인다
꽃은 자양분으로 제 몸을 다림질하고
가시 사이에 노오란 꽃 등불을 매단다

꽃 등불은 포근한 태양의 산물이고
은연한 달빛의 산물이고 순결한 바람의 산물이다
꽃 등불은 거대한 우주이고
애틋한 추억이고 정겨운 고향이다

탱자나무는 진종일 가시로 첨탑을 세우고
땅 냄새 구수한 시골 어드메쯤에서
빈 콩깍지처럼 후미진 외딴집을 지키고
그 집의 박꽃 같은 딸내미를 지키고
노오랗게 세상을 밝히는 꽃 등불을 지킨다

낙조의 붉은 댕기 서녘에서 흔적으로 머물면
반딧불 한 무리 꽃 덤불로 날아들고
탱자 향에 물큰 젖은 그리움 한 자락
탱자 울타리로 온몸을 둘러친다.

그때쯤에
잃은 줄 알았던 연초록 유년시절이
탱자처럼 데굴데굴 굴러오고
나는 애틋한 향수에 젖어
노오란 추억의 사타구니를 조몰락거린다.

어느 날, 우연히 그녀의 미소를 보았다. 소극장에서 공연하는 〈우리 읍내〉라는 연극 포스터였다. 그녀의 환영(幻影)이 여주인공에 겹쳐 클로즈 업 되어 왔다. 아련한 세월의 물살을 헤치고 연어처럼 거슬러 올랐다. 세월 저편에서 귀에 익은 그녀의 웃음소리가 들려왔다. 웃음의 꼬랑지에는 여전히 싸한 냉기가 들붙어 있었다. 슬픔이기도 하고 외로움이기도 했던 웃음소리가 긴 머리카락을 타고 빗물처럼 흘러내렸다.

언젠가, 남의 일처럼 무덤덤한 어조로 자살기도의 사실을 털어놓던 적이 있었다. 얘기의 골마다 진한 슬픔의 액이 흥건히 고여 있었다. 그녀는 웃을수록 슬퍼 보였다. 웃음의 줄기마다 슬픔이 싸리 꽃처럼 하얗게 피어 있었다. 그녀는 슬픈 언어의 가시로 시를 썼다. 가슴골에 겹겹이 쌓인 슬픈 정서가 그녀를 남다른 시세계로 인도했으리라 여겼다. 그녀가 우려내는 시행에선 짙은 슬픔이 고랑을 이루어 흘렀다. 그녀의 언어창고에 쟁여진 시어는 온통 슬픔의 조어(造語)들뿐이었다. 슬픔을 주조로 하는 어느 시인도 그녀만큼 비애의 언어를 완벽하게 부릴 수 없으리라 여겼다. 그녀는 온몸에 슬픔의 체관을 지닌 듯했다. 그녀의 슬픔이 꼭 동네 황토를 닮았다는 느낌이 들었다. 그녀의 체관은 가도 가도 끝없는 황톳길처럼 검붉은 체액으로 가득 찼다. 동공에선 항상 검붉은 토사가 홍수 져 떠 내렸다.

황톳길

골목에서 서성이는 일상의 잔상 끌고 간
바람의 자국 따라가며
삽살개 한 마리 짖지 않는
황톳길에서
붉은 정령들의 비명소릴 듣는다

풀썩풀썩 흙먼지 이는 황톳길에
꼬장꼬장 마른 햇살 내려 박히고
사막처럼 갈증이 타오르는
들풀들의 숨소리 거칠다
황톳길 모퉁이에선 아직도
옛날 문둥이들이 절름거리며 걷다 버린
상처 딱지가 벚꽃처럼 흩날린다

해거름 불기둥에
뼈마디 깎는 인고의 시간 들끓고
삶의 무게보다 훨씬 더 무거워져서야
비로소 가벼워지는
천년을 함묵(含默)하며 살아온
소금꽃 같은 여인의 눈물
황토 적삼 베옷에 올올이 배어든다

섧어서, 정녕 섧어서
시들어가는 잎맥 한 줌 따내

붉은 향으로 우려낸다
서러움 흥건히 고인 종지에서
상처 덧난 문둥이 처절한 절규가 들끓고
여인의 울음 섞인 황토향이 일렁인다

붉어서 설운 것들
시들어서 더욱 설운 것들.

대학시절, 연극 동아리를 구성했다. 학내에 연극 · 영화과가 설치되기 이전이다. 뭔가 획기적인 일을 논의하다 졸업 기념작품으로 연극을 하기로 했다. 국문학과 학생들이 주축이 되어 본격적으로 일을 추진해 갔다. 일은 비교적 순조롭게 진행되었다. 공연작품과 연출자가 결정되고, 각자의 희망과 특성에 따라 캐스트와 스태프 진으로 역할이 배분되었다. 나는 내심 배역을 맡아 무대에서 스포트라이트를 받고 싶었으나 결국 그 연극의 총 기획자로 낙점되었다. 공연 작품은 미국작가 '손톤 와일더(Thornton Wilder)'의 희곡 「우리 읍내(Our Town)」라는 작품이었다.

극은 '인생을 조망하는 거울'이라고 말한다. 미국 뉴햄프셔 지역을 배경으로 하는 이 연극은 아주 소소하고 평범한 일상적인 모습으로 막을 연다. 읍내의 지리와 날씨, 신문과 용돈, 옷 투정과 성적 등의 잡다하고 사소한 이야기로 시작하여 생명의 탄생, 사랑과 결혼, 죽음의 이야기로 전개되며 인간의 본질적인 문제에 가 닿는다. 죽음은 모든 인간들이 궁극적으로 봉착할 수밖에 없는 가장 공정하고 보편적인 공통분모이리라. 작가는 이 죽음의 정서를 통해 삶은 너무 빨리 지나가고, 인간은 살아 있을 때 행복한 것이라는 가장 평범하면서도 보편타당한 진리를 역설한다. 「우리 읍내」는 관객에게 일상적인 삶의 진실을 보여주고 관객

스스로 사소한 것들의 중요성을 인식하여 냉철히 자기 삶의 가치를 조망케 하는 인생의 거울과 같은 작품이다. 이 작품을 필연적 열정으로 내재화하는 과정에서 우리는 모두 어설픈 어릿광대가 되어 있었다.

어릿광대

— 시나위 · 42

어릿광대가 춤을 춘다
어둔 휘장 새어드는 희미한 빛으로
슬픈 연극 마지막 장 펼쳐놓고
기우뚱 기우뚱
설운 삶의 무대에서
우스꽝스럽게 춤을 춘다

비바람에 닳아져
지문조차 지워진 날들의 퍼즐들
생의 밑그림으로 다시 맞추기 위해
울음 몇 됫박 엎질러 놓을 듯
깡마른 어깨 으쓱대며
팔랑개비 같이 과장된 몸짓
어색하고 어눌한
비애의 춤사위

섬뜩한 찰나의 빛깔로 영겁을 물들이는
서녘하늘 능금 빛 놀

아스라이 번지는 빛의 파장처럼
허리 굽은 노을 잔등에 올라
덧뵈기 장단 엇박자로 두들기며
우스꽝스럽게 춤을 추는
저 슬픈 어릿광대.

학교 뒤 솔밭 민가에서 합숙 연습에 들어갔다. 완벽한 무대를 구현하고자 하는 연출가의 집념이었다. 강의를 수강한 오후, 모두가 가옥에 모여 밤을 지새우며 연습에 매진했다. 덕분에 나는 뜻하지 않게 불어난 경비 충당을 위해 백방으로 잰걸음질을 해야 했다. 연출가는 배역들이 자기 역을 충분히 소화해내지 못하면 그들을 바깥으로 내쫓았다. 솔밭에 나가 찬바람 쏘이며 극중 인물을 심층 깊게 연구하라는 명분이었으나, 이는 일종의 벌칙이기도 했다. 연습에 지쳐가는 심야일수록 내쫓기는 빈도수가 많아졌다. 한밤중 소슬한 솔밭은 청춘의 눈길이 의미 있게 얽히기에 충분한 공간이었다. 솔밭은 연극 연습으로 연극 같은 사랑이 무르익는 연극의 무대가 되어 갔다. 거기서 밤새 달빛 젖은 솔바람이 뜨거운 숨결로 한껏 몸을 꼬아대고 있었다.

그녀는 여주인공 '에밀리' 역을 맡았다. 일견 연약해 보이면서도 자기주장이 뚜렷한 배역이었다. 그녀는 발랄한 소녀 시절부터 중년여성으로의 성장 과정, 그리고 죽음 이후의 재탄생에 이르기까지 배역을 열정적으로 소화해냈다. 에밀리가 아이를 낳다 죽은 이후 이승에 대한 미련을 떨치지 못하고 환생하여 겪는 하루 동안의 이야기는 이 연극에서 단연 압권이었다. 그녀는 마치 죽음의 세계에 달관한 것처럼 이를 지독히도 슬프고 생생하게 무대에서 구현해 보였다.

솔바람

세사에 초연한 눈동자로
무르게 녹아내리는 달빛
무명필처럼 앞섶에 두르고
푸른 날개 퍼덕이는 솔바람소리
찌들고 눅눅한 기억들이 제멋대로 쏘다니는
어둡고 소슬한 밤
진저리 치는 침엽(針葉) 다독여 진정시키고
제 맘 다스리지 못해 떨어진 솔방울 굴리며
무언의 언어로 독경을 염송하는
바람의 혼

길가 떠도는 상처 받은 초상들
수지침으로 등뼈마디 곧추세우고
화적 떼처럼 몰려드는 시름의 한켠에서
그늘진 곳에 똬리 튼 앙금
열나흘 달빛에 자락자락 씻어 헹구며
동안거(冬安居) 끝낸 온후한 목탁소리처럼
드디어, 해탈의 눈을 뜨도다

거친 세파에 굽은 잔등
길 잃은 새 둥지로 내주고
세상과 조금씩 멀어지는 길 위에서
안타까운 그리움을 세는 솔잎들
수북이 쌓인 기다림에 우수수 달빛 쏟아질 때

너무 에지고 막막하여 길어진 꼬리
도마뱀처럼 잘라내고
별이 움트는 소리 한 가득 여며
은하에 징검다리 놓는
저 솔바람의 고매한 넋이여.

연극 연습이 없던 날, 우리는 몇이서 친구 하숙집에 몰려갔다. 그녀도 기꺼이 거기에 동참했다. 학교 후문에서부터 하숙집에 이르기까지 가깝지 않은 거리를 선술집마다 들러 큰 사발에 술을 찰랑찰랑 채워 마셔댔다. 도중에 포기하는 녀석이 술값을 계산하기로 했기에 모두 죽기 살기로 마셔댔다. 작심하고 대드는 그녀의 술 실력도 결코 만만치 않았다. 하숙집에 이르렀을 때는 모두 만취 상태가 되어 너나없이 한 방에 뒤엉켜 드러누웠다. 연신 방바닥이 갈라져 솟구치고 천정이 무너져 내려 어지럽게 돌아댔다. 확실히 코페르니쿠스의 지동설은 근거가 명확한 과학적 논거였다. 빙글빙글 돌아대면서 그녀가 혀 꼬부라진 소리로 말했다.

— 야 너. 아직도 그거 달고 살지?

뜬금없이 던지는 당돌한 질문이었다. 동정이 거추장스럽지 않느냐고 되물었다. 바보같이 그 불편하고 무의미한 걸 왜 여직까지 달고 사느냐고 했다. 군대 가기 전에 기념으로라도 홀짝 떼고 가라고 했다. 그녀의 달짝지근한 숨결이 육감적으로 목덜미에 닿아 오래도록 머물렀다. 장난기 섞인 그녀의 언사에서 진지함이 도드라졌다.

연극의 막이 내렸다. 무대를 비추는 스포트라이트는 눈부셨다. 많은 찬사와 갈채 속에 마지막 무대가 장막을 닫았다. 장막의 내부는 웅대하고 탄탄했다. 많은 시선들이 떠나지 못하고 장막 안에 머무르고 있었다. 무대 밖엔 세차게 비가 내리고 있었다. 비는 밤새 지면을 두들기고도 미진했는지 다음 날까지 지속되었다. 공연 뒷마무리를 하고 등교하다가 교문에서 우연히 그녀를 만났다. 우산도 없이 비에 흠뻑 젖어 있었다. 몸에 찰싹 달라붙은 옷이 세필처럼 나신(裸身)의 감춰진 곡선을 유감없이 사실적으로 묘사하고 있었다. 흠뻑 젖은 블라우스가 그녀의 가슴 선에서 유두(乳頭)의 크기와 위치를 명확히 짚어주고 있었다. 허나 그녀의 그런 모습은 결코 천박하거나 육감적인 것은 아니었다.

그녀가 미친 듯이 키들키들 웃어댔다. 어디를 뛰어다녔는지 붉은 황토가 잔등에서 머리칼까지 점점이 튀겨 있었다. 미쳐 사는 게 진짜 사는 거라고 했다. 연극에 미쳤을 때 진정 사는 것처럼 살았다고 했다. 그렇게 열정적으로 살아본 적이 없었다고도 했다. 웃음의 자락마다 눈물이 배어 있어 더욱 서글퍼 보였다. 극중 에밀리는 어쩌면 그녀의 분신이었는지도 모른다고 여겼다. 막 내린 어둠 속으로 에밀리를 전송하고 그녀의 외로운 방황이 시작된 걸로 보였다. 문득, 그녀의 깊이 모를 방황은 어느 지점에서도 종결 부호를 확인하기 어려울 것이라는 불길한 예감이 들었다. 비바람에 황토 튀긴 긴 머리칼이 바람결에 하염없이 물결쳐대고 있었다.

주검 하나

……거기까지
참, 먼 길

밤안개 젖어
길은 이따금씩 희끔거리고

산허리에 걸린
푸른 슬픔 하나

사각사각
별로 승천하는 밤

조각달 가녀린 울음소리
은하수 시퍼런 통곡소리.

죽음은 가장 진솔한 삶의 진실이다. 죽음은 마지막 종결부호로 선연했던 삶을 생생히 설명해 준다. 그녀의 죽음 소식이 들려온 건 군 입대 후였다. 학교 졸업과 동시에 군복 깃에 부착된 소위 계급장은 훈련이라는 이름으로 혹독한 시련을 몰아왔다. 훈련 중에도 동정을 떼고 입대하라던 말과 자지러지던 웃음소리가 이명(耳鳴)처럼 질기게 귓속에서 왱왱거렸다. 죽음의 연유에 대해서는 묻지 않았다. 숙명적으로 그녀를 지배했던 슬픔의 갱도는 애초부터 어둑한 죽음의 통로로 연결되어 있었을 거라고 생각했다. 조금씩, 아주 조금씩 눈물이 배어났다. 눈물이 어른거리며 무대에서 온몸으로 절규하던 그녀의 마지막 독백이 선연히 되살아났다.

— (무대감독에게 큰 소리로) 그만요. 너무 빨라요. 서로 쳐다볼 시간도 없이요. (울음이 터진다. 왼쪽 무대 조명이 서서히 어두워진다) 몰랐어요. 모든 게 그렇게 지나가는데, 그걸 몰랐던 거예요. 데려다 주세요. 산마루 제 무덤으로요. 아, 잠깐만요. 한 번만 더 보고요. 안녕, 이승이여, 안녕… 우리 읍내도 잘 있어… 엄마, 아빠, 안녕히 잘 있어요. 똑딱거리는 시계

도, 엄마가 가꾸던 해바라기도… 맛있는 음식과 아침에 침대 위에 다려 놓은 원피스… 따뜻한 목욕물도… 잠을 자고 아침에 깨어나는 것도… 아, 모든 게 너무 아름다워. 그 참가치를 모르고 있었어. (눈물을 흘리며 무대감독에게) 살아 있는 동안 자기 삶을 제대로 깨닫는 사람이 있을까요? 자신이 살고 있는 모든 순간을 말이에요.

눈을 감고 상념에 든다. 그녀가 외치던 처절한 마지막 독백처럼 나는 지금 단 한순간만이라도 진정한 삶의 의미와 가치를 깨달으며 살아가고 있는가. 정선되지 않은 일상의 행보를 멈추고 삶의 의미와 가치를 조금이나마 되새김질이라도 해보았던가. 지금까지 내가 흘려보낸 수많은 세월의 촉수는 진정 나와의 상관관계에서 어떤 의미를 지녔던가. 그리고 앞으로 다가올 날들은 어떤 문양과 색깔로 내 생의 이야기를 덧칠해 줄 것인가. 자괴감이다. 온통 자괴감이다.

그토록 질기던 빗줄기가 차츰 소멸되어 간다. 그러나 가슴 속으로는 억수 같은 빗줄기가 들이치기 시작한다. 홍수 진 황톳길을 검붉은 토사가 쓸어간다. 망연히 빗속에 서서 그녀가 키들키들 웃어댄다. 웃음의 고랑으로 와락 슬픔의 진액이 쏟아진다. 비바람에 황토 튀긴 그녀의 머리채가 찰랑찰랑 물결친다. 툭, 탱자나무 울타리에서 노란 탱자 하나가 맥없이 떨어진다. 빗줄기가 소꿉놀이하듯 어둠 속으로 데굴데굴 탱자를 굴려간다. 황토를 쓸어가는 어둠의 파편들이 완장을 찬 듯이 기세등등하다.

다섯 번째 이야기

갯벌이 빚어내는 삶과 죽음의 처연한 풍경

아마도, 예전에 어머니의 자궁이 저랬을 것이다. 생명을 품은 양수가 저처럼 퍼렇게 멍울져서 아리게 생명을 키웠을 것이다. 처참히 일그러진 일상의 극심한 진통을 감내하면서도 모질게 생명을 품어 안고 몸서리치도록 극진한 사랑을 퍼부었을 것이다. 어머니는 거칠게 안으로 저미는 고통을 극한적 인고로 극복하고 양수의 물골을 다스리며 생명체에게 자신의 자양분을 공급했을 것이다. 그런 거룩하고 숭고한 사랑에 의해 비로소 하나의 생명은 순조로이 제 숨길을 텄을 것이다. 여린 생명체는 양수의 품안에서 자유로이 어머니의 생명을 갉아먹으며 제 뼈골을 다져갔을 것이다. 그리하여 이 땅에 오롯이 한 생명의 울음이 터지고 탯줄이 잘렸을 것이다. 탯줄 끊기던 날, 온 세상이 숨죽이고 경건히 순결한 의식에 동참했을 것이다.

봇물처럼 터지는 동녘 햇살이 서서히 어머니의 자궁을 연다. 바다가 깨어나 하마같이 큰 입을 벌리고 단숨에 아침 햇살을 삼켜댄다. 거친 숨으로 해원에서 바다를 끌어온 파랑이 해안에 이르러 명주실처럼 하얀 가닥으로 부서진다. 양수의 끝자락이 목구멍 깊숙이 갯바위를 한껏 머금었다가 갯벌에 뱉어낸다. 검푸른 이마에 맺힌 송골송골한 땀방울이 옥양목처럼 새하얗다. 해면을 스치며 푸르게 젖은 바닷바람이 비릿한 파도소리를 흩뿌려댄다. 생명을 보듬어 안은 어머니의 양수가 피톨로 용해되어 혈관마다 넘실댄다. 온몸을 관류하는 맥박이 빨라지고 양수의 피돌기가 기운차진다. 어머니는 희생적인 사랑으로 생명체에게 공고히 모유를 수유하고, 생명체는 순박한 동공을 열어 점차 어머니의 사랑에 실눈을 떠간다.

한동안 바다를 밀쳐냈던 갯벌이 한순간에 검푸른 바다로 변신한다. 육지가 바다에 미끄러지는 해안에서 파도 한 자락이 땅에 올라와 경계선의 영역 표시를 한다. 백사장은 육지의 종착점이자 바다로의 출발점이기도 하다. 그곳에서 질척이는 바다가 보름달처럼 만삭(滿朔)이 되어 해산할 장소를 물색한다. 겹겹이 이랑진 물골 등성이에서 돛단배처럼 검정고무신 한 짝이 둥둥 떠내려 온다.

검정고무신

허청허청 밤새 바람에 할퀸 여명이 돋고
뼈마디 깎는 인고의 시간 속으로
소나기가 큰 강을 이루어 굽이친다
내륙에서 탈피한 바다 한 자락
시나브로 산비탈 차고 올라 넘실대고
청보리 밭 가로질러
설운 넋을 태운 검정고무신 한 짝이
돛단배처럼 둥둥 떠내려온다

시큼히 물러터진 시간
발 언저리에서 얼룩으로 자라날 때
청개구리 울음소리 돌미나리 순처럼 지천이던
내 어릴 적 뜨락을 쓸어대며
어머니 부르튼 가슴엔 무수히 잡풀이 돋고
호미 날 닳아 무디어진 밭고랑에서
구멍 난 검정고무신 한 짝이
짓무른 동녘 햇살을 머금는다

검푸른 양수 더듬던 무명의 이름이
금모래로 부활하는 해안
검정고무신 코에 넘실대는 바다에서
바닷새가 해면에 앉아 물골 쪼아대고
비로소 오롯한 하나의 생명이
배시시 미소 지으며
순백의 눈꽃처럼 초롱한 눈망울을 뜬다

부서져 열반하는 빛의 알갱이 싣고
먼 바다가
검정고무신 한 짝을 질질 끌고 간다.

오래 전, 밭이랑을 타고앉아 호미질하던 어머니의 신발이다. 빛바랜 수건 친친 두르고 해와 달을 견인하여 고랑을 일구던 어머니였다. 솔껍질 같은 날들의 틈바귀에서 오로지 피붙이를 먹여 살리기 위해 밤낮없이 밭이랑을 일궈야 했던 어머니였다. 밭이랑마다 서리서리 호미 날

끝에 묻어나오는 구슬픈 타령 한 곡조 주절거리며 설움으로 허기진 삶을 다독여야 했던 어머니였다.

어느 날, 밭일하는 중에 때 아닌 소나기를 피하느라 남산만한 배를 뒤뚱거리며 달음박질치다 벗겨진 검정고무신이다. 구멍 난 검정고무신 코에서 검푸른 바다 한 자락이 자르르 쏟아진다. 신발이 벗겨진 날, 어머니는 극심한 진통으로 세상에 하나의 순결한 생명을 분만했다. 이내 생명의 울음소리가 온 누리에 풍경소리처럼 울려 퍼졌다. 그 거룩한 소리에 하늘도 땅도 엄숙히 옷깃을 여미고 경배의 향불을 지폈다. 풍경소리의 은은한 파장은 길고도 장엄했다.

그날처럼, 멀리서 바닷물 들이치는 소리가 들려온다. 소금기 절은 바닷바람이 갯벌을 쓸어간다. 바닷물을 밀쳐냈던 갯벌에 돌연 바다가 풍성해지면서 화강암같이 견고하던 침묵이 산산조각 난다. 죽은 듯이 잠들었던 생명들이 서둘러 몸을 열고 깨어난다. 천 근 같은 눈두덩을 비비고 일어나 설렘으로 파도소리를 맞는다. 파도소리는 바다에 생명을 의존하는 생명체에게 유원한 희망의 복음(福音)이다.

거북손이 서서히 촉수를 꺼내든다. 머리가 마치 거북의 다리 모양을 닮았다 하여 붙여진 이름이다. 머리는 황회색 네모꼴로 된 석회 판으로 덮이고 그 사이에 여섯 개의 돌기가 나와 호흡하는 생물이다. 자루 부분으로 바닷가 바위에 붙어살며 머리 쪽에서 덩굴 모양의 다리를 뻗어 먹이 활동을 한다. 거북손은 한 곳에 붙어서 평생을 살아가는 절지동물이기에 자리 잡기가 곧 생명을 좌우한다. 자칫 자리를 잘못 잡기라도 하면 파도 구경도 하지 못하고 메말라 생을 다하는 운명이 되고 만다. 갯바위에 달라붙은 거북손의 먹이 활동이 필사적이다. 생명을 지속하기 위한 피눈물 나는 고행이다. 생물에 있어 자리 잡기는 바로 눈치와 약삭빠름의 소산이다. 절지생명체에게 있어 자리 잡기만큼 중요하고 절박한 일은 없다.

삶터 잡기

햇살 부시고 양지바른 언덕배기 올라
허름하고 낡은 생의 등짐 부려놓고
그 한켠에 삶터를 잡았다

종달새가 지지배배 지저귀는 봄날
산들바람이 언덕에 송홧가루 분분이 날리고
사립에선 유월의 잎들이 진초록으로 팔랑댔다
햇살 수더분한 여닫이창에
갖가지 풀꽃으로 단청한 풍광이 들이차고
밤이면 백설기 같은 달빛 문설주에 휘감겼다

계곡에서 한 생을 불태우던 단풍잎
삭풍에 까무룩 지고
오솔길 쓸어오는 싸락눈에
북녘바람은 육 쪽 마늘보다 매웠다
문풍지 부르르 떨며 몸서리치는 밤
허기져 헤매는 여우울음도
그만큼 처량했다

그때서야 비로소 깨달았다
지금, 햇살 일렁이는 언덕배기 따스해도
봄은 언제나 봄이 아니고
양지는 언제나 양지가 아님을.

돌연, 갯벌이 팽팽히 긴장한다. 물 빠진 갯벌을 통통 뛰어다니며 먹이 활동을 하는 바닷새가 있다. 새는 갯벌생명에게 가장 두려운 공포의 대상이다. 바닷새가 부지런히 먹이 활동을 하는 사이 밀물이 들어오고 갯벌은 일시에 바다로 변모한다. 거친 바다는 육지에 다다라서야 위세좋게 군림하던 시퍼런 갈기를 접고 순연해진다. 포만(飽滿)해진 바닷새가 날개를 접고 갯바위에 앉아 깃털에 부리를 박는다.

육지는 바다와 조우하며 모래사장을 펼쳐 파도의 충격을 완화한다. 백사장은 육지와 바다의 경계에 위치하여 완충지대 역할을 한다. 파랑따라 날아든 갈매기가 물골에 앉아 파도더미를 쪼아댄다. 부리에 쪼여 파닥거리는 물고기의 은비늘이 햇살에 반짝인다. 바다는 품 안에 생명을 들여 자애로운 사랑으로 보듬고 키운다. 그러면서도 때로는 냉정히 그 생명을 갈망하는 주체에게 미련 없이 내주기도 한다. 바다는 생명체에게 생존과 사멸이 공존하는 치열한 삶터이다. 바다는 그렇게 삶과 주검에 대해 냉엄하고 명확한 태도를 견지한다.

갯벌에서 농게가 부지런히 집을 짓느라 땀을 뻘뻘 흘린다. 집 주위에 높다랗게 성을 쌓아 다른 게의 접근을 막는다. 농게의 집 단장은 절대적인 자기영역의 선포행위이다. 수컷 농게의 커다란 집게발은 적과의 싸움과 위협용으로 빈번히 쓰인다. 일상적인 먹이 활동에서는 작은 발만 사용하기에 집게발은 거추장스럽기 그지없다. 실상 집게발이 없는 암컷의 먹이 활동은 수컷보다 몇 배나 빠른 속도감을 보여준다. 하지만 수컷의 집게발은 생존을 위한 투쟁과 암컷을 유혹할 때 아주 유용하게 쓰이기에 꼭 필요한 신체의 중요 기관이기도 하다.

수컷이 집게발을 높이 들어 혼신으로 춤을 춘다. 암컷을 향해 전력으로 펼치는 구애의 몸짓이다. 한동안 절정의 춤동작을 감상하던 암컷이 이에 매료되어 슬그머니 굴속으로 들어가자 수컷도 이내 따라 들어간다. 이들은 굴속에서 그들만의 은밀하고 달콤한 사랑을 나눈다. 그 와

중에도 농게는 밀물 때를 대비하여 틈틈이 흙덩이로 출입구를 막는 수고를 마다하지 않는다. 사랑의 절정에서도 안전에 대한 경각심이 투철한 본성을 보여준다.

농게의 집게발은 다용도로 쓰인다. 이는 바로 일상의 도구이고 생활의 개척이고 삶의 투쟁이다. 집게발은 무한한 도전이고 번식이고 정복이다. 반면에 그 집게발은 때로 허세와 과장과 위선의 표상으로 쓰이기도 한다. 이처럼 하나의 신체구조가 다양한 용도로 쓰임은 그만큼 삶이 불안정한 사실의 반증이다. 몸체에 비해 기형적으로 거대한 집게발은 농게의 생존과 생활을 위해 특별히 진화한 실증적 사례이다. 농게는 그런 집게발의 진실과 허위를 상황에 따라 적절히 운용하며 치열히 갯벌에서의 삶을 도모한다.

갯벌 생명들은 물때가 가까워질수록 점점 더 가빠진다. 도요새가 바삐 다가오자 도망치기에 이미 늦었음을 인지한 농게가 본능적으로 집게발을 들고 대항한다. 가벼이 집게발의 공격을 피한 도요새가 날카로운 부리로 쪼아대자 농게는 순식간에 두 동강이 나고 만다. 도요새가 농게의 딱딱한 몸체를 먹기 좋게 다듬질하여 목구멍에 집어넣는다. 농게의 생명을 건 용감하고 무모한 투쟁은 이내 허망하고 처참한 결과로 귀착되고 만다. 약육강식의 세계는 늘 처절하고 비참하기 그지없다.

농게

갯벌 가랑이 사이로 썰물 한 줄금 빠져나가고
모래성 써레질하는 바람소리 세차다
광장 드높은 성벽 올라
가장 우아하고 예쁜 숙녀에게

용맹스런 무사춤을 선사하기 위해
집게발 들고 당당한 위세로 나아간다

갯벌에서 통통 뛰어다니며
석 달 열흘쯤 굶은 직한
도요새 한 마리가 가쁘게 달려든다
맹독 오른 날치처럼
예전에 내 부모를 무참히 찍어대던
예쁘장한 노랑부리에서
아직도 역한 피 냄새가 진동한다

나는 혼신의 힘을 다해
적과 맞서 용감히 싸우다가
내 부모처럼 장렬히 전사할 것이다
유서 한 장 남기지 못하는 가여운 죽음
그 처절하고 뜨거운 사망으로
내 영혼은 더욱 거룩해질 것이다.

빙하의 흔적처럼
갯벌에 묻혀 화석이 된 이야기
그 언저리로 개흙 묻은 아침이 돋고
부슬비 방향 잃고 흩날릴 때
바람에 날리는 넋의 아픔 위로하려
소금꽃 같은 파도줄기 하나쯤은
씻김굿으로 너울너울 춤을 추리니

허리까지 빠지는 어둠 속에서
하늘을 업고 떠나는 새 떼 전송하듯
여우비 닮은 곡소리로
어이어이 울어 주리니.

모든 생물은 저마다 자기만의 경이로운 야성의 무기가 있다. 머지않은 곳에서 갯지렁이가 구멍에 은신했던 긴 몸을 빼낸다. 갯지렁이는 언제나 위험에 대비하여 몸의 끝부분을 구멍 속에 숨겨놓기를 잊지 않는다. 괭이갈매기가 성큼성큼 다가서자 수많은 발을 이용하여 전광석화처럼 재빠르게 꼬리에서부터 구멍 속으로 숨어든다. 갯벌의 삶에서 생존의 요체는 바로 눈치와 날쌤이다. 약육강식의 하위체계에 존재하는 생명체들은 끊임없이 살아남기 위한 진화를 모색한다.

갯벌은 생명체에게 아슬아슬한 삶의 공간이다. 이곳에선 불변의 진리처럼 늘 누군가는 먹고 누군가는 먹힌다. 적자생존의 원칙이 가감 없이 진솔하게 구현되는 냉혹하고 숨 가쁜 삶의 터전이다. 이 치열한 생의 현장에서 게는 유난히 무척 바쁜 시간에 쫓기며 산다.

드넓은 모래밭에 모리스 부호가 지천이다. 현대과학으로도 전혀 해독이 불가능한 암호들이 형이상학적인 문형을 이루고 있다. 엽랑게가 갯벌에 끼적거려 쓴 초서(草書) 같기도 하고, 점자문자 같기도 하고, 풍경화 같기도 한 형상들이 신비롭다. 이는 실상 엽랑게가 먹이 활동을 한 식탁 잔해물의 실체들이다. 갯벌에서 모래를 걸러 모아 유기물을 먹고 버린 경단들이 몽유도원도 걸작처럼 입체적인 산수화를 그려낸다. 열심히 경단을 만들던 엽랑게가 구멍 하나를 두고 집 뺏기 싸움에 돌입한다. 갯벌의 하루는 유난히 꼬리가 짧다. 먹이 활동을 하고 집을 만들고 터 싸움을 하는 사이 하루해는 순식간에 수평에 내려앉아 노을을 태운다.

갯벌은 대상에게 존재의 정체를 묻지 않는다. 바닷물이 나간 갯벌에 물웅덩이가 생겨난다. 물웅덩이는 육지 안의 작은 바다이다. 이 작은 바다에서도 먹고 먹히는 기막힌 삶의 투쟁이 전개된다. 조수가 밀려나가고 갯벌이 꺼먼 맨살을 드러내자 물웅덩이에서 말미잘이 촉수를 꺼내들고 물고기 사냥에 나선다. 갯고등이 혓바닥으로 유기물을 빨아먹고, 뱀고동도 그물에 걸려든 수초더미를 더듬어 먹이 사냥을 시작한다. 모두가 예정된 자기 일정표에 따라 본능적으로 바삐 하루 일과를 집행한다.

오늘, 그 삶의 문양

난파선 처박힌 개어귀에서
잿빛 구름 한 무더기 뭉그적거리고
소실점 잃은 하루의 숨결이 바람에 날린다

온몸 벌겋게 상기되어 갈음한 하루
숨 가빴던 태양이 서녘 하늘 채색하고
삶의 문양은 깜부기처럼 빈 껍질로 남는다
울퉁불퉁 요철(凹凸) 심한 생의 마디에는
갯벌 생명의 퍽퍽한 삶처럼
치열한 먹이 활동이 있었고
처절한 생존투쟁이 있었다

아침 햇살이 갯벌에 붉은 알을 산란하면
거북등처럼 균열된 일상의 지평에서
어물 비린내 진동하는 어혈이 돋아나고

북극성 따라 이역(異域) 떠돌며
몸 시린 푸른 적막 끌고 다니던 삶은
부리 속 스믈스믈 기어 다니는 독벌레로 하여
순결한 영혼까지 너덜너덜 해졌다

마름처럼 망연히 물 위를 떠돌던 하루는
끝내 정착의 뿌리 내리지 못하고
곤궁했던 하루가 저물어가는 물목에서
넥타이만 구깃구깃 바람에 날린다
머리칼만 나풀나풀 바람에 날린다
일정표만 펄럭펄럭 바람에 날린다.

물웅덩이에서 집게의 집 바꾸기는 거의 필사적이다. 신체구조의 연약한 부위를 보호하기 위해 항상 죽은 패각을 등에 짊어지고 이동하며 먹이 활동을 한다. 그 생동적인 삶의 과정에서 초미의 관심사는 제 살던 집보다 더 편안하고 너른 집을 찾는 일이다. 집게는 자기 집을 지키고 남의 집을 빼앗기 위한 본능적인 싸움에 사활을 건다. 전셋값조차 연일 하늘 높은 줄 모르고 치솟는 세상이다. 주거가 불안정해질수록 인간도, 집게도 본능적으로 이에 대한 욕심과 투쟁이 더욱 치열해진다. 그러기에 생명체의 삶에 있어 가장 큰 과제는 역시 집이다.

돌연, 중세의 검투사처럼 앞으로 걷는 게가 등장한다. 밤게라 한다. 모든 게가 옆으로 걷는 갯벌 세계에서 앞으로 걷는 게는 극히 낯설고 이단적이다. 밤게가 조개 사냥에 나서는데, 조개가 밤게의 집게발을 덥석 물고 놓아주지 않는다. 발을 빼내려고 버둥거리던 밤게가 처절한 투쟁 끝에 다른 발을 이용하여 가까스로 집게발을 뽑아낸다. 그런데 아뿔싸,

이번에는 그 다른 발을 물려 쩔쩔맨다. 밤게는 조개와의 오랜 싸움에 지쳐 그만 녹초가 되고 만다. 곁에서 가만히 이를 지켜보며 기회를 노리던 다른 밤게가 달려들어 순식간에 먹이를 탈취한다.

조개와의 싸움에 몹시 지친 밤게는 이내 결전을 포기하고 만다. 먹이를 약탈한 밤게가 느긋이 조개를 포식하며 만찬을 즐긴다. 먹이 싸움의 현실은 냉혹하고 비정하다. 생존 여부의 문제가 걸려 있기 때문이다. 먹이는 항상 사냥한 주체의 몫으로 주어지진 않는다. 백수의 제왕인 사자도 스스로 사냥한 먹이보다 약탈하여 얻는 먹이가 더 많은 게 현실이다. 싸우는 자 다르고 득보는 자 다른 게 세상살이의 속성이다.

밤게

세상은 늘 고착된 인식의 틀을 깨고 진화한다
진화의 수레바퀴는 두꺼운 수구의 벽을 뚫고 전진한다
진보 가치가 눈망울 홉뜨고 새 문명의 길을 낸다
덜컹거리는 새 길에선 무시로 선인장 군락이 길목을 차단한다
새 길은 고통이 수반되는 가시밭길이다
바보처럼 용감하거나 용감한 바보 아니면 결코 그 길을 탐험할 수 없다
진화하지 않는 문명은 인습의 담낭에 하수처럼 고인다
인습은 필연코 부패하고 죽어간다
그러기에 나는 필사적으로 앞으로 걷는 연습을 한다

해와 달이 숨바꼭질에 이골이 날 무렵
피눈물 나는 시행착오 끝에

가랑이 찢어지는 고통 극복하고
드디어 앞으로 걷는 법을 터득했다
그것은 다윈 이래 최대의 혁명이었다
신이 무심코 제어한 불가능의 개연성을 타개한 찬란한 진화의 승리였다
이제 드디어 인간처럼 앞으로 걸을 수 있게 되었다
그날, 감격에 겨워 태양을 향해 만세 삼창을 외쳤다
북소리 울리며 밤새도록 승리의 춤을 추었다
시뻘건 노을을 태우고도 온밤이 그대로 활활 타올랐다

다음 날, 유난히 태양의 빛살이 물컹거렸다
가까운 일가친척일수록 더 멀찍이에서 등을 돌렸다
집단따돌림은 연옥(煉獄)을 현시한 독한 형벌이었다
온 세상이 서로 다정히 품어주고 안아주는데
오로지 나만 홀로 광막한 갯벌에 서 있었다
온 세상이 서로 따뜻이 챙겨주고 끌어주는데
오로지 나만 홀로 허허로운 벌판에 서 있었다

역사가 태동하여 불 피우고 물레질을 시작한 이래
우리 할배가 평생 그리 걸었고
우리 할배의 할배도 평생 그리 걸었기에
우리도 대대로 그리 걸어야 한다고,
옆걸음 게만이 갯벌의 진골이고
그게 바로 게의 전통이자 정체성이라고
관제(官制)된 보수의 입들이 연일 피켓 들고 시위하며
비방의 언사들로 봇물을 이루었다

이제, 다시 갓 난 게처럼
아장아장
옆으로 걷는 법을 배우느라
쩍쩍 가랑이 찢어지고 있다.

흰 쑥붙이가 길을 잘못 들었다. 썰물이 바다를 끌고 나가는 줄 모르고 미적대다 그만 물웅덩이에 갇히고 만 것이다. 본능적으로 위험을 감지하고 급히 모래 속을 파고들지만 이마저도 쉽지 않다. 망둥어가 낯선 녀석을 발견하고 몰려든다. 망둥어들이 툭툭 쑥붙이의 몸체를 건드려 보며 정체를 탐색한다. 쑥붙이가 온몸을 흔들어 격렬히 저항한다. 망둥이의 탐색은 지속되고 쑥붙이는 지쳐간다. 망둥어들이 낚아채 막 먹이로 삼으려는 찰라 낌새를 채고 집게가 달려든다. 집게가 한 순에 망둥어를 몰아내고 쑥붙이를 가로채어 먹어치운다. 탈출구 없는 물웅덩이에서 쑥붙이의 처절한 저항은 그렇게 비운의 종말을 맞는다.

갯벌은 생기차야 한다. 갖가지 풍요로운 생명체를 품었기 때문이다. 그러나 지금, 안타깝게도 도처에서 갯벌이 죽어가는 비명소리가 횡행한다. 갯벌의 싸늘한 신음소리가 적막한 장막을 찢는다. 개발이란 미명의 인간욕망이 야기한 자연 파괴의 징후들이 곳곳에서 심각하다 인간은 본능적인 탐욕을 그럴듯한 명분으로 합리화하여 자연을 훼손하고도 자연이 스스로의 자정에 의해 원상을 복원할 기회조차 주지 않는다. 갯벌이 죽으면 자연생태 속 생명체도 죽는다. 그리고 이는 곧 인간 존재의 근원까지 위태롭게 한다. 인간은 이제 자연에 대한 통제와 욕망의 탐심을 거두어야 한다. 자연 스스로가 일구어가는 생태 환경에 순리대로 맡겨두어야 한다. 그것이 곧 인간이 사는 길이기 때문이다. 갯벌이 살아야 인간도 산다.

세상에 존재하는 것들은 서로 상관성을 지닌다. 자연에 대한 인간의 열정은 아름다움에서 출발하지만, 그 아름다움 속엔 보다 진솔하고 절박한 삶의 투쟁이 존재한다. 이 투쟁은 생사를 구분 짓는 운명의 본질이자 치열한 생존의 연유이기도 하다. 포식자에게 관용이란 어휘는 사치에 불과하다. 포식자는 자신의 생존을 위해 끊임없이 피식자를 희생시켜야 한다. 피식자의 목숨을 담보로 하여 생의 활로를 열어야 한다. 그것이 보편적인 철리(哲理)이고 생의 현장 모습이다. 인격과 고매함으로 치장한 인간의 삶도 원천적으로 이와 다름없다.

황혼녘, 현란한 빛으로 노을이 타든다. 노을빛 찬연한 해원에서 다시 서서히 어머니의 자궁이 열린다. 바다가 펄펄 들끓고 무명줄 당기는 산고의 진통이 시작된다. 먼 바다 채색 구름 속으로 검정고무신 한 짝이 둥둥 떠내려간다. 고무신을 타고 가던 햇살 한 자락이 풍랑에 뒤뚱거리다가 바다에 풍덩 빠진다. 햇살 텀벙대는 소리가 점차 멀어지고 칙칙한 갯벌이 드러난다. 갯벌 곳곳에 물웅덩이가 고인다. 물웅덩이로 도요새가 달려들고 농게가 달려든다. 망둥어도 달려들고 집게도 달려든다. 광막한 갯벌에서 다시 생명체들의 치열한 삶의 투쟁이 전개된다. 약육강식의 처연한 풍경이 차곡차곡 소금에 절여진다.

거무튀튀한 바람이 불어와 갯벌을 쓸어간다. 갯벌 모롱이에서 비릿한 바다의 지느러미가 척척 생선회칼에 저며진다. 굶주린 바람의 아가미가 연신 군침을 흘려댄다.

여섯 번째 이야기

정선, 아름답고 순결한 땅에 설화는 지피고

산이 다기차게 지표를 차고 올라 구름 속에 솟구치기에 정선이 아니던가. 산줄기가 아스라이 떨어져내려 협곡에 구불구불 물길을 놓기에 정선이 아니던가. 세상의 어느 곳보다 신을 더 가까이서 영접할 수 있는 곳, 굽어진 길 따라 정선 아리랑 한 곡조가 치렁치렁 늘어진다.

—눈이 올라나, 비가 올라나, 억수장마 질라나

유난스레 꾸미지 않고 일상생활에서 그냥 툭툭 내던지는 소리, 그래서 더욱 가슴이 뭉클해지는 산골소리가 쩌릿쩌릿하다. 산길 곳곳에서 정선 사람들의 애환을 애절한 소리로 담아낸 아리랑 구절구절이 척척 옷자락에 휘감긴다. 애간장을 태우는 구슬픈 노랫가락에 가슴이 찡해질 무렵 무심히 창공을 떠돌던 뭉게구름이 산허리에 고삐를 매고 멈추어 선다. 솔숲 향에 사부시 젖은 구름의 살결이 우련 빛난다. 첫날밤 여인처럼 수줍은 듯 사르르 구름의 옷자락이 벗겨지고 눈부시게 푸른 산의 속살이 드러난다. 시공을 초월하여 강원도 산수는 불멸의 설화를 지피고 길은 애틋한 민담을 만들어낸다.

가파른 고갯마루를 넘는다. 거기서 또 다른 짙은 숲과 하얀 물결이 선연히 수채화 한 폭을 선사해준다. 산은 물가에서 벼랑으로 솟구치고, 물은 산을 에둘러 깊은 골로 잦아든다. 산이 겹겹이 산을 에워싸고 태고의 원시림 속에서 원무(圓舞)를 춘다. 선학의 우아한 춤사위마냥 품격이 지고하고 고매하다. 물줄기는 줄곧 연인처럼 길을 따라 나서고 길은 연신 연정처럼 물줄기를 따라 나선다. 길을 따라 오는 물소리가 자꾸만 발뒤꿈치를 적셔 질펵거린다. 솔숲이 참빗질로 윤기 어린 머릿결을 손질한다. 고요와 안식으로 내면을 다진 바람결이 적이 화평하다. 정숙한 여인의 음부처럼 은밀하고 신비로운 골짝을 더듬으며 나는 비로소 짜릿한 욕구의 화신이 된다.

아우라지

계곡에서 가만가만 조약돌 굴리는 선율에
순연한 물의 성정이 더욱 유순해진다
초탈한 옛 성현처럼
겸허한 본성으로 나직이 몸 낮추고
탈각(脫却)된 욕구에 무심으로 초연하고
천 길 낭떠러지에서도 두려워하지 않고
온후한 덕으로 세상의 뭇 생명 구제하는,

구절리 골짝 송천이 그러하다
중봉산 줄기 골지천이 그러하다
여량에서 한 무리로 반가이 만나
공명 깊은 묘음(妙音)을 연주하는 두 물줄기

초례청 그윽이 청사초롱 밝히고
온밤 그리도 도란도란 정겹더니만

난데없이 산허리에 먹장구름 끼고
너럭바위 타고 넘는 억센 골물소리
성난 바람결에 음표 찢긴 사랑가는
만날 수 없는 그리움으로 더욱 애절해지고
건널 수 없는 강 건너
싸릿골 올동박은 다 지는데
저 원수 같은 장맛비는 언제나 그칠려나

뗏목 한 척 뜨지 않는 빈 나루터
성난 물결에 연정 한 소쿠리 풀어놓고
하염없이 바람에 날리는 치맛자락 여미며
구슬피 눈물짓는
아우라지 처녀.

한지처럼 엷은 성정으로 정체성과 가치가 변하는 변덕스런 세상의 실체와 달리 강원도 정선은 고집스레 예스런 본성을 지키는 고장이다. 이곳은 진화의 발걸음이 더디기에 미덥다. 정선에서 진화하지 않는 진화가 참 진화임을 실감한다. 나는 비로소 산골까지 달라붙어 온 꺼끌꺼끌한 세속의 잡동사니를 털어내고 내 영혼의 심지에 환히 촉광을 밝힌다. 이곳에선 영혼의 그늘진 이면까지 환히 빛살이 든다.

구절리역은 이제 역사(歷史)의 풍경이 되었다. 역사(驛舍)는 더 이상 기차를 전송하지 않는다. 냉골바람으로 얼어붙은 기찻길은 기적소리마저 잃은 지 오래이다. 기적소리 사라진 철길에 언제부터인가 레일바이크가 들어섰다. 첨단 문화가 세상을 주도하는 시대에 너무 아날로그적 사고로 접근했던가. 예약하지 않고는 레일바이크마저 절대 빈자리를 내주지 않는다. 상당수 사람들이 허탈한 표정으로 돌아섰지만 결코 포기할 수 없는 일이다. 이른 아침부터 그 먼 길을 허위허위 달려오지 않았던가. 나에겐 별다른 선택지가 없는 일이기도 하다. 무더위를 부채로 날리며 고래 심줄처럼 질긴 기다림이 있고서야 가까스로 승차권을 구입할 수 있었다. 저녁 일곱 시 예매표, 어딘가에서 무려 다섯 시간 이상을 축내야 한다. 그래도 이건 대단한 행운이라 여겨진다. 안심하고 나니 그제야 꼬르륵거리며 단단히 성난 허기가 맞대놓고 정면에서 포악한 본색을 드러낸다.

동강이 굽이친다. 발 디딘 유리벽 밑이 천애의 절벽을 이룬 전망대, 저 아래 까마득히 잦아내려 산허리를 돌아가는 동강의 힘찬 피돌기가 장엄하다. 옥빛 품으로 산을 안은 동강의 물색이 고랭지 푸성귀처럼 싱싱하다. 청록색 연봉 사이의 푸른 숨소리와 통통 튀는 맥박소리가 국토의 혈맥 되어 산골을 관류한다. 동강의 품은 한결 넉넉하고 여유롭다. 그 너른 품 안에서 이곳 희귀종인 수달과 원앙과 다묵장어의 생명체가 자랄 것이다. 강이 이따금씩 요동치는 거센 빗줄기까지 품어 안는다. 동강은 살아서 고동친다. 육감적인 생명성이 넘친다. 오랜 역사의 저변에서 면면히 삶을 박음질해온 우리 민족의 성정도 역시 이 강의 특성을 닮지 않았던가.

남한강의 본류에 해당하는 동강은 정선읍 남쪽 가수리부터 영월의 합수머리까지 이르는 56㎞의 물길을 지칭한다. 정선 아리랑은 주로 동강에 배꾼들이 모여 전통놀이인 '삼굿'을 펼칠 때 부른 노래로 알려졌다. 경복궁 중건 때 목재를 실은 뗏목을 띄워 한강으로 내리는 천이백 리 뱃길, 그 힘든 여정에 떼꾼들의 위로가 되었던 것은 오로지 막걸리

한 사발과 구성진 정선아리랑 한 곡조이다.

동강은 석회암지대를 흐르면서 기암절벽과 명승계곡을 두루 거치고 영월에 이르러 어라연과 같은 절경을 빚어낸다. 강이 산허리를 친친 감았던 손길을 풀어내며 목청 돋워 아리랑을 흥얼거린다. 이별은 언제나 슬프고 아리다. 아득한 절벽 위에서 동강할미꽃이 침침한 눈을 뜨고 손을 저어 물굽이를 전송한다. 척박한 석회암 틈새에 뿌리박고 살기에 꽃송이는 작으나 기상이 출중하여 하늘을 향해 머리를 쳐들고 사는 꽃이다. 동강에서만 자생하는 동강 할미꽃, 늙음은 결코 부끄러움이 아니거늘 꽃은 다양한 장신구로 몸치장을 하고 짙은 화장으로 주름살을 지우고서야 배시시 길손을 맞는다.

동강

깊은 산사에서 울려오는 쇠북소리 이끌고
강이 웅대한 몸짓으로 굽이쳐 흐른다
가파른 벼랑에 봉오리 진 할미꽃
애절한 설화 한 토막 품어 안고
등마루 물골에다 한가득 생성의 불꽃 지핀다
하얗고 순결한 날개 펼치고
영겁의 숨결로 날아오르는 백학처럼

선인 대대로 이어온 백의(白衣) 입고
강이 웅대한 몸짓으로 굽이쳐 흐른다
관습으로 굳어져 빽빽한 것들
불의에 순치되어 용렬한 것들

모나고 돌출되어 위해한 것들
그것들이 새긴 암회색 흔적 모조리 지우고
뜨겁게 타오르는 잉걸불 활활 지피며

강에 뗏목 띄운 배꾼들
노 젓는 소리 낙타 등처럼 짊어지고
생명 없는 생명까지 보듬으며
빙하의 골짝에서 물골 드높이 굽이친다
두메산골 비탈에서 억센 숨으로 움 트고
험난한 협곡에서 각질 벗겨져 반질반질해진 노래
정선아리랑 한 곡조 애절히 흥얼거리며

극단의 목마름을 견디고야 비로소 파릇해지는
돌이끼의 초록 빛 숨소리처럼
순박한 영혼이 칡넝쿨처럼 자라나고
뼛속까지 곰삭은 인정 누리에 찰랑대는
이 땅의 숭고한 역사처럼
이 땅의 끈질긴 민족성처럼.

아라리 촌에서 마디게 옹이 박힌 시간을 토막 낸다. 정선의 옛 주거 문화를 재현한 촌락에서 풍자와 해학이 넘치는 양반전의 인물상이 다양한 볼거리를 제공한다. 숙박을 겸한 굴피집, 너와집, 귀틀집의 산골 가옥이 저마다 숙명처럼 고난의 세월을 건너며 단단해진 약사(略史)를 짊어지고 있다. 물레방아와 연자방아, 통방아, 서낭당 이야기를 풍성히 안고 구절리역으로 내닫는데 또다시 소나기가 앞길을 가로막는다. 엄청나게 쏟아지는 빗줄기에 차창의 시야마저 극도로 제한된다.

설마 이 폭우에 레일바이크를 운행하지는 않겠지. 만약 운행한다면 그건 전혀 개념 없는 짓이다. 이 세찬 빗줄기를 맞으며 그걸 타는 것도 철부지 같은 짓거리다. 에라, 환불이나 받고 주막에 들러 조촐히 회포나 풀어야겠다. 역을 향하여 달려가며 이미 행동 방향은 명쾌하게 결정되었다. 이동하는 내내 국지성 폭우가 온 세상을 빗속에 가두고 불한당처럼 행패를 부려댄다.

구절리역에 당도하니 전혀 예측하지 못한 상황이 전개되고 있다. 일순, 그 정황에 적잖이 당혹스러워진다. 이미 많은 사람들이 레일 바이크에 앉아 조용히 출발시간을 기다리고 있다. 그들은 거센 빗줄기에도 섬처럼 굳건히 자리하고 미동조차 없다. 대체 저들의 어떤 집착이 이처럼 확고한 의지적 행동을 유발하는지 알 수 없다. 군중의 분별없는 행동이 마치 광신도 종교 집회의 한 장면처럼 무서울 정도로 낯설다.

빈자리가 몇 개 남지 않은 바이크에 올라 빗물 고인 의자를 손바닥으로 쓱쓱 쓸어내고 안전벨트를 맨다. 군중심리는 실로 예측 불가능한 비이성적인 정황을 연출할 수도 있음을 절감한다. 적지 않은 요금을 지불하고 한밤중에 폭우를 맞으며 스스로의 동력으로 달려야 하는 레일바이크, 이건 참으로 불공정한 약정이라 여기면서도 나는 마치 마법에 걸린 피동적 상관물처럼 순순히 상황에 순응한다. 계속 우의 속으로 들이치는 비가 내의까지 질펀하게 적셔 몹시 끈적거리고 불편하다.

정선 레일바이크는 구절리역에서 아우라지역까지 7.2㎞ 거리를 운행한다. 현재 우리나라 레일바이크 중 가장 긴 코스를 가지고 있다. 구절리역에는 두 마리의 여치가 어우러져 감각적인 정황을 연출하고 있다. 폐객차를 개조하여 여치 모양의 구조물로 설치한 멋스런 카페이다. 철로에 놓인 깜찍한 곡선형 캡슐하우스도 흔치 않은 추억거리를 만들 수 있는 중심 공간으로 인식된다. 도착지인 아우라지역에도 천연기념물

어름치가 아우라지강의 여울살 자갈에 산란하는 모습을 형상화한 독특한 작품의 설치물이 있다 하여 기대된다.

정선 레일바이크

비에 젖은 한 생이 굴러간다
멀미 심하게 덜컹거리며
이따금씩 아픔만큼 도드라지는
추억을 생의 음표로 늘어뜨리고
굴곡 많은 계곡 건너
상처 난 행적들이 떼굴떼굴 굴러간다

안타까운 생의 고비 때마다
비는 바람 불러 밤을 잘게 부수고
진눈개비 매몰차게 몰아쳐 살 에었는데,
저 험한 산모롱이 돌아가고
저 깊은 강물 건너가면
홍화마을 안뜰에
패랭이꽃 한 송이 피어나
진분홍빛 미소로 반색하여 맞으리니
향 짙은 꽃술로 그윽이 연정을 속삭이리니

한순간 꿈이었던가
한 줄기 희망이었던가
아직도 난 한밤중 거센 비바람 맞으며

눈물로 자아올린 생의 두 갈래 평행선에서
쇠비름 같은 아픔 한 덩이 베어 물고
꼭두각시처럼 레일을 구르거니.

예정 시간을 한참이나 넘기고야 바이크가 스르르 굴러가기 시작한다. 철로 주변의 장쾌한 풍광도 덩달아 함께 굴러간다. 바이크가 산자락을 감아 돌고 강과 계곡과 터널을 지나며 명가의 진품을 전시해놓는다. 어둠이 칙칙한 빗속에서도 정선의 빼어난 풍광은 낭만적이고 감동적인 정경을 선사해준다. 아름답고 신비로운 풍광에 대한 탄성이 금세 잔등을 타고 올라 꼭지점에 이른다. 비오는 한밤 자연에 대한 외경심이 순식간에 온몸에서 전율로 불꽃을 점화한다. 지속적으로 발을 굴려 자연 속으로 바이크를 전진시켜 나간다. 정선 골의 대자연은 확실히 영혼 맑은 신이 정성을 다해 빚은 독창적 창조물임을 실감한다.

다시 정선에 들어서니 눅눅한 어둠이 밤의 표피에 앉아 맹렬히 먹칠을 하고 있다. 밤 열시, 벌써 번화가 음식점까지 모조리 초저녁잠에 빠져들었다. 밤의 각질이 갑골동물처럼 단단하다. 별이 움트는 소리는 들리지 않고 먹물을 뿌리는 어둠의 살결만 번질거린다. 불 꺼진 산골도시의 뒤란이 음습하다. 숙소를 미리 잡아놓은 것만도 천행이라 여겨진다. 숙소에선 이미 빈방 없다는 팻말이 당혹스런 뭇 발길을 매정히 돌려세우고 있다. 오일장이 되면 숙박이 여의치 않은 동네라 한다. 들고양이처럼 아무리 길거리를 뒤져도 문을 연 음식점 한 곳 보이지 않는다. 겨우 시장 골목에서 허름한 간이음식점 한 곳을 발견하고 반갑게 든다. 그곳도 비틀거리는 언어로 술자리를 끝내지 못한 손님 때문에 문을 닫지 못하고 있었다. 산골의 밤은 유난히 눈동자가 검다. 화급히 실체도 모르는 오소리감투를 주문하여 소주잔으로 젖은 몸을 데운다.

정선 오일장이 톡톡히 이름값을 하고 있다. 그야말로 장터가 사람을 구경하는 진풍경이 예사로운 시골장이다. 입구에서부터 인파에 떠밀려 발걸음이 저절로 옮겨진다. 장터의 토속적이고 전통적인 정서와 추억 어린 향수도 덩달아 떠밀린다. 신토불이 증을 목에 건 할미가 느릅나무 껍질 같은 손으로 더덕을 다듬는다. 운동모를 푹 눌러쓴 아낙이 신들린 손놀림으로 전을 부치느라 경황이 없다. 취나물, 헛개나무열매, 산뽕잎 가루, 햇다래순, 빼빼목 등의 천혜물이 각기 제 나름의 개성적인 표피를 번질거리며 호객 행위를 한다. 산양삼, 산청목, 신선목, 가시오가피, 야관문, 뽕나무뿌리, 표고버섯 등의 특산품도 목을 길게 빼들고 손님을 불러댄다. 짚세기, 소멍, 코뚜레와 각종 짚공예물들이 농경사회에서 문명세계로 뛰쳐나와 행객의 눈길을 유혹한다. 그 한켠에서 감자배추전, 수수부꾸미, 메밀전병, 녹두빈대떡, 곤드레나물밥의 토속음식과 콧등치기, 올챙이국수의 향토음식이 출출한 미각을 자극해 온다.

흘러간 뽕짝가요의 구성진 노랫가락을 따라가니 정선 명물 각설이의 엿가위장단이 낭자하다. 구경꾼에 둘러싸인 각설이가 재담으로 장마당을 한바탕 웃기더니 북장구 치며 한창 신바람 고개를 넘어간다. 불현듯 각설이판에 들어 풍물 한 장단 연주하고픈 본능적 욕구가 치민다. 스스로도 제어할 수 없는 치기의 일종이다. 나는 난장에서 풍물놀이로 어우러지는 순박하고 자연스런 정경에 한껏 매력을 느낀다. 일정하게 규격화된 격식 없이 그냥 신명이 주도하는 대로 자유로이 연주하는 흥의 느낌이 각별하기 때문이다. 풍물악기 중에서도 꽹과리와 모듬북에 대한 연주 욕구는 더욱 강렬하다. 그러나 술기운 없이 민숭민숭한 맨 정신으로는 불가능한 일이다. 애써 욕구를 자제하고 돌아서는데, 엿판 곁에 내걸린 각설이의 풍자적인 현수막 한 구절이 폭소를 자아낸다.

— 꼴두바우 아저씨/ 나쁜 놈의 아저씨/ 맛보라고 한 번 줬더니/ 볼 적마다 달라네.

떡메를 치는 전통 공연장에서 모듬전에다 냉막걸리 한 사발로 목마름을 씻는다. 우리네 추억과 그리움이 오롯이 담긴 소박한 옛 장터, 반세기의 역사가 붙박이처럼 자리한 정선오일장에는 푸근한 인심과 세상살이의 따스한 이야기가 서려 있어 정겹다. 세상에서 가장 장다운 장, 그게 바로 정선 오일장의 진면목이리라.

정선 오일장

가파른 산자락 골목으로 끌어 와
난장에다 올망졸망 펼쳐놓은 두메장터
무병장수 장뇌삼
살 빠지는 빼빼목 나무
술독 푸는 헛개나무
남성 불끈 세우는 야관문
저마다 나서서 신토불이 특효 자랑인데,

장터에 빙 둘러앉은 행객들
굽 낮은 질그릇마다에서
올챙이가 밥 달라 칭얼대고
콧등치기가 연신 콧등을 쳐대네
모듬전 한 접시
얼음 막걸리 한 사발에
꽁지 빠져라 늦더위는 중행랑 치고

신명 난 장돌뱅이
흥겨운 엿가위 장단에
아스라이 피어나는 옛 추억들
장마당 사부작사부작 돌아
할미는 허리 꼬부라진 산나물 팔고
누이는 뽀얀 동동구르무 사던
어릴 적 애틋한 향수
산엣 것들이 토속으로 눈부시게 치장하고
구수한 설화가 꽃무리로 돋아나는 곳
여기는 정선 오일장.

민둥산 가는 길, 산마루 넘다가 자동차도 힘에 겨워 비틀걸음이다. 쇄재고개 넘으니 산 높고 골 깊은 심산유곡이 온통 푸름으로 채색하고 길을 열어준다. 멈추지 않는 길은 줄곧 차바퀴를 굴리며 곁에다 아스라이 벼랑을 만들어 간다. 길 따라 경사면에 펼쳐진 옥수수와 감자 순이 어제 소나기로 한껏 푸릇푸릇한 생기를 머금고 있다. 신이(新異)한 물길은 자꾸만 골 깊은 계곡으로 굴러 내리고 나는 상큼한 산향(山香)에 취해 자꾸만 의식이 몽롱해진다. 쪽빛 하늘 떠가는 솜털구름 한 점 여미고 거기에서 나는 탈속의 나그네가 된다.

남면에 들어선다. 정선아리랑의 발상지가 백이산이라는 자긍심 높은 동네, 거칠현동 표지석이 아리랑 한 대목의 절절한 가락을 음각(陰刻)하고 있다. 고려 망국의 한을 품고 귀양살이 온 일곱 충신들이 은둔하여 한을 곱씹었다는 고을이다. 충절 어린 그들이 고사리를 캐며 노래한 아리랑이 민간에 전승되어 오늘날에 이르렀다고 한다. 그들은 고려왕조를 섬기던 충신들로서 입지(立志) 시절의 회상과 가족, 고향에 대한 그리움을 노래했는데 이 시가 구전되어 토착민요로 정착한 것이 정선아리랑이라 한다. 그러기에 정선아리랑은 태생적으로 애잔하고 슬플 수밖에 없는 한의 노래요 서러운 민중의 노래이다.

정선아리랑은 모든 아리랑의 시원(始原)으로 알려져 있다. 채록된 소리의 종류만도 천사백여 가지가 넘는다. 드높은 산과 골 깊은 계곡이 만들어내고 토속적인 삶이 전파한 아리랑이다. 정선아리랑은 맑고 밝은 자연의 소리를 그대로 빼닮은 청정무구하고 순수하며 질박한 노래이다. 그러기에 이는 결코 목을 꺾거나 흔들지 않는 특성을 지닌다. 다른 아리랑처럼 농염으로 흐드러지면 아리랑 본연의 맛을 상실하게 된다. 정선아리랑의 음곡은 복합적이다. 본 사설에서는 애달피 능청능청 늘어지다가 엮음아리랑에 이르러서는 빠른 사설로 변모하여 흥겨움을 몰아온다. 삶의 애환을 노래하는 대목에서는 느린 장단에 슬픔을 얹고, 마무리 부분에서는 빠른 장단에 신명을 얹는 소리의 양면적 특질을 보여준다.

아직도 땡볕이 독기를 풀지 않고 탱자가시처럼 아리게 찔러온다. 차량 한 대 만날 수 없는 호젓한 산길을 꼬불꼬불 뱀처럼 몸을 접어 오른다. 길가의 풋풋한 풀내음이 향긋하고 쭉쭉 뻗은 적송에서 송진 냄새가 진동한다. 산은 줄곧 산 속에서 주름 깊은 골을 타고 더 높은 산으로 오른다. 가도 가도 끝없이 적막한 산길이 낯설고 무서워지기도 한다. 저 아래 까마득히 떨어져 내린 화전에서 아낙네 두엇이 비탈 밭을 일구고 있다. 이런 첩첩산중에도 사람이 살고 있다는 게 신기한 느낌으로 와 닿는다.

돌연, 매미가 마지막 생을 사르느라 숲이 술렁인다. 불과 십여 일의 왕성한 삶을 위해 십여 년의 천형(天刑)과 형극(荊棘)을 감내한 함성이다. 어둑한 땅속에서 극한적 고통으로 키워온 소릿결이다. 처절한 마지막 외침에서 파랗게 혼불이 튄다. 노래라기엔 너무도 구슬프고 울음이라기엔 너무도 장엄하다. 매미소리 울울한 가파른 산길을 몇 차례 오르내리고야 민둥산이 넌지시 표지판을 내비친다.

매미, 혼으로 울다

신 새벽 동녘의 떫은 살점
한 입 뭉텅 베어 물고

꼿꼿한 햇살 분지르는
격한 소리

그대 있어 여름은 뜨겁고
오늘도 태양은 실핏줄까지 타든다

이파리 무성한 나뭇가지
그늘 속 슬픔마저 승천하는 살풀이

질긴 해 뭉크러져 저리 아린가
긴 세월 으깨어져 저리 슬픈가

뜨거운 바람결 두드리는 소나기
자진모리 추임새로 가쁜데,

사랑은 숨을 태우는 열병이라고
사랑은 혼을 사르는 형극(荊棘)이라고.

정선군 남면에 위치한 높이 1,118m의 고지, 산 전체가 둥그스름하게 펼쳐져 광활한 산정을 이루고 있다. 가을에 이십여 만 평의 산정에서 벌이는 은비 색 억새풀 축제가 세인의 많은 관심을 끄는 곳이다. 민둥산은 예전에 축제로 인해 불의의 참사가 일어났던 비극의 장소이기도 하다. 억새를 태우는 축제행사 중 갈바람에 화마가 날아가서 건너편 억새 숲을 태우는 바람에 수많은 인명사고가 발생한 아픔이 있다. 불의의 사고에 희생된 영령들에게 마음속 깊이 명복을 빌고 찬찬히 계곡으로 내려선다.

인간의 강 끝에서 자연의 강이 새 물길을 놓는다. 산세가 마치 병풍을 펼쳐놓은 듯하여 이름 붙여진 '고병계곡'이다. 이곳은 긴 터널을 이룬 천태만상의 수림이 장관을 이루어 저절로 심신이 맑게 정화된다. 계곡 따라 거울처럼 맑은 물결이 반석을 휘감고 흐른다. 청정하고 우렁찬 물소리에 한동안 귀청이 얼얼해진다. 물은 미지(未知)의 초행길을 내달리면서도 저토록 거침이 없다. 바윗돌에 채이고 생채기 덧나면서도 저토록 용맹하다. 저마다 근원이 다른 골물들이 한 무리로 합수되면서도 넓은 도량으로 융합하여 불협화음이 없다. 겸허히 몸 낮추어 아래로 흘러가며 품 안의 생명체에게 자유로운 삶의 안식처를 제공하고, 갈증으로 타드는 주위 생명체에게도 기꺼이 자신을 내어주는 덕을 베푼다. 하지만 물이 항시 순연한 것만은 아니다. 물의 불같은 성미는 신도 제어하지 못한다. 물은 악마의 불길마저도 사그라뜨릴 수 있다. 물은 나룻배를 띄우기도 하지만 때로 그 나룻배를 뒤집기도 한다. 고병물가를 거닐며 나는 몽돌 하나 주워들고 조금은 더 둥글어진다.

해가 이슥해지니 골바람이 선선하다. 땅거미가 내려앉는 해거름 녘, 서둘러 귀로에 오른다. 산길을 한참이나 내려섰는데도 여전히 호젓하다. 내달리다보니 길거리에서 '신선도 놀다간 아름다운 곳을 왜 모른대?'라는 현수막이 호기심을 자극한다. 화암 팔경 중 제 칠경인 몰운대에서 잠시 휴지 점을 찍기로 한다. 빼어난 경치에 도취되어 구름도 쉬어가는 선경이다. 절벽 위에 수백 개의 암석을 깎아 세운 듯한 층암절벽이 일순에 탄성을 끌어낸다. 천상의 선인들이 선학을 타고 내려와 시흥(詩興)에 도취되어 놀다간 곳이라 한다. 아득한 발길 아래 드리워진 한 폭의 산수진경에 정신이 혼미해진 나는 무아의 경지에서 완벽히 자연의 일부가 된다.

불현듯, 오래 전에 이런 경관을 마주할 때마다 감탄사를 연발하던 어느 여인이 떠오른다. 자연처럼 순수하고 해맑은 심성을 지녔기에 결코 인위로 감정을 꾸미지 않던 여인이다. 여인의 순박하고 진솔한 감정은 늘 바람처럼 물결처럼 자연의 본류와 맥이 닿아 있었다. 이미 두툼한 세월의 순백색 지우개로 말끔히 지웠다고 여겨지던 여인이다. 그런데 이곳 절경을 완상하는데 왜 갑자기 그 여인이 의식의 중심부를 관류하며 떠오르는지 모를 일이다. 지금 그 여인도 이런 경치를 마주할 때면 아릿한 망막 속 정경을 펼쳐놓고 추억의 한 장면을 음미하고 있을지 모르겠다.

이미 흘러간 것은 흘러간 것으로서의 의미만 존재할 뿐이라 여겨왔다. 이미 흘러가서 사그라진 것을 돌이켜 새김은 부질없는 짓이라 여겨왔다. 그러나 아마도 그게 아닌 듯하다. 비록 세월이란 이름의 순리로 망각과 무의식의 영역에 꼭꼭 단절의 가림 막을 쌓아두었지만 그것이 완전한 소멸을 의미하는 것은 아닌 듯하다. 한 생을 스쳐가는 수많은 자연현상 중에 바람은 바람대로, 구름은 구름대로 그 나름의 의미를 함유하고 있으리라. 그리고 그 가녀린 불씨가 언젠가는 얇아진 가림 막을 뚫고 불확실한 의식의 저변에 부연되는 돌연현상도 있으리라. 그 여인은 내게서 소멸된 게 아니라 단지 가림 막 뒤에서 어스름한 그림자로 상존하고 있었던 게다. 존재했던 것이 사라진다고 해서 결코 없어지는 것은 아니다.

몰운대

해거름에 솔바람 쉰 벼랑 꼭대기
바람의 혼이 안개를 걷어가고
숲의 고요가 무형으로 일렁이는
아득한 벼랑에서
아련히 흑백 추억 속에 이울었던
그리운 이름 하나 속울음으로 불러본다

하늘 태우며 검붉게 다비한 구름 떠가고
계곡물소리 멀리서 아득한데
가슴 속 이름은 왜 저처럼 흐르지 못할까
왜 고여서 이토록 아프게 뒤척일까
세월이 소진될수록 더욱 생생해지는
그리움의 은빛 언어들
그 언어의 심층에서 돋아나는 아픈 이름 하나
절절이 목메어 속울음으로 불러본다

포말처럼 하얗게 들끓었던
골 깊은 사유의 행간에서
바위처럼 깊은 침묵으로 아름아름 다가서는
말갛고 애잔한 얼굴
솔가지에서 달빛 빗는 한 마리 선학처럼
비울수록 더욱 애절히 충만하여 술렁이는
영원한 그리움의 수정체 하나.

폭우를 마름질한 빛의 알갱이가 차분히 숨결을 고른다. 어둠의 입자들이 더욱더 밀밀해지고 뜨거운 저녁이 질그릇에 담겨 펄펄 들끓는다. 불덩이가 수레바퀴를 굴리다가 서산마루에 이르러 잠시 주춤거린다. 들끓던 사위가 시간의 정점을 딛고 가만가만 내려선다. 적요(寂寥)한 어둠 속에서 골 깊은 산자락이 벼랑으로 치닫는다. 벼랑에서 먹빛 하늘의 초롱초롱한 별무리가 곤궁한 어깨 위로 떨어져 내린다. 비탈에 생명을 꽂은 꼬장꼬장한 나무가 마구 달의 민감한 신경을 찔러댄다. 절룩거리는 달빛에도 이팝나무는 소금 꽃처럼 피어난다. 계곡에서 청량한 물소리가 야무지게 영글어가는 씨앗의 맥박소리를 부추긴다. 씨앗이 단단한 껍질을 열고 찬찬히 새순을 발아한다. 아득히 떨어져 내린 골 깊은 계류(溪流)가 강물과 합수되며 새순 이야기를 온 세상에 전파한다.

새순이 유일한 희망인 두메산골, 힘들여 이를 가꾸는 사람들의 척박한 삶이 애상적인 입장단으로 부활한다. 비탈 밭을 일구고 고랭지를 가꾸는 힘겨운 일상에 지친 사람들이 두런두런 노랫말을 흥얼거린다. 삶이 부르튼 산골 사람들의 서러운 음조가 한 서린 소리로 구전되다가 또 하나의 애절한 아리랑으로 피어난다. 고단하고 애절한 사연이 깃든 아리랑 곡조가 여물어지며 산천에 여울진다. 아우라지 강의 떼꾼들이 막걸리 한잔 거나하게 걸치고 구성지게 아리랑을 노래한다. 정선에서 발원한 또 하나의 아리랑이 설화로 영글어 민중의 가슴에 저며 든다. 처연히 한을 우려낸 겨레의 소리가 아우라지강에서, 동강에서 뗏목을 타고 온 나라로 굽이쳐간다. 음폭 크고 골 깊은 소릿결의 애절한 자락이 되돌이표로 돌아 들어 장엄하게 메아리친다.

일곱 번째 이야기

해오름의 심지 촛대바위, 그 장엄한 불꽃

오늘, 여기서 바다의 심장을 이렇게 만난다. 바다의 숨소리를 이렇게 듣는다. 바다의 혈맥을 이렇게 접한다. 바다는 늘 설렘이고 격정이었다. 바다가 거기에 존재하는 것만으로도 내 심장은 가쁜 풀무질로 콩닥콩닥 뛰었다. 한없이 꿈과 동경이 자맥질하던 수평선, 생의 입자들이 모세혈관을 열어 제치고 술렁이던 파도소리, 바다는 그렇게 빈궁한 내 영혼의 뜨락에 몰려와 순연한 눈망울로 파랑 높이 출렁였다. 바다는 항시 영락(零落)한 가슴속에서 영롱한 옥빛 날갤 펼치며 날아올랐다. 바다는 어둑한 갱도의 비상구이고 새로운 지평으로의 탈출구였다. 바다는 늘 장엄하고 웅장하고 거룩한 본성을 지닌 모태의 양수였다.

바다를 내 꿈으로 끌어온 건 보잘 것 없는 달력 한 장이었다. 유년시절 고향집 안방 벽면에는 단 한 장에 열두 달을 버겁게 품은 달력이 붙어 있었다. 계절이 바뀌어갈수록 달력은 파리똥이 덕지덕지 묻어 누렇게 변색되어 갔다. 그 한복판에는 신비롭게 우뚝 솟은 바위 사진이 자리하고 있었다. 그게 바로 촛대바위임을 안 건 아주 오랜 후이다. 새해가 되면 안방에 숫자가 바뀐 새 달력이 붙여졌다. 여전히 그 중심부에는 촛대바위가 뾰족이 솟은 바다 사진이 자리하고 있었다. 달력은 바뀌어도 단골 사진 촛대바위는 늘 그대로였다. 그로부터 촛대바위가 꼿꼿이 서있는 바다는 농가 안방으로 견인되어와 내 꿈의 영상으로 출렁였다.

언덕에 올라 검푸른 바다를 내려다본다. 밤새 파도의 날에다 어둠을 펄펄 끓이던 수평이 평정을 되찾아간다. 바다가 꼭꼭 조여 잡았던 어둠의 고삐를 느슨히 풀어준다. 어둠 한 자락이 바다의 그물코 사이로 빠져나간다. 밤이 가만가만 회색으로 묽어진다. 바다가 밤의 탈을 벗고 멀찍이 물러서자 수평선이 가물가물 여명으로 일어난다.

파도 등성이에서 무동을 타던 배 한 척이 가만히 인공의 빛을 거두어들인다. 바다 가운데 닻을 내리고 밤을 하얗게 밝힌 오징어잡이배의 집어등이 또렷해지는 먼동에 가만히 눈을 내리감는다. 바다의 깃을 물고 온 파도가 갯바위에 매운 생을 부려놓고 하얀 포말로 부서진다. 바닷새가 갯바위에 앉아 빈 날갯짓하며 밤새 내려앉은 어둠의 비늘을 털어댄다. 파도를 타고 온 해풍이 먼 바다 이야기의 봇짐을 풀어 제친다. 푸른 보자기에 든 바다 이야기가 몹시 비리고 짜다.

갯바위가 파도더미에 잠겼다가 한참 후 몸체를 드러낸다. 참으로 숙명적으로 아픔을 떠안고 살아가는 고된 생이다. 저 갯바위는 평생 저처럼 파도에 시달리며 아픈 생을 살아왔을 것이다. 파도에 부딪쳐 멍들고 부서지면서도 악착같이 일어나 파도에 맞서고 있을 것이다. 그러기에 갯바위를 보면 마음이 아리다. 갯바위의 처절한 삶이 느껴져 그렇고, 예전에 갯바위에서 바다를 응시하던 여인이 있었기에 그렇다. 이별여행의 마지막 행선지에서도 여인은 갯바위에 올라 먼 바다를 응시했었다.

갯바위

긴 세월 녹아 파르라니 타는 혼불로
몸 안 가득 환히 불을 밝힌다
햇살이 공단 치맛자락 끌고 가다 사라진 해역
돌아보고 돌아보며 그렁거리고 떠나간 여인
언젠가 해조울음 그리워 돌아올지니
언젠가 파도소리 그리워 돌아올지니

어둠 떠먹으며 무럭무럭 숙성한 그리움
별빛 수런대는 갯바위에 올라
이슬처럼 해쓱하도록 임 불러대고
물새 머물다 날아간 해역에서
아픔은 절룩거리며 돌미역으로 자라는데
바다는 자꾸만 간이역처럼 덜컹거린다

인연이 사위어진 바람처럼 흘러가고
돌이켜 되작일수록 슬픔만 커져
가리비가 모래 벌에 상형문자 새기는
그곳에 덩그러니 앉아
나는 파도소리 한 자락 움켜쥐고
종탑 음통처럼 웅크리고 붉은 울음 터뜨린다

바닷물 증발하여 달맞이꽃 묻어날 때까지
뼛속에 서려 곰삭은 그리움

흑점처럼 타드는 절망 되어 무겁게 쌓이건만
바닷새가 감미롭고 은근한 밀어에서부터
물빛추억까지 죄다 쪼아 먹은 해변
여인은 끝내 돌아오지 않고
나는 갯바위에서 낮달처럼 낡아간다.

시루뫼 마을이다. 조물주가 조각한 명품 해안선이 일시에 입체적인 수채화를 펼친다. 꼬불꼬불한 해안도로가 바다에 뛰어들듯이 갯바위 가까이 다가선다. 검푸른 바다를 옆구리에 끼고 달려가던 새천년도로, 그 허리께쯤에서 불쑥 뛰쳐나온 단출한 어촌에 당도하여 잠시 걸음을 멈춘다. 바닷가에서 염료에 물든 '해가사의 터' 라는 표지가 객에게 마구 쪽물을 흩뿌려댄다. 와우산(臥牛山) 벼랑바위가 끊임없이 파도를 잘게 부숴 바다로 되돌린다.

수평선이 일망무제로 탁 트인 길목에서 임해정(臨海亭)이 한껏 고즈넉이 바닷바람을 품어 안는다. 정자 앞 낭떠러지에서 소금 내 찌든 해풍이 산적(蒜炙)처럼 솔잎에 꿰어 버둥댄다. 검은 원형 돌에 음각된 「헌화가」와 「해가사」의 노랫말에서 아슴푸레 신라의 향이 배어난다. 각자(刻字)의 자획을 더듬으니 이끼 낀 천년 설화가 아릿아릿 지문처럼 손끝에 묻어난다. 당시의 설화 속으로 찬찬히 시간여행을 떠난다.

「해가사(海歌詞)」는 수로부인을 끌고 바다 속으로 잠적한 해룡에게서 부인을 되찾기 위해 부른 주술적인 노래이다. 강릉 태수로 부임하는 순정공이 바닷가에서 점심을 먹을 때 일어난 일이라는 배경 설화를 지니고 있다. 순정공이 홀연히 나타난 노인이 일러준 대로 경내의 백성들을 모아 막대기로 언덕을 두드리며 노래를 지어 부른 것이 해가사라 전해진다. 우리나라 최초의 노동요로도 지칭되는 이 노래는 주술적인 내용과 형식이 「구지가(龜旨歌)」와 유사하고, 배경과 인물은 「헌화가」와 유사한 특징을 보인다. 유서 깊은 노래의 현장에서 나도 막대를 들어 해안가 언덕을 치며 「해가사」 한 구절을 불러본다. 바다에서 용을 타고 현신하는 수로부인이 아찔하도록 눈부시다.

— 자줏빛 바위 가에/ 잡고 있는 암소 놓게 하시고/ 날 아니 부끄러워하신다면/ 꽃을 꺾어 바치오리라. (헌화가)

— 거북아, 거북아 수로부인을 내 놓아라/ 남의 아내 빼앗아간 죄 얼마나 크랴/ 네가 만일 거역하고 내놓지 않으면/ 그물로 사로잡아 구워먹으리. (해가사)

벼랑이 까마득하게 떨어져 내려 바다 속으로 잠행한다. 소를 끌고 가던 노인은 어떻게 저 천길 석벽벼랑에 내려가 철쭉꽃을 꺾었을까? 꽃이 얼마나 아름다웠으면 수로부인(首路夫人)은 그토록 간절히 취하기를 원했을까? 꽃을 꺾어 바친 노인의 정체는 누구이고, 용모가 빼어나게 아름다웠다는 수로부인은 과연 정숙한 여인이었을까? 예기치 않은 곳에서 만난 향가에 대해 많은 의문 부호가 고개를 들고 술렁인다. 배경설화의 진원지인 임해정에 정좌하고 순정공과 함께 술 한 잔 대작하여 마신다. 순정공은 잠자코 바다만 응시할 뿐 물음에 아무런 답을 주지 않는다. 침묵이 무겁게 가라앉은 술잔으로 솔바람을 타고 짙푸른 파도가 들이친다.

천 길 벼랑에 핀 철쭉과 그 꽃을 탐하는 여심, 주저하지 않고 벼랑에 내려가 꽃을 꺾어 바치는 노인의 용기와 헌신(獻身), 그들의 곡진한 모습이 수채화처럼 화폭에 생생히 그려진다. 탈속의 숭고한 「헌화가」에서는 신라인의 소박하면서도 고매한 정신세계까지 더듬어진다. 철쭉은 본원적인 아름다움을 지닌 꽃으로 소박하면서도 열정적인 사랑을 표상하는 소재가 아니던가. 이처럼 꽃을 꺾어 바치고 임을 찬양하는 '산화공덕(散花功德)'은 고전시가로 맥이 이어졌고, 현대문학에 와서 소월의 시에 계승되는 전통성의 흐름을 보인다. 이 전통적 민족정서의 흐름이 미래에는 어떤 시가로 이어질지 주목된다.

임해정

곱다랗게 붉은 능선 한 쟁반 드리우고
뜨거움이 뒤엉켜 노을로 타드는
바닷가, 벼랑바위 타고 올라
곡진한 향가 한 소절 향기로 여미고
자홍색 철쭉 한 송이 탐스럽게 벙글었네

뭉게구름 내부 어디쯤에다
보이지 않게 꼬옥꼭 물방울 숨겨두었다가
사알짝 벼랑에 내려 꽃술 어루만지고
아침 새참 때쯤 흔적 없이 사라지는 이슬
그 이슬로 단장한 철쭉 한 송이
보조개에 매혹적인 홍조(紅潮) 머금었네

긴 세월 해풍에 시린 몸 뒤틀면서도
시대를 초월하는 은근한 미소에
벼랑바위조차 뜨거워지는 수로부인의 자태
정결하여 온후하기도 하고
색기 있어 농염하기도 한,

시루뫼 앞 바다엔
천 년 세월 앞가슴에 문신하고
탕자(蕩子)처럼 여색 밝히는
해룡 한 마리 산다는데.

모래 벌로 내려선다. 좁쌀 같은 알갱이가 사각사각 밟힌다. 모래알이 품었던 한여름 이야기들도 가만가만 들려온다. 모래 벌을 구불구불 돌아 길을 내던 갯목이 바다 가까이 이르러 발길을 멈춰 선다. 모래 면의 높이가 해면과 같아서 빚어진 현상이다. 자꾸만 뒤척이는 바다에서 파도타기에 도전하는 사내가 있다. 파도와 싸우는 그의 모습이 필사적이다. 그는 연신 파도더미에 떠밀리면서도 바다에 대한 도전을 포기하지 않는다. 일찍이 내 생도 저랬어야 함을 깨닫는다. 조금만 거칠어도, 조금만 힘겨워도 엄살부터 부려왔던 생이 아니던가. 적당한 핑곗거리를 찾아내 그럴 듯이 포장하고 합리화해왔던 삶이 아니던가. 내 생은 일찍이 저처럼 좀 더 도전적이어야 했다.

갈매기마을 앞 사장(沙場)에서 갈매기들이 날개를 접었다. 지친 날개가 물먹은 솜뭉치처럼 무거워 보인다. 어찌 한 생이 순탄한 돛단배만 같으랴. 저처럼 유순한 바다도 때로는 거센 격랑으로 소용돌이치지 않던가. 부릅뜬 눈망울에 서슬 퍼런 독기 품고 매몰차게 바다생명들을 득달하지 않던가. 심술 사나운 바닷바람이 비극의 이야기를 만들고 거기에 눈물샘까지 파지 않던가. 저 바닷새의 애처로운 휴식이 비상(飛翔)을 위한 의미 있는 몸짓으로 이어졌으면 좋겠다.

남한산성에서 정동방(正東方)에 위치해 있다는 추암 해변, 백사장이 풍성했던 한여름 이야기를 재잘댄다. 동해안의 삼해금강으로도 불리는 바다 절경이 눈부신 자태로 눈길을 유혹한다. 겨울철에 꼭 가볼 만한 명소로도 선정되었다는 수려한 경관이 때 이른 철에도 더할 수 없이 농염하다. 해안 절벽에 펼쳐진 각양각색의 바위 비경이 신선의 세계를 현시(顯示)하여 의식을 가눌 수 없게 한다.

해오름의 고장 추암은 조선 세조 때 한명회가 강원도 제찰사로 있으면서 빼어난 경승에 취하여 '능파대(凌波臺)'라 명명한 절경이다. 바닷가 큰 바위에 새겨진 생동적인 글귀에서 금세 먹물이 튈 듯하다. 파도이랑이 오선지(五線紙)를 펼치고 감미로이 바다의 교향악을 연주한다. 목관악기와 현악기가 한 음계로 어우러지는 절정의 화음이 무척 감미롭고 현란하다.

바다에 들어선 기암괴석에 생명을 내린 나무들의 숨소리가 경이롭다. 향나무와 사철나무와 소나무가 흙 한 점 보이지 않는 바위틈에 뿌리를 박고서도 바닷바람에 맞서 당당하다. 뿌리를 힘차게 내리고 온몸으로 파도소리와 바람소리, 해조울음과 모래 벌 이야기를 새기고 있다. 척박한 환경을 극복한 나무의 끈질긴 생명력에 경외심이 인다. 저 식물은 왜 하필 이처럼 험난한 바위벽에 고된 삶의 둥지를 틀었는지 모를 일이다. 바위도 나무들에게 생명의 요람이 될 수 있는 생생한 현장의 모습에서 값진 깨달음을 얻는다. 생명이란 절대적 명제 앞에 환경은 한낱 허상에 불과하다. 자연은 인간의 위대한 스승이다. 자연이 묵언(默言)으로 모범적인 생의 모습을 몸소 실천해 보인다. 바위가 키우는 나무들의 당찬 숨소리가 뜨겁게 박동치고 있다.

바위 생명

세상에 절룩대지 않는 삶이 어디 있으랴
세상에 팍팍하지 않은 삶이 어디 흔하랴

사구(砂丘)가 해 등지고 그늘에 포획될 때마다
잔잔한 파도소리로 어르고 달래며
바위가 품어 안아 키우는 저 생명들
거친 숨소리가 야성의 바다 같다
세월이 비켜선 등고선 올라
흙 한 줌 없는 벼랑바위 틈 비집고
악착같이 생명을 박아 넣은
저 무모하고 당돌한 외고집

순환의 굴렁쇠 굴려 바닷길 열고
허공을 부둥켜안은 세월의 그림자
그 한 자락에 노을 깔고 누운 물빛으로
바닷새 날갯짓 따라 비상하는
나무들의 푸른 꿈
어둠 속 뿌리는 물관에 과즙을 채집하고
해풍에 닳은 가지와 바늘 코 같은 잎 펼쳐
눈시울 붉은 전설
영겁으로 이어질 생명을 빚는다

홍당무처럼 빨건 아침 햇살에
점차 굵어지고 무거워지는 생의 끝단에서
청동날개 펼쳐 수직 상승하며
먼 바다로 고동치는 생명들
내 생은 일찍이 저래야 했거늘
내 숨은 지금도 저래야 하거늘.

촛대바위다. 성장기 내내 농가에서 진물 나도록 눈에 익은 바위이다. 애국가 첫 소절의 배경 화면으로도 익히 친숙한 바위이기도 하다. 야속하게 떠나는 임을 배웅하려는 심사이리라. 사무치도록 그리운 임을 그리는 몸짓이리라. 촛대바위가 기린처럼 긴 목을 빼들고 첨벙첨벙 바다에 뛰어든다. 순정은 비바람에 가슴 찢기는 격정(激情)의 소용돌이다. 시퍼런 바람의 날에 베어지는 절명(絕命)의 가슴앓이다. 예전에 바로 여기에서 그렇게 바닷바람에 베어지며 달빛 속으로 떠나간 여인이 있다. 떠나보내고 퍼렇게 응어리진 멍울을 보듬고 바닷새처럼 망연히 생의 뒷면을 배회했던 아픔이 있다.

촛대바위

내 연정의 부레가 최초로 솟아난 자리
파도소리는 그대론데
바닷바람은 그대론데
그리움이 생살로 돋아 설움 되고
사랑은 자꾸만 먹빛 어둠 속에 길을 잃어
촛대바위는
쓰다듬지 못한 애처로운 한을 안고
첨벙첨벙 바다로 뛰어든다

허공까지 차오르는 거센 소용돌이에도
때로는 온몸 태워 소진하는 촛농처럼
때로는 아낌없이 다 부어준 빈 잔처럼
얼마나 뜨겁게 사랑했던가

얼마나 몸서리치게 그리워했던가

사랑은 시간을 잊게 하고
시간은 사랑을 잊게 한다지만,
거센 파도소리에 가슴 시리고
매운 바닷바람에 마음 아리면서도
오로지 순결한 사랑의 망울 피우기 위해
비틀거리는 제 그림자 모두 태우며
오롯이 지켜온 순정의 날들

그댄 떠나서도 남았거니
그댄 남아서도 떠났거니.

이별여행이었다. 하루 종일 거세게 사선(斜線)으로 눈발이 들이쳤다. 제 몸조차 가누지 못하는 낡은 수레는 언덕길에서 자꾸만 미끄럼질을 해댔다. 할 수 없이 수레를 버리고 닭이 홰치는 소리를 따라 뽀드득뽀드득 눈길을 걸었다. 시리도록 초롱초롱한 별들이 아무도 밟지 않은 눈길에 떨어져 박히며 새벽길을 밝혀주었다.

꼭두새벽 바다는 한껏 웅어리져 있었다. 파도가 하얀 독니를 드러내고 달려들었다. 줄곧 파도더미에 시달린 해풍이 갈고리처럼 가슴살 깊이 독기 어린 송곳니를 꽂아댔다. 추위에 온몸이 사시나무처럼 떨려왔다. 궁벽한 어촌엔 언 몸을 놓일 공간 한 곳 보이지 않았다. 망연히, 그저 망연히 바닷바람을 맞으며 빙하의 추위에 온몸이 밀랍처럼 굳어져 갔다. 거북처럼 아주 느리고 더디게 바다가 어둠을 지우고 있었다.

그때, 어딘가에서 밭은 기침소리가 들려왔다. 바닷바람에 살이 해진대문이 열리고 늙은 어부가 백사장으로 나왔다. 어부는 아낙을 깨우더니 빈방에 군불을 지피라고 했다. 입춘 날 고드름처럼 몸이 마구 점액질로 녹아내렸다. 물방울로 용해되어 무의식의 나락으로 한없이 떨어져 내렸다. 그 사이 벌써 촛대바위가 불타고 있었다. 유액(乳液)에 젖은 촛대바위의 목심지가 한량없이 뜨거워지고 있었다. 바다를 박차고 솟구친 검붉은 불덩이가 이글이글 촛대바위를 태우고 있었다. 바다가 부셨다. 온 세상이 부셨다.

바다의 축제가 끝난 후 해안도로 따라 북녘으로 내달렸다. 어느 포구엔가 이르러서야 여인은 비로소 귓바퀴가 허전함을 알아챘다. 틀림없이 촛대바위 어촌에서 한쪽 귀걸이가 떨어진 게 분명했다. 다시 남행하기 시작했다. 되찾을 수 있을 거라는 기대는 실낱같았다. 어촌 아낙이 반색을 하며 반겼다. 새벽 어부가 그 손님이 내년 바다에라도 꼭 올 테니 장롱 깊이 잘 보관해 두라고 신신당부했다고 전했다. 순박한 어촌의 따뜻한 인심에 가슴이 뭉클해졌다. 역시 세상은 온갖 고난에도 불구하고 몸 비비며 더불어 살아갈 충분한 가치가 있다고 여겨졌다.

밤바다가 산발하고 망나니 춤을 추고 있었다. 응어리 진 바닷바람에 할퀸 바다가 격랑으로 일어서며 몸서리치고 있었다. 고삐 풀린 파도가 끊임없이 여러 겹의 깃을 세우고 톱날을 갈아대고 있었다. 헝클어진 바다는 무거울수록 더욱 많이 흔들렸다. 교교한 달빛이 파도의 이랑에서 조각조각 부서져 내렸다. 달빛에 젖은 그녀의 긴 머리칼이 찰랑찰랑 물결치고 있었다. 이별여행의 마지막 밤, 여인의 눈물이 흥건히 촛대바위를 적셨다. 눈물 젖은 촛대바위가 바위군락에 중심을 박고 푸른 혈죽(血竹)을 피워 올렸다. 먹빛 화선지에 초록별이 풀꽃처럼 돋아나고 있었다.

이별여행

어둠의 입자는 조밀했습니다
조밀한 입자가 거북 등피처럼 질겼습니다
바다가 먹빛 어둠을 겹겹이 껴입었습니다
입자들이 별의 발길에 채여 마구 떨어져 내렸습니다
떨어져 내리며 해풍에 어지러이 흩날렸습니다
그곳에서 종래 햇살은 움트지 않았습니다

바다에선 모든 상처가 꽃이 됩니다
이별의 아픔도 꽃망울로 봉오리집니다
해조울음 한 다발 바다로 떨어져 물결치고
그 울음으로 이별은 꽃이 됩니다
삶의 심연에서 고통이 화산으로 폭발하고
누적된 아픔이 용암으로 분출하듯
이별 한 자락도 그렇게 바다에서 건져 올려져
파도의 꽃이 되고 해풍의 꽃이 됩니다

종래 여인의 울음이 터지고야 말았습니다
울음이 하얀 소금 꽃처럼 눈부시게 피어올랐습니다
바다가 부르르 온몸으로 격동하고 있었습니다
이별은 울음의 앞자락에서 싹을 틔우고
꽃잎이 되어 눈물로 타들어갔습니다
눈물이 은하수로 흘러 꽃무리처럼 물결쳤습니다
돛단배 한 척이 파도 날에 조금씩 베어지고 있었습니다

여인이 돌아섰습니다
긴 머리가 해풍에 날려 찰랑거렸습니다
유성 하나 직선으로 바다에 떨어져 내렸습니다
그곳에서, 울음 한 자락 망망히 표류하고 있었습니다
표류하다가 적요한 어둠에 난파되고 있었습니다

초롱초롱하던 별무리 희미해지고
여인이 떠나간 자리에서
결방된 시간 속으로
달맞이꽃 한 송이 피어났습니다.

죽서루(竹西樓), 누각에 오르니 시조 대목의 가파른 등성이를 넘어가는 질박한 창이 들려온다. 버선코 세워 장구춤을 추는 여인의 치맛자락 사각거리는 소리도 들려온다. 자연을 원형대로 보존하여 암반 위에 기둥을 세우고 팔작지붕을 펼친 누각이 고전적 품격으로 단아(端雅)하다. 나뭇잎에 설핏 가려진 채로 날갯짓하는 물새울음이 애틋하다. 죽서루 앞으로 돌아나가는 오십천의 물소리가 꿈결처럼 오롯하다. 동해에 이르기까지 무려 오십 번이나 굽이치며 흐른다는 강줄기이다.

강이 협곡을 지나며 울창한 송림과 어우러져 빼어난 절경을 빚는다. 송강이 관동팔경에서 '관동제일루'라 지칭했을 만큼 빼어난 승경(勝景 이다. 강 건너로 지는 석양과 모락모락 피어오르는 연기가 참으로 아름다웠다는 가람 마을, 이제는 문화예술회관, 박물관으로 문패를 갈아 끼우는 바람에 옛 정취를 깡그리 잃고 말았다. 새삼 개발의 어금니가 지닌 압착력(壓搾力)은 실로 무소불위임을 실감한다. 소박한 누각 단청이 오후의 햇살을 포만하여 대청마루에 빛살 문양을 조영(造營)한다.

죽서루 경내를 거닌다. 표피에 오랜 풍상의 나이테를 박음질한 고목이 아주 우람차다. 아름드리 회화나무가 가지를 사방으로 펼치고 초록으로 무성한 생을 펴 올리고 있다. 선비나무로도 불리는 회화나무는 오직 한 개의 열매에만 씨를 잉태한다. 그러기에 과거 보러 떠나는 선비의 봇짐에는 꼭 회화나무의 씨 열매를 넣어주었다고 전한다. 나도 이곳에서 야무진 씨 한 톨 여며 심신 맑고 지혜로운 선비가 되고프다.

죽서루

울창한 대숲 바람소리던가
해맑은 오십천 물결소리던가

강안(江岸) 벼랑 박차고 올라
팔작지붕 날개 펼친 관동제일루 현판으로
거울처럼 맑은 사념 자르르 흐르고
손때 반질거리는 대청마루에
보고 있으면서도 보고픈 정인(情人)처럼
그윽한 바람소리와 물결소리 있어라

파릇하게 이끼 돋은 기왓골에
수억 광년 무르익은 별빛 내리고
붉고 달콤하던 온유의 시간 너머로
각박한 세태에 날리고 쓸려서
떠날 것들 모두 떠나고 모진 것만 남았는데,
회화나무 씨톨처럼 여문 사랑도 그리 떠나가고

대청마루엔 오십천 물소리만 범람한다
솔기 쪼아 아픔을 콕콕 박아놓고 떠나간 것들
약속한 뒤태마저 눈물 나게 아름답지만
점차 세월 녹아 생채기에 스미면

그리 떠나가도 외롭지 않을지니
그리 멀어져도 슬프지 않을지니.

눈망울 치뜬 오후의 햇살이 아직도 탱글탱글하다. 죽서루 선사 암각화를 완상하기 위해 다가서니 구멍 뚫린 용문바위가 거대한 몸체를 드러낸다. 신라 문무왕이 호국용이 되어 동해를 지키다가 오십천에 뛰어들어 뚫고 지나갔다는 바위이다. 오르니 신이한 주먹 크기의 성혈(聖穴)이 여러 개 파여 있다. 성혈은 선사시대에 풍요와 다산을 상징한 구멍이다. 성혈의 표징은 고대에 원시신앙 형태로 변모해 갔고, 조선시대에는 구멍에 치성을 드린 후 좁쌀을 치마폭에 싸 가면 아들을 낳는다는 민간신앙이 성행했다고 한다. 예전에 뭇 여인의 간절한 소망이 오롯이 손길로 스쳐간 듯 바위가 반질반질하다.

요즘은 아들보다도 오히려 딸 타령이 더 귀청에 살갑게 안겨드는 세상이다. 그래 그런지 성혈에는 좁쌀 한 톨의 흔적도 보이지 않는다. 빗물 고여 잔잔한 성혈이 거울처럼 투명하다. 성혈이 하릴없이 호수처럼 맑은 하늘에 두둥실 뭉게구름 한 자락 띄워 보낸다. 성혈에서 은실로 짠 비단을 타고 가는 신선이 낭랑하게 헌화가와 해가사를 노래한다. 파장 긴 향가의 음결에서 그윽이 신라 향이 배어난다. 노랫소리에 아찔하게 눈부신 수로부인이 해룡을 타고 바다에서 현신한다. 경건하고 엄숙하다. 그리고 아름답다.

●
●
●

여덟 번째 이야기

청남대,
저토록 진초록 숨결 질펀하건만

예전에 뜬금없이 이런 곳에 별장 하나 있으면 좋겠다고 했다지요. 그 말을 들은 아랫사람들이 충성심 경쟁하듯 부랴부랴 서둘러 지은 게 청남대라지요. 청남대의 탄생 과정은 그렇게 참으로 간단명료하기 이를 데 없었지요. 군사독재의 군홧발 소리가 이 땅을 질곡의 수렁으로 떨어뜨릴 때, 암울했던 지난날 우리 역사가 바로 그랬지요. 국민의 혈세로 만들어 지급한 총기를 국민의 심장에 겨누며 위협을 해대던 지난날 왜곡된 영상이 바로 그랬지요. 뻔뻔스럽게 제 어깨에 개별 하나씩 올려 달고 목에 개목걸이처럼 훈장을 치렁치렁 걸었던 희화화된 지난날의 화상(畵像)이 바로 그랬지요.

한때 나는 새도 떨어뜨리던 연희동 그 양반 얘기지요. 광주를 군홧발로 짓밟고, 무고한 시민을 악랄한 간첩으로 몰아세웠던 그 양반 얘기지요. 그 일당은 양민에게 폭도라는 누명을 들씌워 무차별 살상하고 쑥대밭 만들어 역사의 물꼬를 외틀었지요. 유구한 역사는 유서 깊은 문화를 만든다는 철리(哲理)조차 왜곡시켰지요. 그 양반은 그렇게 국헌을 문란

케 하여 만신창이 만들고 대머리 반짝이며 푸른 기와집에 들어갔지요. 그때 지어진 건물이라서 그런지 입구에 들어서자마자 갑자기 환각처럼 역한 피 냄새가 엄습하더구만요.

군부 일당은 금강산댐이 어떻고 떠벌이며 코흘리개 주머니까지 인정사정없이 털어댔지요. 평화의 댐 만든다며 전례 없는 협박으로 크게 한탕했지요. 댐을 축조해야 한다고 이 나라 백성들은 직장에서 털어 바치고, 반상회에서 털어 바치고, 학교에서 털어 바쳤지요. 유치원 아이부터 꼬부랑 노인네에 이르기까지 모두가 끔찍이 아끼던 돼지 저금통을 서슴없이 쪼갰지요. 기업체들도 서민 호주머니 긁어댄 거금을 쾌척하며 충성 경쟁에 열을 올렸고 방송들도 연일 돈 봉투 들고 줄지어 늘어선 대열을 방영하며 협박 놀음에 한통속이 되었지요. 살기 위해서는, 물속에 수장되지 않기 위해서는 모두 알아서 성금을 바쳐야 했지요. 그렇게 온 세상이 물 공포에 휩싸여 난리 난 듯이 술렁였지요.

평화의 댐, 그날

세월이 은하처럼 흐르고
해와 달에 까맣게 검버섯이 돋아도
딱지로 아물지 않는 멍울은
끝내 납덩이처럼 무겁게 가슴을 짓누른다

길가 무명의 풀꽃처럼 무참히 짓밟히면서도
비바람 헤치고 굳건히 살아야 했기에
악착 같이 잎맥 돋워 꽃술 피워야 했기에
고사리 손도, 쭈그렁 손도

제각기 알아서 돼지를 잡았다
살아남기 위한 처연한 몸부림이었다

집집마다 돼지를 잡았지만
그곳에 축제는 없었다
물소리 갉아먹은 생명들이 몸서리치고
청정무구(淸淨無垢)한 염원들이
미로처럼 안개 속을 헤매는데
질퍽한 길거리엔
돼지 멱따는 소리만 요란했다

바람소리 덜컹거리는 날
길섶에 핀 풀꽃
이파리 찢어진 하얀 꽃술 속에
물소리 범람하고
겹겹이 가시 돋친 소름이
으스스 진저리치고 있었다.

댐 공사하면서 진입로 개설은 무상으로 공병대 군인과 장비를 동원했다대요. '본인'의 명령 한 마디면 만사가 형통인 시대였으니 안 봐도 뻔한 일이었지요. 국토 방위에 전념해야 할 군인을 공사에 동원하고, 군 장비 동원하여 일사철리로 일을 진행해갔다지요. 공사 현장으로 철근과 시멘트 가득 싣고 들어간 트럭들은 입구에서 형식적인 점검만하고 그냥 돌아 나왔다대요. 원래 떡을 하다 보면 자연히 손바닥에 떡고물이 묻게 되어 있지요. 또 그걸 바라고 일부러 떡을 하는 경우도 있고요. 그렇게 긁어댄 성금의 총액수가 얼마인지, 성금을 쓰고 남은 건지 부족한 건지 도무지 꿩 구워 먹은 소식이더구만요. 백성들은 내랄 때 내면 되는 거지 속사정이야 알 필요 없는 존재인 거지요. 알려고 다가서면 크게 다치는 시대였지요. 그러니 모두가 꿀 먹은 벙어리로 살 수밖에요.

전 재산이 모두 이십구만 원밖에 없다고 큰소리 땅땅 쳐댔지요. 그 말이 시중에서 비아냥되어 개그맨의 언사보다 더 많이 인구(人口)에 화자 되었지요. 그러면서도 수시로 조폭처럼 좌우에 수하들 대동하고 황제골프도 치고 기분 나면 출신 학교에 성금도 듬뿍 기부하면서 거들먹거렸지요. 법이 판결한 천문학적인 추징금을 한 푼도 내지 않고 버텼지요. 그럴 때에도 자녀들은 모두 엄청난 재산을 축적하고 호의호식하며 떵떵거리고 살았지요. 불법적으로 땅 투기하고 사업체 늘리고 외국으로 돈 빼돌리고 유명작가 그림을 사재기하며 재산을 불렸지요.

그때는 정말 온 나라가 벌집 쑤신 듯 난리였지요. 올림픽을 방해하려고 북괴가 금강산댐을 활짝 열어 제키면 육삼 빌딩의 중간층까지 수몰된다고 호들갑을 떨었지요. 무려 백육십억 톤의 물이 방출되고, 이는 핵폭탄과 맞먹는 엄청난 위력이라고 겁을 주었지요. 순치된 언론은 잔치 집 풍장소리처럼 덩실덩실 이에 맞장구를 쳤고, 권력에 눈먼 식자들은 협박 놀음에 논리를 제공했고, 국민들은 그 말에 놀라 경악했지요. 그때 한통속으로 놀아난 사이비 언론인과 식자들이 지금 와서 무슨 변명을 늘어놓을까 궁금하네요. 아마 다들 그럴듯한 자기 나름의 핑곗거리와 변통의 여지를 마련해 두었겠지요. 원래 우리나라 먹물 먹은 양반들이 그 방면에 천부적인 자질을 갖추고 있는 건 이미 정평이 나 있는 일이니까요.

평화의 댐, 그곳

돌개바람 몰아치는 황량한 거리
먹빛 어둠 속에서 은밀하게
한 편의 각본이 쓰여지고
배우들이 덕지덕지 분장을 한다

세상이 경악할 희대의
음산한 공포연극 한 편 연출하기 위해
무대장치가 세워지고
알싸한 조명이 빛을 발한다
무대 위엔 군홧발이 난무하고
절정의 정수리에서
대하극은 심장에 불화살을 꽂는다

하늘이 새까맣게 탄 몸을 뒤척이고
풀무치가 서러이 오욕의 피를 토하고
장엄하게 흐르던
역사의 물꼬 외틀어져서
평원에 강물이 범람한다

온 세상이 물바다이다.

청남대는 한 입 가득 싱그럽게 초록빛 숨결을 머금었지요. 진입로에서부터 녹음 짙은 산자락과 푸른 호수가 가히 절경이더구만요. 유월의 신록이 묘목 같은 청순함으로 진폭 크게 파동치고 있었지요. 온기로 따뜻이 덥혀진 나른한 햇살이 부챗살처럼 가닥을 늘려 초여름의 길목을 덮어가고 있었지요. 대청호를 중심으로 무려 오십육만 평에 조성된 따뜻한 남쪽의 푸른 기와집이라지요. 갖가지 꽃들과 다양한 나무들로 조성된 천혜의 자연이 과연 일품이더구만요. 산철쭉도 옥잠화도 화사하고, 회양목도 향나무도 기운차더구만요. 평화롭고 한적한 숲에서는 온종일 산새가 지저귀고 꽃향이 들큼했지요.

주차장은 전국 각지에서 모여든 관광버스로 그득하고 그동안 찾아온 수많은 관광객들의 숫자와 감사 인사의 현수막까지 내걸렸더구만요. 본관 일층의 접견실, 식당, 손님 침실과 이층의 대통령 거실, 침실, 집무실도 잘 둘러보았지요. 연희동 양반 무수히 밟았을 붉은 융단 밟으며 간이 침실과 간이 주방, 한실도 잘 둘러보았지요. 분명 연희동 그 양반 때 지은 건물인데, 안에서는 오히려 상도동 양반 체취가 더 강하더구만요. 봉하마을 양반 내외가 찍은 장인(掌印)도 눈길을 끌었지요.

본관 앞 시원스런 분수를 배경으로 사진 한 방 찍어 다녀간다는 인증 남기고 테니스장과 수영장을 거쳐 정원 가는 길로 접어들었지요. 그 길에서 아름드리 느티나무와 품격 빼어난 백송, 주목도 잘 둘러보았지요. 오랜 날 우리 일가가 꼬박꼬박 바친 세금이 길에 깔린 조약돌 한 개쯤의 구실이라도 하고 있을 것만 같아 통행로 자갈도 열심히 밟으며 둘러보았지요. 정원에서는 갖가지 꽃들이 만발하여 화사한 자태를 자랑하고, 청춘을 구가하는 나무들은 진초록으로 질펀이고 있었지요. 이파리에 내려앉는 따스한 햇살이 점점이 붉은 꽃술로 피어나고 있었지요. 그런데, 품격 빼어난 정원수의 구색에 왜목련도 꼭 끼워 넣어야만 하는 화초였는지 자꾸만 고개가 갸웃거려지더구먼요.

유월의 정원

유월이 펄럭인다
화창한 햇살과 솔바람소리 싱그러운 날
정원은 싸리 이파리에 꿈을 매달고
호수처럼 깊은 눈망울로
자작나무 가지마다 새순을 틔운다

새로운 출발이기에
새로운 변화의 시작이기에
매몰찬 비바람 헤치며
한 올 한 올
물레 저어 피륙을 짜고 마름질하는 새순은
세상의 유원한 희망이다

새순에 내리는 햇살 가리고 서 있는
왜목련 한 그루
툭 툭, 실없이 시비를 거는
물큰물큰한 봄날

세월의 부피만큼 열꽃 피우며
뿌리 깊어진 생명체
한여름엔 폭풍우 들이치고
한겨울엔 칼바람 몰아쳐도
굳건히 가지 부러지는 아픔 삭이며
풋것 냄새 훅 풍기는 정원에서

싸리는 새하얀 꽃술을 피울 것이다
자작은 속 찬 열매를 결실할 것이다.

명분과 정당성 없이 몰염치하게 푸른 기와집을 차지하다 보니 긴급히 뭔가 보여주어야만 했지요. 땡전뉴스에서 구두선처럼 외쳐대던 '정의사회 구현'이란 구호만 가지고는 어림도 없는 일이었지요. 실상 정의란 말도 허파에서 바람 빠지는 소리에 불과했고, 자꾸만 헛바퀴 도는 물레방아 소리에 불과했지요. 불법적인 하극상으로 정권을 찬탈한 주제에 대오각성 없이 몰지각한 입으로 정의를 외치는 그 자체가 이미 저급한 수준의 희극이었던 거지요.

그래서 군인다운 명쾌한 발상으로 결정한 게 나라 군기 잡는 일이었지요. 무지한 백성들한테 박수 받을 수 있는 일은 못된 놈들 잡아다 인간 개조하는 일이었지요. 청송보호소 들어갈 인원을 지역별, 관공서별로 미리 할당하고 그 인원을 모두 채우라고 명령했다대요. 엄밀히 말하면 청송은 보호소가 아니라 북한의 요덕수용소처럼 아무런 인권보호 장치 없는 극단적인 무법천지였던 거지요.

술 취해 기차역 대합실에서 잠자고 있던 사람, 몸에 문신 자국이 있는 사람, 경찰에 밉보인 사람들이 잡혀가서 지옥 구경을 했다더구만요. 술자리에서 정부를 비판하던 교사도 잡혀가고, 평소 아니꼽던 공무원도 잡혀가서 초주검 되었다대요. 그때 사회에서는 이 땅의 암적인 범죄자와 깡패들을 잡아다 인간 만드느라 고생한다고 감사의 박수를 쳐댔지요. 모두 완벽히 계획된 연출에 들러리를 서며 그렇게 함께 놀아났지요.

그 당시 교육청에서도 불량 학생을 청송으로 보내라고 학교에 압박을 가해 왔지요. 학생부장이 이리저리 핑계 대다 버티지 못하고 결국 폭행으로 정학 받은 애를 한 명 보내더구만요. 잊을 만큼 날짜가 지난

후 그 학생이 청송 마치고 학생부장을 찾아왔지요. 그 녀석이 눈에 가득 살기를 띄고서 말하더구만요. 그 안에서 맨날 당신 찔러 죽이는 꿈만 꾸었다고. 그 생각 하나에 목숨 걸고 악바리처럼 버텨냈다고. 지금 당장 찔러죽이고 싶지만 당신은 인간도 아니라고 생각해서 참고 있다고. 자기 학교 애를 그런 데 보내는 놈은 선생도 아니라고….

학생부장이 사시나무처럼 떨면서 손이 발되게 빌어대고 있더구만요. 학생은 평소의 학생부장처럼 고개 들어 빳빳하고, 학생부장은 죄지은 학생처럼 구차하게 쪼그라들어 있더구만요. 나중에 들으니 훈련받다 다쳐 병신 된 사람, 매 맞아 불구 된 사람, 도망치다 총 맞아 죽은 사람이 부지기수였다대요. 하기야 광주에서 시뻘겋게 온몸으로 피 목욕한 사람인데 그까짓 청송에서 손바닥에 묽은 피 한 점 못 묻힐라구요.

청송, 그날의 꽃송이

피바람이 분다
들녘에서 꽃 한 송이 벙글어진다
순백색 꽃잎 청초하지만
실뿌리에서 이파리까지 온통 피투성이다

꺾어진 꽃 대궁에서
피맺힌 아픔이 봉오리로 피어나고
한 서린 고통이 삭아 절망으로 묻어난다
먹빛 어둠의 나락(奈落)에서
꽃잎은 서러이 오열하고
벌 나비들이 멀찍이 몸을 비킨다

초롱초롱하던 별빛
어느 결엔가 먹구름에 갇히고
천둥번개가 장대비 쏟아붓는
험난한 협곡에서
멍 든 꽃잎은 서러이 낙화하고
세상은 매정히 떨어진 꽃잎을 쓸어낸다

죽은 겨울의 시신들이
시든 나뭇가지에 주렁주렁 달린 솔숲
샛길 하나 없이 외진 곳에서
시누대처럼 비쩍 마른 봄이 지는데
또 하나의 계절이 걸어오는 길목
길거리가 온통 피바다이다.

오솔길을 따라갔지요. 정자에 이르는 길은 아주 오붓하고 한적하더구만요. 왼쪽으로는 급격한 낭떠러지에 소나무가 짙푸르게 우거져 있고, 오른쪽으로는 경사면에 갖가지 꽃들이 즐비했지요. 손붓꽃도, 줄사철도 예쁜 자태를 뽐내고 검정 조릿대도, 바위취도 한껏 존재감을 드러내고 있더구만요. 오각정에 이르자 벼랑 아래에서 물색 좋은 대청호가 금세 발목까지 다가와 찰랑거렸지요. 호수의 청량한 바람이 일거에 송골송골한 구슬땀을 씻어가더구만요. 오각정은 기품 어린 소나무와 어우러진 연꽃문양의 용마루가 참으로 인상적이었지요.

정자에 올라서니 '워따, 시원한 거!'를 연발하던 술 취한 전라도 사람이 있었지요. 정자에서 본관으로 돌아오는 길에 그 사람은 연신 〈목포는 항구다〉라는 낡은 유행가를 꽥꽥 소리 질러 부르고 있었지요. 노래라기보다는 절규에 가까운 고함소리였지요. 그 모습이 하도 처연해 보여 불편했던 심기도 풀어지고 딱한 마음이 일었지요. 가슴에 광주의 응어리를 안고 살아가는 남도 사람이 아닌가 여겼지요.

내친김에 수련 가득 피어난 양어장도 관람했지요. 원형 철조망 철책 따라 문을 들고 나기를 여러 번 거듭한 후에야 다다를 수 있는 연못이었지요. 아쉽게도 진흙에서 화사하게 꽃을 피우는 연꽃들의 고결한 자태가 연희동 양반과는 너무도 어울리지 않는다는 생각이 들더구만요. 원래는 스케이트장이었는데 지구 온난화로 겨울에도 얼음이 얼지 않아 할 수 없이 양어장으로 꾸몄다대요. 세상이 제멋대로 굴러가는데 자연인들 순리대로 굴러갈 리 없는 일이지요.

골프장 가는 길목에는 옥잠화, 구절초, 패랭이꽃, 원추리, 상사화가 흐드러지게 피어 있더구만요. 다섯 개의 그린을 갖추고 있는 골프장은 재임 시절 연희동 두 양반이 즐겨 찾았다고 친절하게 안내 팻말까지 세워 두었대요. 골프 칠 때 귀하신 분들이 불편해 할까봐 벙커도 없고, 러프도 없이 평탄한 설계로만 이루어진 골프장이더구만요. 푸른 잔디가 비단결을 이룬 골프장에서 낙우송 한 그루가 빼어난 격조와 품격을 자랑하고 있었지요.

푸른 기와집 양반들이 골프 치고 나서 음료를 마시던 호숫가 그늘 집도 전망이 대단했지요. 한때 대청호 푸른 물살을 가르며 신나게 달렸을 보트는 이제 임자 잃은 채 땅 위로 올라와 매어져 있대요. 나라 양반들의 축제잔치가 끝나면서 보트 신세도 그만큼 처량해진 거지요. 남쪽의 푸른 기와집은 과연 한양의 푸른 기와집 주인들이 틈틈이 짬을 내어 휴식과 정국 구상의 공간으로 활용하는 데 조금도 부족함이 없어 보이더구만요.

푸른 불꽃

해맑은 햇살가닥 물골에서 텀벙대는 호수
푸른 물살 하얗게 가르며
바람 한 줄기 녹색으로 젖어들고
신록은 가지마다 푸른 등을 매단다

빙하처럼 긴 겨울
피멍이 낭자하던 소름들
뼈골마다 들쑤셔 그리도 아팠지만
잔설 털어낸 길목에서
올려보는 뭇시선에
푸른 등은 오늘도 초롱초롱 빛난다

여명의 깃을 타고 왔기에
영원히 시들지 않을 등불이어라
영겁으로 솟구칠 횃불이어라
수묵 빛 풀벌레 노래 박음질하여
화안히 등 밝힌 신록은
깊이를 가늠할 수 없는 어둠 속에서도
늘 푸르게 일렁일 불꽃이어라.

그런데, 웬일이지요? 왜 이처럼 자꾸만 공허하고 가슴이 시려지는 걸까요? 자고로 성공한 쿠데타는 정의고, 그래서 처벌할 수 없다고 했다지요. 한 사람을 죽이면 살인이 되지만 뭇 사람을 죽이면 영웅이 된다는 말도 있다지요. 무단으로 권력을 찬탈한 부도덕한 정권은 이단종교의 교주라는 악덕 기업주를 비호하고 결탁하여 정경유착을 해왔지요. 그게 곪아터져 저처럼 세월호의 엄청난 참상을 야기하고 국가적 재앙을 몰아온 원인으로 꼽히고 있는데, 그들 일당은 뻔뻔스럽게도 군인연금 달라고 국가를 상대로 소송까지 제기했다네요.

법원에서는 추징금의 원금만 회수한다지요. 불법적으로 엄청난 통치자금을 거둬들여 쌈짓돈처럼 엿장수 마음대로 쓰고 부동산 투기하고 외국으로 빼돌리고 자식들 사업자금으로 썼는데 원금만이라니요. 그건 이 나라가 지향하는 사법의 올바른 정의와 정면으로 배치되는 일이지요. 서민은 급박한 자금난에 살인적 고금리 사채를 쓰다가 패가망신하여 자살까지 결행하는 경우가 허다한데 원금만이라니요.

요즘, 새삼 평화의 댐 때처럼 상실감과 무력감이 엄습해와 자괴감이 드네요. 무자비한 살상으로 피바람을 일으킨 사람들과 이 땅에서 같은 공기를 마시고 사는 나날이 자꾸만 부당하고 불편하게 느껴지네요. 그들이 아직도 버젓이 기득권층으로 행세하고 있는 이 나라가 자꾸만 우리 땅이 아닌 것처럼 낯설어지네요. 그 양반이 만해선생의 숭고한 얼이 서린 백담사를 세속으로 오염시킨 것도 불편한 일이지만, 그것만으로는 절대로 안 된다고 여겨지는 것은 어인 일이지요? 청남대의 신록은 저토록 초록숨결로 질펀이는데 우리는 언제까지 이 땅에서 혼절하도록 부르르 살 떨며 살아야 할는지요?

무단정권이 저지른 이 땅의 작폐는 끝나서도 결코 끝난 게 아닌데. 끝났다고 아주 끝난 게 아닌데….

아홉 번째 이야기

마산, 뜨거운 저항의 혼불 시비로 새기다

바람이 가자미처럼 찢어지게 눈을 흘긴다. 뱀처럼 날름거리는 두 갈래 사악한 혀도 몹시 거칠다. 동토의 바람이 극점의 빙하를 수혈한 체관으로 앙칼지게 맹독을 뿜어댄다. 독이 온몸으로 퍼지는 생명체들의 신음소리가 처절하다. 세상이 낭떠러지 암벽처럼 균열되어 갈라지고, 그 고랑을 바람의 날개가 쓸어간다. 무형인 바람의 날개는 결코 인도적인 사정의 여지를 두지 않는다. 이제 누군가는 승냥이처럼 날뛰는 바람의 날개를 잘라야 하리라. 통통거리는 바람의 동맥을 끊어 고요의 심연에 잠재워야 하리라.

등고선을 이룬 바다가 어둠 속에서 꿈틀거린다. 손가락 끝에 매달린 미명(未明)이 새우등처럼 잔뜩 몸을 웅크린다. 작은 종소리의 둥근 맥놀이가 꽁꽁 얼어붙는다. 해원에서 발원한 얼얼한 해풍이 강추위에 놀라 가슴지느러미를 조여댄다. 하마, 먼동이 틀 무렵인데도 어둠의 표피는 아직 철갑처럼 견고하다. 손가락들이 번개 같은 놀림으로 어둠의 척추를 더듬는다. 손가락은 화산같이 폭발하는 생의 표징이다. 손가락은 해일같이 몰아치는 현장의 언어이다. 그러기에 오늘도 손가락은 전사(戰史)에 필히 승리로 기록되어야 할 필승의 무기인 것이다.

새벽 어시장

내 어릴 적
할매 상여 들쳐 매고
딸랑딸랑
매정히 산등성이 넘던 저 종소리
오늘, 검푸른 해원의 심연에서
바다 한 자락 끌어 와
목 쉰 성대(聲帶) 열어 제치고
장엄하게 장송곡을 부르네

맨바닥에 즐비한
바다의 격한 숨소리들
누군가의 안쓰러운 주검은
누군가의 생애에 풍요를 이루고
그리하여, 성난 파도 끝자락에서
산더미처럼 싸늘히 쌓이며
마지막 숨으로 팔딱이는
은비늘 생들의 처절한 종언(終焉)

좌판이 실눈 뜨면
매정한 손길이 아가미 더듬어

얼음같이 싸늘한 감각으로
죽음을 골라내고
도마를 다지는 날 선 회칼은
파도의 푸른 울음을 한지처럼 저미고
생명의 붉은 절명을 떡가래처럼 토막쳐서
비릿한 하루 생을 이어갈지니

어시장 경매장
새벽 종소리에 뒤척이며
경배(敬拜)의 향불을 지피는
여명, 그 슬픈 생환의 흔적들.

꼭두새벽, 부지런한 사람들만의 시간이다. 군청색 모자에 달린 번호표에 바다가 범람한다. 붉은 오리털 파카로 겨울을 중무장한 경매사의 눈이 생선회칼처럼 번뜩인다. 종소리가 울리고 중개인들의 손가락이 비장의 결투를 시작한다. 경매장의 손가락은 단호하고 은밀하다. 깃 속에, 품 안에, 옆구리에 은신하여 폭탄처럼 언어를 발산한다. 섬광처럼 빠르게 무언의 함성을 지르고는 이내 고요 속으로 잠적한다. 꽃무리처럼 한순간에 활짝 피었다가 찰나의 저변으로 낙화한다. 그 짧은 틈새에 경매사는 회칼 같은 눈길로 손가락의 언어를 찾아내 방점을 찍는다. 방점 찍힌 손가락이 손수레에 낙찰들을 거두어 싣는다.

나무상자에 담긴 물고기들이 간헐적으로 몸을 뒤집는다. 바닷장어, 도다리, 아귀, 쭈꾸미, 가오리, 갑오징어들이 차례대로 경매장 손가락에 운명을 내맡긴다. 바다메기가 이승의 실낱같은 숨줄을 부여잡고 몸을 뒤튼다. 살을 에는 바닷바람에 매웠던 생을 부려놓는 모습이 짠하다.

희끄무레한 미명 속으로 출어를 나가는 통통배 소리가 요란하다. 어시장 아낙이 새벽바람에 부르튼 손을 호호 불어대며 가게를 연다. 새벽갈매기가 파도에 앉아 어둑한 바다에 부리를 박는다. 빛은 질식할 듯이 깊은 먹빛 어둠의 틈새를 비집고 돋아난다. 바닷새가 묽어지는 바다에서 막 태동하는 햇살 한 조각을 맹렬히 쪼아댄다. 새부리에 쪼인 태양이 검붉은 선혈을 쫠쫠 쏟아낸다.

어시장 뒷골목

빨간 고무장갑 바짝 당겨 끼고
밤의 비늘들이 뭉쳐 사금파리로 박힌
새벽 골목을 쓸어내며
막 터지는 태양 한 조각 가게에 끌어들여
게으른 바다를 톡톡 깨운다

돌아보면 항시 위태로운 생이기에
비릿한 바람에 절은 뒷골목은
결코 뒤로 돌아설 수 없었다

오랜 날, 가쁘게 바다를 두레질하며
붉게 타오르는 새벽
그 언저리에서 삭은 눈물 삼킬 수 없기에
골목은 해풍에 닳아 쇠락해 가는 포구에 나가
옹이 박힌 손마디로
설움 고인 바다의 갈기를 빗는다

어시장에 불어닥친 노쇠한 바람 털어내고
등가죽이 터져 생솔가지 될 때까지
땅속 깊은 곳에 중심을 박는다
길거리 가로막은 쇠창살 뜯어 샛길 내고
관절염 앓는 햇살 부축하여
달팽이처럼 바람 속을 걸어간다

풍랑에 쓸려 멍 자국 퍼런 뒷골목은
사위어가는 불씨 한 점 되살려
싸한 해풍에 젖은 지느러미 말린다.

서울의 몇몇 문인들과 함께 마산문인협회가 주최하는 '마산의 시비와 시' 출판기념회 및 문학대축전 행사에 참석했다. 중후한 아트지에 마산지역 시비들이 일목요연하게 정리된 책자는 향토의 귀중한 자료집 역할을 할 것으로 여겨진다. 책자의 표지에 선연히 인쇄된 '시는 영혼의 그림이며 시비는 영혼의 육신이다' 라는 대구(對句) 형식의 문장이 가슴 속에서 회오리바람을 일으킨다. 나는 과연 거친 삶에서 숙성시킨 치열한 언어를 시비에 새길 만큼 맹렬히 영혼을 다듬질하고 있는가. 영혼의 그림인 시에 혼절하도록 열정을 바쳐 튼실하게 시의 집을 짓고 있는가. 모두 부끄러움이다. 부끄러움에 의한 자괴감이다.

요즘에 심심치 않게 문인들이 자비로 자신의 시비를 세우는 낯간지러운 정황을 목격한다. 육중한 오석(烏石)이 깃털처럼 가벼운 행간에 상투적인 의미를 포란(抱卵)한 모습을 보면 무척 가련해 보인다. 시인이랍시고 누구나 자의로 시비를 세워 홍수를 이루는 기막힌 상황은 배제되어야 한다. 그런 의미에서 나는 아직 시비 하나 갖지 못한 가난이 오히려 자랑스럽다. 하기야 지금까지 주위에 자긍심을 가지고 시인이라는 자아존재를 발설해본 적도 없다. 시인이라기엔 터무니없이 빈한한 정신적 횡관(横貫)과 사고에 침전된 스스로의 한계를 알기 때문이다. 시인이란 명칭은 맑은 영혼에 의한 향기롭고 영롱한 연둣빛 언어의 성찬에서 사용되어야할 말이다. 시인이란 최상의 명사가 절제 없이 상용어를 이루는 시대는 불행하다.

시인

불확실한 금광에서 원석 한 점 캐기 위해
한없이 어둠의 동굴을 파고 내려가는
고된 노역꾼,
한 음절의 등 푸른 언어를 배태하기 위해
끝없이 고뇌하고 번민하며 가슴앓이하는
숙명적인 몽유환자
시인은

은비늘 물고기 한 마리 낚기 위해
강가에서 휘어진 낚싯대 드리우고
바람에 닳은 영혼까지 갉아대며
사유의 뿌리 짓씹는 광대,
영롱한 별빛 한 점 채록하기 위해
사막에다 숭숭한 그물망 펼쳐놓고
함축과 비유와 상징의 미로를 탐험하는
영원한 고독의 방랑자
시인은

안개 자욱한 허공 한 줌 움켜쥐고
끊임없이 물음표를 느낌표로 환치하며
멀리 번지는 향을 쏟아내는
피안(彼岸)의 숭배자,
소금기 찌든 광막한 염전 건너
음표 다 떨어진 겨울 숲을 헤치며
다비식처럼 활활 타오르는
샐비어 꽃잎
시인은.

바닷가 조개구이 집은 파도의 쉼터이다. 자리하자마자 여기저기서 바다 이야기가 와락 몰려든다. 눈꽃처럼 하얗게 피어난 바다의 언어가 가난한 영혼의 토방에 차곡차곡 쌓인다. 늘 바람 불고 빈한했던 영혼의 뜨락에 파도더미들이 봉긋이 볕 가리를 쌓는다. 저 풍성한 바다의 언어는 언젠가 나에게 옹망졸망한 시 한 수쯤 선사해줄 것이다. 연신 문틈으로 집요하게 거대한 몸체를 들이미는 바람의 성깔이 범상치 않다. 어쩜 내 언어의 볕 가리도 저 질긴 바람의 횡포에 허망하게 붕괴될지도 모르겠다.

불판에 올린 조갯살이 들끓는다. 돌연, 풍요 속으로 빈곤이 잠입해와 조갯살과 함께 끓어댄다. 아까부터 벽 화면에서 꼬챙이처럼 마른 소말리아 아이가 절박한 눈길로 조갯살을 응시한다. 지구촌에서 배부른 포만은 그 자체만으로도 충분히 죄악일 수 있겠다. 조갯살이 자꾸만 식도를 막아 고통스러운데, 동석한 마산 문인들이 곁에서 문학의 대바늘로 시의 솔기를 촘촘히 꿰매주어 다행스럽다.

시가지 불종거리를 지난다. 화재가 발생했을 때 누구나 달려가 종을 쳐서 알렸다는 번화가, 불종거리는 시간의 거리이고 긴급의 거리이고 공지의 거리였을 것이다. 불종은 마산 시민의 긴요한 소통이고 융합이고 희원(希願)의 상징이었으리라. 그런 상징물이 지금은 육교 위에 덩그러니 매달려 관광물이 된 채 하릴없이 꽁꽁 언 시가지만 내려다보고 있다. 불종에 들붙은 역사의 시간이 역 고드름처럼 거꾸로 솟구쳐 꼬장꼬장 말라붙었다.

미술관을 방문한다. 미술에 대한 인지 수준이 한없이 저급하면서도 문화인으로 격상된 듯한 느낌이 들어 겸연쩍다. 오르막길에 올라 '창원시립마산문신미술관'이라는 길고 독특한 이름의 미술관을 만난다. 미술관 명칭에 들붙은 고유명사가 무려 세 개나 되는 기이한 이름이다. 명칭으로 조밀하게 들붙은 창원과 마산이라는 지명, 그리고 문신이라는 인명의 조어가 그리 매끄럽지 않은 연결체 복합어로 새겨든다. 이질적인 명칭에서 유추되는 대로 창원에 어깨를 기댄 마산의 현재 위상이 두 도시의 평등치 않은 모습으로 읽힌다. 오래 전 국제수출자유지역으로 지정되어 타 도시의 많은 부러움을 샀던 마산의 영화는 이제 흘러간 옛 노래가 되고만 듯하다.

이 미술관은 마산이 낳은 세계적인 조각가 문신을 기리기 위해 세워졌다고 한다. 입구에서부터 문신국제조각 심포지엄에 출품한 세계 각국 작가들의 각양각색 설치물들이 개성적인 모습으로 저마다의 고유한 의미를 발산한다. 언덕배기 아래로 바다가 두른 마산 시가지 전경이 망막 가득 조망된다. 유기적으로 바다와 농밀하게 조형된 도시 풍광이 숨막히게 아름다운 풍경화 한 폭으로 안겨온다. 문신 미술관은 전시된 작품 뿐 아니라 미술관 자체도 빼어나게 수려하고 완벽한 하나의 예술작품으로 인식된다.

마산 문신 미술관

아찔하게 눈부신 바다에서 태동하여
소금에 절여진 바람 한 줄기
빼곡한 시가지 앵돌아와
붉은 잎새 간질이는 언덕
숲속 나뭇가지에
새 둥지처럼 아늑한 오두막 짓고
가로등 희미한 음영(陰影) 베고 누워
어둠의 잔상들에 황혼의 불을 지핀다

우리가 입체적으로 살아온
진폭 크고 파랑 많은 생의 터전에서
문명이 낳은 꼿꼿한 직선들이
시가지를 무단점령하고
자연이 낳은 여정(旅程)의 곡선들이
미술관에 들어와 시나위로 원무를 춘다
원근과 기하학으로 뼈마디 조립하고
평면적 감정의 흐름을 공유하며
개성적 형태로 선 조형물(造形物)들
존재하지 않는 공간의 이면에서
감각적 더듬이로 예술의 본질을 더듬는다

어젯밤,
바닷가에서 만취해
꽝꽝 밟아 우그러뜨린

지구본 하나
진열장에서 비틀걸음하는 미술관 풍경.

국립 3 · 15 민주묘지에 오른다. 묘소 입구에 이르자 장중히 울려오는 진혼곡이 바람결에 일렁인다. 1960년 3월 15일, 자유당 독재정권이 장기 집권을 위해 부정 선거를 획책하자 분연히 일어나 불의에 항거함으로써 민주의 불길은 타올랐다. 자유 · 민주 · 정의를 기본정신으로 하는 3 · 15 마산의거는 현대사에 있어 최초의 민주 · 민족운동으로서 우리나라 민주 발전에 획기적인 전기를 마련했다. 마산의 도도한 불길은 4 · 19 혁명, 부마 민주화운동, 6월 항쟁, 5 · 18 민중항쟁으로 이어지며 역사의 중심축에서 현재진행형으로 타오르고 있다. 이들 항쟁은 모두 자유와 민주를 위해 물리적 인명의 희생을 감수하고 독재세력과 용감히 맞서 싸운 역사적 의미의 공통점을 갖는다. 민중이 목표를 쟁취하기 위해 맨몸으로 무력에 맞서 승리를 거둔 빛나는 역사의 한 장이라는 점에 값진 의미를 부여할 수 있다.

당시 4 · 19 혁명의 도화선에 불꽃을 점화한 인물은 김주열 학생이다. 부정선거에 항거하다 최루탄에 맞은 시신으로 마산 앞바다에 떠오른 열사, 그가 죽음으로 맞선 저항의 몸부림은 끝내 혁명의 불꽃으로 승화하여 독재정권의 붕괴를 가져왔다. 마산은 4 · 19 혁명으로 열두 명의 소중한 생명을 잃었고, 이곳 민주묘지에 순국선열의 희생적인 혼이 잠들어 있지만 현재 여기에 김주열은 없다. 남원 태생인 그는 고향으로 옮겨가 선산에 묻혔고, 마산에는 시신 인양지 표지와 학교 교정에 덩그러니 흉상으로 지난날의 흔적만을 남겨 놓았을 뿐이다. 그래서이리라. 오늘 묘지를 찾는 발길은 뜸하고 위령탑을 스치는 바람소리만 세차다.

민주묘지의 송가(頌歌)

마른 풀꽃 서걱대는 그믐밤
오열하는 은백의 유탄들이
바다에서 저벅저벅 걸어 나와
철쭉처럼 붉은 땅에
층층이 초롱불 걸어두고
갈맷빛 넋으로 타올랐다

우리는 정녕 부릅뜨고 보았던가

뜨거운 불길 한 아름 치솟아
조국과 민족의 이름으로 타오르고
오랜 날 억눌리고 짓밟힌
뭇 가슴들이 석류처럼 터져
소용돌이치는 자유의 아우성을

하늘은 청잣빛 푸름으로 채색하고
바다는 뒤틀리는 격랑을 다스렸지만
해마다 봄이 오면
가슴에 붉은 꽃술 달고 부활하는
저 구슬프고 애절한
영령들의 호곡소리
죽어서 영원히 사는 민주묘지의 함성

우리는 정녕 열어젖히고 들었던가.

민주묘지 측면에 있는 시비를 찾는다. 독특하고 개성적인 모양으로 잘 조형된 입체적인 형상이 눈길을 사로잡는다. 병풍처럼 펼쳐진 곡선 형태의 화강암 시비에는 마산, 4월, 하늘, 꽃잎, 초혼 등의 애절한 시어들이 슬픔의 송가로 빼곡하다. 시비 앞에 위치한 '역사의 장' 이란 작품에서 좀체 발걸음을 뗄 수 없다. 아무런 받침대 없이 맨땅에 설치된 작품이 무척 강한 인상으로 와 닿는다. 잔디 위에 두툼한 청동 책자가 펼쳐져 있고, 책자에는 처참히 군화에 가슴을 밟히는 학생의 고통스런 모습이 새겨져 있어 무참했던 그날을 되새기게 한다. 군화에 짓밟힌 책 모서리가 학생모를 무겁게 짓누르고 있는 작품의 상징적 의미도 무척 아리게 가슴을 짓눌러온다. 아프고 어두운 밤에 거센 횃불이 되었던 숭고한 역사적 희생의 현장에서 나는 자꾸만 경건해지고 엄숙해진다.

산호공원이다. 전국에서 유일하게 시의 거리로 조성된 공원이라 한다. 여기에는 이름난 시인들의 주옥같은 시가 빗돌에 새겨져 있다. 입구에 들어서니 상록침엽 교목인 히마라야시다 나무가 장대한 품을 펼쳐 바람막이가 되어준다. 나무는 수형이 아름답고 우산살처럼 모여달린 잎의 색감이 미려하다. 침엽수이면서도 연한 녹색의 촉감을 지닌 나무는 가지마다 솔방울 같은 구과(毬果)를 탐스럽게 매달았다.

아늑하고 호젓한 공원에서 동요 〈산토끼〉와 〈고향의 봄〉, 가곡 〈가고파〉의 노래비가 반긴다. 동요의 노랫말이 자꾸만 야트막한 언덕에 꿈의 궁전을 지으며 어릴 적 동심의 세계로 시간을 되돌린다. 복숭아꽃 살구꽃이 흐드러지게 피고 냇가에서 수양버들이 휘적휘적 춤추던 정경이었다. 그때의 순박하고 아련한 시절이 자꾸만 고향에 대한 그리움의 환상으로 손짓한다. 싸늘한 바람에도 애틋한 추억에 젖어 시비와 노래비를 순례하는 발걸음이 갈수록 더뎌진다. 마산은 참으로 빼어난 문향(文鄕)으로서 면면한 문학적 전통과 풍부한 문학자산을 지닌 예술의 고장임을 실감한다. 마산은 역시 마산이다.

산호공원

시원(始原)에서 부풀어 오른
사계의 혈맥
터질 듯이 봉실거리고
산봉(山峰)에서 치달려 내린
연녹색 풍경
동백꽃에 붉은 속살 짓는 숲속

쪽빛 하늘 떠가는 새하얀 새털구름
수양버들 한들거리는 개울의 빨래소리
황혼녘 산사의 은은한 풍경소리
수행스님 헝클어진 어깨의 죽비소리
비에 젖은 장미의 농염한 유혹
그런 정경들이 저마다 시심으로
오석(烏石)의 언어 되어 천년숨결 머금는데,

살구꽃 앵두꽃 한바탕 흐드러진
내 어릴 적 고향에 꽃 대궐 지을 때
봉숭아 꽃물들인 옆집 소녀 깨금발 딛고
담장 너머로 사알짝 엿보는
아련한 봄날의 정경
한 폭의 풍경화로 오롯한
연둣빛 시절의 묵시록 시비공원.

창원 변두리 정병산에 오른다. 차량이 좁고 구불구불한 기슭에서부터 산길을 뚫느라 한바탕 전쟁을 치른다. 산 중턱에 이르니 감나무들이 까치밥을 매달고 대롱거려 운치를 자아낸다. 낙월(洛月) 공정식 시인이 창작 활동을 하는 산자락 공간이다. 낙월정이란 조촐한 정자 옆 움막에 드니 드넓은 실내에 빼곡히 들어찬 갖가지 작품들이 일시에 시야를 점령한다.

시인은 시 창작을 비롯하여 서예와 판각(板刻) 분야의 예술적 경지에도 일가를 이룬 듯하다. 특히 그의 공예 작품들은 혼으로 시간을 다듬질하여 빚은 인내의 결정이다. 보릿대를 미세하게 잘라내어 오려붙임 수법을 통해 세필(細筆)로 형상화한 팔 폭 병풍이 그러하고, 향나무에 빈 공간 없이 빼곡하게 반복하여 쓴 단음절어의 공력이 그러하고, 항아리와 접시 표면을 촘촘히 두들겨 음각한 시 작품들이 그러하다. 자연의 한 자락 속에서 자연의 개체로 살아가는 낙월 시인은 그의 예술혼 역시 자연의 분자로 존재하는 자연인으로 인식된다.

낙월정(洛月亭)

어딘가에서 분명코 까치는 날아오리라
산자락에 빛살 한 줌 풀어놓고
비바람 수혈하여 고인 과즙으로
공중에 매단 붉은 축등(祝燈)
대롱거리는 그대 가슴에
찬연히 불꽃을 밝히노니

시간의 여백 야무지게 마름질하여

세상의 꽃송이로 승화시킨
저 치열한 예술혼
화(畵)는 번개처럼 산등성이로 치닫고
서(書)는 천둥처럼 계곡을 쓸어내리니
흘러가는 구름도 바람도
온 세상에 심오한 의미여라

먹빛 어둠 헤치고
산자락 오른 눈썹달
마르지 않는 샘터에서 목 축이고
박꽃같이 하얀 미소 머금어
낙월정에 내려앉노니
오늘밤, 분명코 까치는 날아오리라.

마산역 광장에 횡행하는 바람이 빙하의 눈처럼 냉혹하다. 늙수그레한 아낙이 운영하는 역전 식당, 진저리 치는 날씨에 제격이다 싶어 주문한 쇠고기국밥이 온통 허성한 바람투성이다. 으레 역전식당은 다 그렇다지만, 이건 너무 심하다 싶은데 불친절하여 항변하기도 어렵다. 이제 부지런히 내려놓으며 살아도 건사할 시간이 충분치 않을 연배로 보이는데, 아낙은 아직도 무슨 탐심이 그리 많아 음식 한 그릇에 저토록 생을 옭아매는가. 잔뜩 웅크린 채 펼 줄 모르는 아낙의 잔등이 더할 수 없이 측은해 보인다.

그래, 이제라도 조금씩 내려놓으며 살자. 저 늙은 아낙처럼 꽁꽁 얼어붙은 생의 빙벽을 허물기 위해서라도 조금은 더 어수룩하게 살자. 비장한 심회로 깡마른 목구멍에 소주잔을 꾸깃꾸깃 구겨 넣는다. 심장에서 금세 화르르 불길이 번진다. 저 얼음 꽃을 녹이기 위해 소주 한 잔 더 해야겠다.

열 번째 이야기

안동, 겨울 강에 흰꼬리수리 날아들고

고요하고 경건한 혁명이다. 정결하고 평화로운 혁명이다. 거룩하고 순결한 의식(儀式)의 발현이기도 하다. 혁명의 색깔은 하얗다. 혁명군은 엄숙한 몸가짐으로 순식간에 온 세상을 평정한다. 기존의 고루한 흔적들을 모조리 지우고 백자 같은 순백색으로 여백 많은 세상을 연다. 혁명으로 인하여 세상이 청순한 눈망울로 새롭게 태어난다. 허위와 질시와 탐욕으로 구각 난 문명의 잔해들이 맑은 성정으로 순연해진다. 그것은 비바람 들이치는 대지에서 오랜 갈망과 기다림 끝에 태동하는 소망의 본질이기도 하다. 새하얀 목화 솜이불을 덮은 세상에 꽂히는 빛의 알갱이가 눈부시다. 설원에서 순백색 혁명의 깃발이 힘차게 펄럭이기 시작한다. 이 세상에서 가장 아름다운 것은 바로 이와 같은 세상 본연의 모습 그 자체이리라.

그림붓이 닿지 않은 하얀 도화지는 그대로가 하나의 빼어난 예술이다. 무의 세계에 존재하기에 무한한 가능성을 지닌다. 아무런 형상도 그리지 않았기에 마음껏 꿈과 이상을 새겨 넣을 수 있다. 하얀 세상은 가장 정화된 동양화의 화폭이요 아름다운 한 편의 동화이기도 하다. 초롱초롱한 눈망울을 지닌 청결한 결정체들이 표표히 바람에 흩날린다. 장중한 날갯짓으로 순백의 화폭에 생동적인 수를 놓는다. 흰옷으로 성장(盛裝)한 울창한 숲과 굽이도는 강과 끝없는 길이 만남과 헤어짐을 거듭하며 광야로 내달린다. 오랜 시간 엉금엉금 설경을 따라가니 안동 초입에서 하얗게 나래 펼친 서의문(西義門)이 반긴다.

안동고을

충의와 예절이 대쪽 같이 퍼런
안동고을에 들어서면
팔작 기와집 솟을대문에서
양반의 헛기침소리 들려온다
하얀 두루마기에 갓을 쓴 선비
느긋이 뒷짐 지고 서서
'이리 오너라—'
나직하고 근엄한 부름소리
도산서원처럼 강직하고
낙동강 물결처럼 도도하고
유교문화처럼 엄격히 절제된,

전통과 풍류가 맥놀이로 질펀한
안동고을에 들어서면
민속놀이 흥겨운 마당에서
정겨운 우리 소리가락 들려온다

정월 대보름날 놋다리 밟는 소리
집터 다지는 달개소리
실 뽑아 명배 짜는 베틀 노래
양반 댁 부녀자의 내방가사
향교사원에서 제사 올리는 소리

향토와 민속음식 상다리 휘어지는
안동고을에 들어서면
해맑은 안동소주 한 잔에
간고등어가 팔딱팔딱 뛰어대고
찜닭이 꼬끼오 홰를 치고
버버리찰떡으로 벙어리가 되고
제사 없는 날에도
헛제사밥에 배불러진다

화회탈놀이처럼 해학적 삶이 있고
봉정사 솔처럼 푸른 기상이 있고
병산서원처럼 경 읽는 소리 있는
안동고을에 들어서면.

한겨울에도 눈 구경이 어렵다는 안동에 눈꽃이 지천이다. 눈은 나뭇가지에 앉아 아름다운 꽃이 되고 나는 나뭇가지 곁에서 한 폭의 풍경화가 된다. 누가 벌써 만들었는지 안동민속박물관 뜨락에 서 있는 눈사람의 미소가 순박하여 정겹다. 박물관의 고즈넉한 뜰을 거닐며 백설기처럼 하얀 눈 위에 첫 발자국을 찍는다. 설렘과 함께 단전에서부터 끓어

오르는 뭉클한 격정이 뜨겁게 소용돌이친다. 세속에서 묻혀온 티끌로 인하여 행여 동티라도 나지 않을까 조심스러워지기도 한다. 정원에 배열한 장승과 불상들이 탈속의 세계에 신비로움을 더한다. 뜨락 한켠에는 머리 없는 석조불상이 기립해 있다. 아마도 가여운 중생들을 구제하기 위해 자애로운 불심으로 자신의 몸체를 희생했나 보다.

안동민속박물관에 들어선다. 박물관 중앙현관에 쓰인 '한국 정신문화의 수도'라는 자긍심 어린 글귀가 자석처럼 끈끈히 밀착되어 온다. 이곳은 유교문화 중에서 특히 관혼상제와 지방 고유의 민속놀이를 다양한 모형으로 전시하고 있다. 야외박물관에는 보물 석빙고를 비롯하여 안동댐 축조 시 수몰 지역에 산재된 전통고가와 중요 생활문화자료들을 이축(移築)하여 전람하고 있다. 민속촌 길목에 세워진 이육사의 시비 「광야」 앞에서 잠시 걸음을 멈춘다. 광막한 심회로 선생의 시를 읊조리고 있노라니 어디선가 백마 타고 오는 초인이 목 놓아 부르는 소리가 들려오는 듯하다.

거대한 장승이 초입을 지켜선 강변길을 따라가니 산자락에서 민속촌이 옛 생활과 포근한 정서의 세계로 발길을 안내한다. 경사로에 연한 전통가옥들이 지붕에 소담히 함박눈을 덮고 있다. 초가토담집과 까치구멍집, 도토마리집, 통나무집 부엌에는 아직도 밥 짓는 아낙의 따스한 온기가 서려있는 듯하다. 한지에 잉크 번지듯 달빛 젖어들었을 봉창이 가족들의 단란하고 평온한 일상적 정경을 묘사해준다. 안옥한 초가집 굴뚝에서 금세 밥 짓는 연기가 모락모락 피어오를 것만 같다. 와가(瓦家) 대문에 들어서니 안방마님의 채근에 따라 마당에서 절구질하고 떡메치고 전 부치며 명절음식 장만하는 양반 댁의 부산한 정황이 연상된다. 가마터에선 분주히 자기 굽는 도공들의 거친 숨소리가 들려오는 듯하다. 서민생활과 밀착되었던 연자방아, 디딜방아, 물레방아가 토속민의 진솔한 일상적 삶의 모습을 여과 없이 보여준다. 비탈길을 따라가며 층층이 목화솜 이불을 덮은 하얀 세상에 마음을 묻고 아련한 옛날 고향의 그리운 겨울 정경과 첫사랑의 정회를 떠올린다.

첫눈 · 2

그것은 성스러운 의식(儀式)이어라
남루하고 삭막한 것들 모두 덮어버리고
하얀 무명옷 입고 초인처럼 달려온 그대는
사선(斜線)의 춤사위로
메마르고 가난한 영혼의 세계에 들어
또 하나의 희열을 만든다

그것은 순결한 축제여라
모진 비바람과 굉음 속에서도
마음 정갈하게 다스려 스스로를 정화하고
순백의 그리움을 지피며 달려온 그대는
결핍으로 수피(樹皮) 튼 나뭇가지에 앉아
또 하나의 전율을 만든다

팔랑거리는
가벼운 몸짓 하나로도
자율신경 마비된 세상을 설레게 하고
강아지조차 방방 춤추게 하는 그대는
신묘한 요술가의 지팡이요
만상의 지순한 연인이어라

기척 없이 다가서서
가장 순결하고 정갈한 눈망울로
뜨거운 사랑의 밀어를 속삭이는 그대는
첫날밤 신부의 옷 벗는 소리여라
절정을 넘어 새근대는 신부의 숨결이어라.

월영교(月映橋)를 건넌다. 드넓은 강폭을 가로지른 월영교는 우리나라에서 가장 긴 나무다리라 한다. 이의 명칭도 전국공모전을 통하여 응모한 수많은 작품 중에서 엄선한 이름이라고 한다. 나무다리에 올라 푸른 강을 건널 때 비치는 교교한 달빛은 아주 낭만적인 선경을 선사해주리라. 순결한 처녀성처럼 다리에는 아직 아무런 인간의 흔적도 없다. 다리에 오르니 뽀드득거리며 외줄기로 따라오는 눈 소리가 줄곧 발뒤축을 타고 올라 마음을 촉촉이 적셔온다. 월영교는 강의 중심부에 이르러 신선이 노닐 만큼 아름다운 누각을 축조해놓고 강 건너로 이어진다. 산과 강과 다리가 조화롭게 어우러진 설경이 연신 무아의 경지에서 감탄사를 연발케 한다.

월영교 밑을 흐르는 낙동강이 무척 고요하다. 잔잔한 강은 결코 흐트러진 속내를 비치지 않는다. 산이 나무숲을 이끌고 내려와 잔잔히 강물에 잠겨 대칭을 이루며 흐른다. 강은 나직이 자신을 낮추어 흐르고 눈송이는 강변에서 애틋이 강을 전송한다. 강안(江岸)의 풍경이 평화롭기 그지없다. 나방의 미세한 파닥거림조차 천둥소리로 울릴 만큼 세상은 고요하고 적막하기만 하다. 이제 이토록 맑고 평온한 세상에서 좀 더 느긋이 삶을 건사하고 싶다. 예까지 달려오면서 생의 화포(畵布)에 무수히 찍어온 난삽하고 요란스런 행적들, 이제 늘 이만하면 좋겠다. 늘 이랬으면 좋겠다.

월영정(月映亭)

보폭 큰 걸음으로 가삐 걷는 그대여,
이제 무거운 삶의 등짐 가만 내려놓고
예서 잠시 헐렁하게 쉬었다 가시게나
한없이 키 낮추고 낮추며
미지의 낯선 곳으로
숨소리 가쁘게 달려가야 할 운명
가서는 다시 돌아오지 못할 숙명
달빛 찰랑대는 정자에 올라
느긋이 강바람 쏘이며
그윽이 차 한 잔 들고 가시게나

깊은 골짝에서부터
상처 덧나며 망연히 흘러온 역정(歷程)
그만으로도 이미 충분히 아팠으리니
그만으로도 이미 충분히 고달팠으리니
예서 잠시 괴나리봇짐 풀어놓고 앉아
안동소주 한 잔으로 젖은 몸 데우고
난간에 들이치는 달빛 벗 삼아
안동제비원 성주풀이 한 대목이라도
걸쭉히 부르고 가시게나

떠나는 그대 아쉬워
산자락이 수면으로 내려와 수심에 잠기고

강둑이 뜬눈으로 밤새워 소복하고
내 마음 이리도 아프거니.

밤새 낙동강이 뒤척이는 소리를 듣는다. 강변에 사르륵사르륵 쌓이는 눈 소리도 듣는다. 고뇌 어린 세상을 빈껍데기로 살아온 내 삶의 신음소리도 듣는다. 세속에 대한 질긴 속정 때문이리라. 강이 미적거리며 선뜻 발길을 떼지 못한다. 강을 전송하는 어둠의 슬픈 송가(頌歌)가 종래 끝점을 여미지 못한다. 괜히 번잡스런 내 발자국 소리에 잠은 멀찌이 달아나고 나도 낙동강처럼 뒤척인다. 긴 밤은 뒤척일수록 몸통이 굵어진다.

아침 강이 발랄하다. 깊은 강은 결코 경박한 소리를 발설하지 않는다. 유장하고 초연한 동력이 마치 장엄하게 겨레의 피톨을 수혈한 역사의 혈맥과 같다. 강은 아픔과 슬픔을 가슴에 꾹꾹 눌러 쟁이고 질곡을 헤치며 살아온 우리 민족의 숭고한 얼을 닮았다. 오랜 날, 민족의 한과 상처를 씻어온 강물이기 때문이리라. 물색이 멍울처럼 시퍼렇다.

낙동강

언제나 물마루 높이 흘러라
언제나 물골 깊이 흘러라
그댄 겨레의 청람(靑藍)한 동맥일지니
그댄 민족의 영원한 숨결일지니
온 세상에 굽이치고 소쿠라져서
큰 여울로 장엄히 흘러라

천년 한으로 응어리진 겨레의 아픔
핍박과 고통에 짓무른 상처
따스한 입김으로 호호 불어 아물리고
늘 생생한 눈망울로
강가에 즐비한 오리 알 살뜰히 품에 안아
거센 물살을 만들어라

그대 민족의 웅혼(雄渾)일지니
신열로 몸살 앓는 여린 생명들
가녀린 숨소리 너른 품으로 감싸 안고
신 새벽 동녘에서 움트는 햇살 따라
수정 같이 부시고 투명한 세계로
폭포처럼 굳세게 흘러라
대양처럼 도도히 흘러라.

도산서원(陶山書院)에서 경 읽는 학동들의 또랑또랑한 율문이 새소리처럼 청아하다. 조선 성리학의 본산이자 영남유학의 구심인 도산서원은 우리나라 서원의 종주(宗主)로 숭앙되고 있다. 퇴계 이황(李滉 : 1501~1570) 선생의 학문과 덕행을 추모하고 위폐를 모시는 성지이다. 간결하고 검박하게 지어진 건물들이 퇴계선생의 높은 품격과 학문, 선비다운 모습을 그대로 반영한 듯하다. 도산서원의 강당인 전교당 전면에 게판된 편액은 한석봉의 필체이다. 획의 중간에 힘을 실은 삼절법으로 굴곡지게 쓴 해서체 편액은 명필 한호가 선조임금 어전에서 직접 썼다고 전해진다. 또한 서원의 장서고인 '광명실(光明室)' 편액은 퇴계선생의 친필로서 편안하고 안락한 서체가 무한한 친밀감을 유발한다.

서원을 나와 마당에 내려선다. 강에서 연신 억센 바람이 들이쳐 코끝이 얼얼하다. 망막 가득 들어찬 낙동강이 시리게 출렁댄다. 유장한 강이 발목에서부터 점차 가슴 쪽으로 옮겨가며 하얗게 겨울옷을 걸치고 있다. 물새가 얼음 끝단에 앉아 종종거리며 먹이사냥을 한다. 예전에 서원의 식수로 사용했던 '열정(冽井)'을 굽어본다. 정사각형 모양의 우물은 까마득히 깊은 곳에 무량으로 정화수를 담았다. 아무리 퍼내도 줄지 않는다는 우물이다. 무궁한 지식의 샘물을 두레박으로 퍼 올리듯 부단한 노력으로 심신을 수련하라는 가르침을 읽을 수 있다.

마당귀에서 우람한 몸체로 표피 튼 왕 버드나무 두 그루가 휘어진 가지 사이로 강바람을 흘린다. 줄기 하나는 제 중량을 가누지 못하고 평면으로 뻗어 거의 지면에 닿은 채로 고여져 있다. 오랜 세월 강변에 서서 모진 비바람에 맞선 흔적이리라. 지고한 선비정신이 영겁으로 흐르는 서원에 터를 잡았기에 그랬을 것이다. 청량한 물소리처럼 맑은 학동들의 경 읽는 소리가 있었기에 더욱 그랬을 것이다. 굽은 줄기는 소슬한 시대를 올곧이 살아간 선비들의 상흔일지도 모른다. 버드나무를 에돌며 물길을 하얗게 덧칠한 강바람이 도산십이곡(陶山十二曲)을 흥얼댄다. 애잔한 노랫말이 절절이 가슴을 헤집는다.

서원의 왕 버드나무

햇살 맑은 아침
전교당 북소리 낭랑히 경 읽고
산새도 물새도 강론을 도강(盜講)한다
진도문(進度門) 근엄히 지켜선
아름드리 왕 버드나무

낮은 담장 타고 넘는 강바람에
온몸으로 바람막이하느라 척추 휘었다
그곳에서 양반으로 살고 선비로 살며

늘 강건해야 했기에
늘 올곧아야 했기에
늘 청빈해야 했기에

폭풍우 몰아쳐도 동동거릴 수 없었다
진눈개비 들이쳐도 웅크릴 수 없었다
수억 광년 빛날 연대기 새기며
사철 푸르게 살기 위해
사철 초연히 살기 위해

우렁우렁한 풀벌레 울음소리 밟고
휑휑한 강바람 몰아쳐 와
마지막 잎새 떨어져도
결코, 발등조차 내려다 볼 수 없었다.

천등산 봉정사에 오른다. 사찰에 이르는 길과 나무와 돌계단의 설경이 운치 있는 풍광을 연출한다. 번잡한 도심을 벗어나 뒤엉킨 심회를 풀어내기에 적당한 거리에 위치해 있다. 봉정사는 신라 의상대사의 제자인 능인스님이 창건한 사찰로서 극락전은 현존하는 우리나라 목조건물 중 가장 오래된 것으로 알려졌다. 극락전은 가공석과 자연석의 기단 위에 맞배지붕과 주심포 건물로 축조되었는데, 이는 고려시대 건물로서 통일신라시대의 건축양식까지 공유한 것이라 한다. 대웅전이 겹처마 다포양식으로 건립된 점도 특이하고, 일반 사찰에서는 사물인 범종, 법고, 목어, 운판으로 불교의식을 행하는데 봉정사는 종루에 범종 하나만 덩그러니 달아놓은 점도 특징적이다.

사찰에 들어선다. 산사에 들어 어루만져야 할 인연들을 돌아본다. 가파른 삶의 행보에서 미처 챙기지 못한 인연들이 안타까운 모습으로 다가온다. 청량한 바람소리, 물소리, 새소리, 풍경소리가 찰랑찰랑 차올라 심신이 안락하고 평화로워진다. 관절마다 들붙은 부스러기들을 떨쳐내니 마음이 깃털처럼 가벼워진다. 고뇌를 털어내고 차분히 자아의 내면을 성찰한다. 번잡한 심신을 온전히 버릴 때에야 비로소 어지러운 마음이 맑고 고요해짐을 깨닫는다. 경내 야트막한 언덕에서 기이한 형상의 소나무가 시선을 옭아매고 놓아주지 않는다. 나무의 중심 줄기가 꼿꼿이 자라다가 중간쯤에서 원형으로 한 바퀴 돌아 오르며 잔가지를 드리우고 있다. 소나무의 범상치 않은 품세가 자꾸만 신비감을 드높인다. 언젠가는 이 나무도 신이한 이적을 행하는 전설의 주인공이 되어 뭇 중생들이 우러르는 날이 올 것이다.

주야장천 풍기는 술 냄새 때문이리라. 안동소주박물관 현판이 얼큰히 취하여 햇빛에 불콰하다. 술은 적당히 마시면 약이지만 과하면 독이라 했다. 술에 만취할 때마다 어머니가 걱정스레 되뇌시던 언사가 딱지로 앉은 지 오래이다. 사실 나는 그 '적당히' 라는 애매모호한 언어의 용량을 도저히 계량할 수 없었다. 그러기에 술병에서 먼지 일도록 탈탈 털어내지 않고는 주석을 갈무리하지 못했다. 술도 음식이라는 궤변으로 합리화한 주석은 그래서 늘 질펀했다. 주마간산 격으로 전시장을 둘러보면서도 연신 마른 침 꼴깍 넘어가는 소리가 지진음파처럼 격동 친다. 술독에서 향긋한 술 내음이 솔솔 풍겨와 자꾸만 발걸음이 엉켜든다.

인생살이
— 술이란 녀석에게 · 2

어매, 쓴 거

소태 같은 세상살이
원래 그렇다지

네 잘못 아니거늘

슬픔 삼키고
아픔 삼키고

간밤 쓰린 속
해장술로 달래며

네 탓하는 사람들.

안동소주박물관에는 고려주병과 조선백자앵무잔, 조선청화백자잔, 산수화사각병 등의 품격 높고 고아한 자태를 지닌 각종 술병과 술잔들이 진열되어 있다. 주조 도구를 비롯하여 누룩 만들기, 고두밥 찌기, 소주 내리기로 이어지는 주조 과정도 일목요연하게 관찰된다. 소주 전시장은 곧바로 맛깔스러운 전통음식 전시장으로 이어진다. 이곳엔 각종 향토음식을 비롯하여 계절별 주안상에서부터 손님 접대 주안상까지 다양하게 진설되어 있다.

안동소주는 이 지역의 맑고 깨끗한 물과 옥토에서 수확한 양질의 쌀을 전통비법으로 빚은 증류식 소주이다. 은은한 향기와 감칠맛이 뛰어나고, 특히 45°의 높은 도수에도 불구하고 뒤끝이 아주 개운한 특징을 지닌다. 오래 전에 마신 안동소주 맛과 느낌이 생생히 되살아난다. 입맛을 쩝쩝 다시며 돌아 나오는데 주막 마루에 모형으로 전시된 선인들의 술자리가 시끌벅적하다. 취흥 오른 선비들이 건들거리며 시조창을 흥얼거린다. 오늘밤은 어느 목로주점에 들러 석쇠에다 삼겹살이라도 구워야겠다.

하회(河回)장터가 해거름에 고적하다. 즐비한 민속식당들이 향토음식으로 미각을 자극해온다. 쪼글쪼글한 뱃살이 자꾸만 장터국밥집을 흘깃거리게 하지만 애써 무시하고 하회마을로 향하는데 아뿔싸, 매표소가 무정하게 문을 걸어 잠갔다. 교양 있는 여인은 쉽사리 내밀한 속살을 내비치지 않는 법인데, 애초부터 안동의 전통문화를 일거에 섭렵하려 든 게 무리였나 보다. 별수 없이 낙동강이 휘감아 도는 하회마을에서의 '하회별신굿탈놀이' 감상은 다음 기회로 미루어야겠다.

애석한 마음으로 돌아서는데 매표소에 내걸린 일반인 3,000원, 현지인 1,000원이라는 요금표가 인상적으로 비친다. 세상은 지근거리의 가까운 이들에게 일방적 희생을 강요하는 특성이 있다. 우리 자동차회사들이 제 나라 국민에게 잔뜩 봉을 씌우고 외국인에게 헐값에 판매하는 몰상식에 비하면 얼마나 가치 있고 품격 있는 발상인가. 역시 정신문화의 수도 안동다운 풍모이다.

그런데, 이곳에서 상징적 슬로건으로 쓰이는 '수도'라는 언어 대신 '고장'이면 어땠을까. 그 실 수도라는 언어는 너무 각박하고 혼잡한 느낌이 드는 까칠한 단어이지 않은가. 수도라는 말의 이미지는 중심축을 강조해 주기도 하지만, 다른 한편으로는 극심한 단절과 소음과 삭막한 속성을 연상시키지 않던가. 그에 비해 고장이란 단어는 한결 푸근하고 아늑하고 정겨운 느낌을 주는 언어임에랴. 상념에 잠겨 장터를 나오는데 하회탈을 쓴 그림 속 아낙이 '잘- 가시더. 다음에 또 봅시더!' 하며 추임새를 곁들여 다정히 인사말을 건넨다. '그럽시더. 참말 그럽시더!' 나도 마음속으로 정중히 아낙에게 화답을 보낸다. 하회장터에 불어오는 강변의 저녁 바람이 자꾸만 허기진 솔기를 파고들어 술렁인다. 장터 국밥집 가마솥에서 모락모락 피어오른 김이 가벼이 바람결에 날려 사라진다. 김이 사라진 공중에서 가만가만 푸른 별이 돋아난다.

하회탈

— 시나위 · 43

탈을 쓴다
천년 역사에 이끼 낀 문화가 모두 탈이 된다
낙동강 물줄기 돌아나가는 백사장에서
무속문화, 불교문화, 유교문화가 한 무리 되어
장중한 역사의 숨결로 부활한다
문화들이 주술로 풍요를 기원하며
덧뵈기 한 장단 얹어 허튼춤을 춘다
온유하고 해학적인 비대칭 조형으로
때론 양반 되고, 중 되고, 선비 되고, 백정 되고,
탈이 신묘한 표정 짓고 나를 바라본다
내가 웃으니 탈도 웃고
내가 아파하니 탈도 아파한다

탈을 쓴다
통념적인 얼굴과 본성적인 얼굴이 나타난다
어느 것이 진정한 내 얼굴인지 아리송하다
탈이 부조화의 조화와 불일치의 일치로
변증법적 미학을 전개해 보인다
공존의 표상으로, 축제의 상징으로
각시무동마당과, 주지마당과, 백정마당과, 할미마당에서
양반선비놀이로, 혼례놀이로, 신방놀이로
탈은 세상의 웃음이 되고 아픔이 된다

마을의 평화와 풍년을 기원하는 별신굿
어려 과부 된 서낭신 위무하려고
각시도, 초랭이도, 백정도, 할미도
풍물꾼 날라리 장단에 엉덩이 덩실덩실
즉흥적이고 흥겨운 춤사위로
파계승 비웃고, 양반위선 풍자하고
온 세상 끌어들여 마음껏 희롱한다

무녀들 헛천거리굿에
마을 기웃거리던 잡신
날 살려라 줄행랑치는 낙동강 어귀에서
나는 탈을 쓰고 또 하나의 탈이 된다.

민속놀이는 그 시대의 사회상을 반영한다. 안동의 하회별신굿 탈놀이는 무려 팔백 년의 전통을 가진 신명나는 전통 탈춤 마당극이다. 이는 상민들에 의하여 연희되어온 탈놀이로서 마을의 안녕과 풍농을 기원하는 별신굿 탈놀이의 성격을 지닌다. 지배계층인 양반과 선비의 허구성을 적나라하게 폭로함으로써 계층 간의 극적인 관계를 다루고 있는 이 놀이는 상민들의 삶과 애환을 풍자적으로 표현하는 데 주안점을 두고 있다. 상민들은 별신굿 탈놀이를 통하여 세상살이를 풍자하고 억눌린 감정을 거리낌 없이 발산하여 왔다. 신분질서가 엄격했던 당시의 사회상으로 볼 때 지배계층에 대한 비판으로 일관된 이 놀이는 하회 양반들의 묵인과 지원 하에 이루어진 것이라는 게 학계의 정설이다. 그런 의미에서 이는 당시 사회에 대한 특정한 개혁의 한 결실로 판단되어 놀랍기 그지없다.

해질녘, 청량리 행 무궁화호 기차에 올라 덜컹거리며 상경한 며칠 후이다. 환경부 지정 멸종 위기 야생 맹금류인 흰꼬리수리가 안동에 날아들었다고 야단법석이다. 제 생명을 보듬어준 은혜를 잊지 못해서였으리라. 경기도 이천에서 탈진상태에 있는 새를 구조하여 야생으로 돌려보냈는데, 북한과 러시아 연해주를 거쳐 하바로브스크까지 날아갔다가 다시 남쪽으로 이동하여 안동에 안착했다고 한다. 왕복으로 장장 3,600㎞나 되는 엄청난 여정임에도 불구하고 그 머나먼 길을 마다하지 않았던 게다. 흰꼬리수리도 나 못지않게 안동 사람들의 소박한 인심이 그리웠나 보다. 안동에서 헝클어진 심신을 가다듬고 향토음식으로 주린 배를 채우고 싶었나 보다. 흰꼬리수리는 어쩜 내 영혼의 날개가 부활한 현신인지도 모르겠다.

열한 번째 이야기

예천(醴泉) 가는 길, 봄이 물큰하더라

이따금씩 현상으로부터의 일탈을 꿈꾼다. 지루하고 강박한 일상은 그 존재 자체만으로도 짐스러울 때가 있다. 삶의 중량이 감당키 어렵고 버거울 때면 세사(世事)와의 번잡한 연을 끊고 표표히 잠적하고픈 욕망이 솟구친다. 세속과 잡다하게 엉킨 사슬을 끊고 철새처럼 미지의 세계로 초연히 날아가고 싶어진다. 자유를 향한 일탈은 밭에서 쟁기질하는 소가 스스로의 멍에를 자르고 코뚜레를 끊어내는 일이다. 제반의 구속과 속박에서 벗어나 완벽한 자유로의 투신인 것이다. 무의식 속에 잠재하는 무지갯빛 꿈의 환상을 실행하는 도전인 것이다. 그러기에 이는 예측할 수 없이 불시에 감행할수록 극적이고 효과도 크다.

일탈은 과감한 용기의 발현이다. 매일 거울 속에서 목을 옥죄어대는 넥타이는 행성처럼 나를 항상 같은 궤도에 머물게 한다. 넥타이는 변함없는 현실이고 거역할 수 없는 생활의 실체이다. 이따금씩 그런 넥타이를 홀가분히 풀어 제치고 행성의 궤도를 벗어날 무모하고 도전적인 삶을 꿈꾼다. 이는 자신을 비롯하여 주위에까지 연계되어 많은 후유증과

부작용을 유발할 수 있는 태풍의 눈이기도 하다. 그러기에 일탈이 불시에 옆구리를 콕콕 찌르며 채근할 때마다 나는 조심스레 이와 문양이 엇비슷한 여행으로 자위하고 만다. 일탈을 실행할 만큼의 적극적인 용기가 부족한 탓이다.

여행은 떠남을 전제로 하는 새로운 만남과의 약정(約定)이다. 여행의 근간을 이루는 요체는 호기심이다. 이는 친숙하고 정든 영역을 벗어나 생소하고 낯선 세계를 지향하는 설렘이고, 일상의 삶을 탈피하고 참신한 가치를 체험하는 기대행위이기도 하다. 그러기에 나는 자동차 바퀴가 구르기 시작하는 순간 가장 큰 행복감을 느낀다.

봄이 오는 길목을 찾아 나서는 목적지로 경상도 예천이 낙점되었다. 이내 바람처럼 남녘을 향해 달리기 시작한다. 문경터널을 지나자 운무가 드높은 산맥을 휘감는다. 고봉준령을 종단한 긴 터널이 연속적으로 산마루를 뚫어 터널들의 징검다리를 놓는다. 깊은 산중에서도 문명의 이기(利器)는 거침없이 고난도의 축지법을 결행한다.

고갯마루를 넘은 봄비가 멈칫거리는 겨울의 잔등을 밀어낸다. 저 아래 문경새재에서 과거 치르고 돌아오는 선비들의 모습이 비친다. 누군가는 날라리소리에 풍악 잡혀 덩실덩실 어깨춤으로 넘어가고, 누군가는 지팡이에 매인 괴나리봇짐 무겁게 짊어지고 터벅터벅 넘어간다. 날라리도 지팡이도 고갯길 넘어 주막집에 이르러 탁배기 한잔으로 갈급한 목을 축인다. 주막은 누구에게나 반갑고 친숙한 마음의 휴식처이다.

계곡에서 낙방거사들의 비탄 어린 한숨소리가 들려온다. 오랜 날, 오로지 입신양명의 소망을 신주처럼 끌어안고 고문서의 퀴퀴한 묵향 머금으며 악착같이 살아온 선비들이다. 입격하여 고래 힘줄처럼 질긴 가난을 털어내고 지긋지긋한 상민의 설움에서 벗어나고자 몸부림쳐온 선비들이다. 그들의 구슬픈 눈물이 하염없이 주막집 앞 계곡에서 폭포수로 떨어진다. 낙방거사들의 무거운 비탄을 짊어지고 새재를 넘자 기다렸다는 듯이 어둠이 떼거리로 몰려와 길목을 막아선다. 산중에서 불시에 일행을 검문하는 어둠의 눈초리가 몹시 매섭고 까칠하다.

문경새재
— 시나위 · 44

산마루에 풀꽃 씹은 햇살 퍼지고
수척한 낮달 따라 바람결 돌아드는 외길
지나온 발자국마다
눈물 아닌 적 있었던가

꽃 피고 새 지저귀는 봄날
계곡 흐르는 옥빛 물결 따라
굿거리장단 추임새에
날라리소리 한바탕 흐드러져 떠나가고
터벅터벅 맥없이 걸어와
술잔에 지는 과장(科場)의 껍데기들
오늘도 저토록 산질경이 짙푸르건만,

벌써 몇 해째인가
오를 때 가벼웠으나 내릴 때 무거웠고
오르는 길이 곧 내리는 길이었던
수백 리 한양 길
괴나리봇짐에 설운 사연 둘러매고
지팡이로 산안개 헤치며

뭉그적거리는 낙향 길
젓가락 장단 엇박자로 두드리는 주막에서
낙방과객처럼 애절히 흐느적거리는
늙은 주모(酒母)의 타령소리.

질펀하면서도 화기 찬 주석(酒席)이다. 주된 화제의 바탕을 문학적 토양에 두었기에 그러하다. 일차로 들른 불고기 집에서 문학은 품위와 격조를 기저로 밀도 있게 주석을 주도해 간다. 빛깔 좋은 양질의 고기가 맛깔스럽게 문학의 숯불로 구워지며 지글거린다. 때깔 고운 명품 한우가 문학의 석쇠에 올라 구수한 냄새로 미각을 자극해온다. 푸근한 인정이 있고 마음이 통하는 주석에선 아무리 들이켜도 갈증이 해소되지 않는다. 음식점 벽면에는 전국노래자랑 때 이곳을 방문한 연예인들의 사진과 고기 예찬이 빼곡하다. 이미 포만감이 넘치는데도 그들이 자꾸만 추가 주문을 채근하는 듯하다.

심야에 어둠을 끌고 이차자리로 옮긴다. 이곳 시인이 운영하는 민속주점이다. 거기에서도 문학은 뜨거운 열정으로 순식간에 토속안주를 맛깔스럽게 구워낸다. 개성적이고 다양한 문학세상이 연신 동동주 표주박으로 길어 올려진다. 문학의 일반적 개론들이 작가론과 작품론을 섭렵하며 저마다의 골격을 형성한다. 그리고 종래에는 모든 갈래들이 한 그릇에 담겨져 비빔밥이 되어 간다. 취흥이 주도하는 횡설수설은 절대적인 자기논리까지 건망증에 빠뜨리기 일쑤이다. 맹렬히 상대논리의 허점을 들추던 논쟁이 어느 순간인가부터 자기논리의 모순에 갇히는 허실을 드러낸다. 술은 한순간에 상식적인 모든 질서를 붕괴한다. 그것이 또한 술의 마력이기도 하다.

삼차로 주석을 옮길 때는 먼동이 따라와서 희뿌연 창틀에 앉아 새날의 문양을 직조하기 시작한다. 어둠은 우리의 삶에서 미련이 얽힌 하루치 밤을 건성건성 손질하여 어제의 영역에 밀쳐 넣고 저처럼 새로운 하루의 앞 덜미를 끌어와 펼쳐놓는다. 미명으로 새로이 시작하는 오늘 하루가 어제보다 참신한 가치와 의미 있는 내용물로 충만할 수 있을지 의문이다. 두주불사(斗酒不辭)로 익히 알려진 문인도 예서 확연히 예봉이 꺾이는 게 감지된다. 들어 올릴 수 있는 힘의 여부에 따라 아이와 어른을 구분했다는 삼강주막의 들돌처럼 안간힘으로 술잔을 들다 하나 둘 맥없이 쓰러져 간다. 취흥이 도도한 예천의 밤은 굵고도 길게 취객을 지배한다.

이른 아침, 이곳의 큰 볼거리인 소나무 한 그루 만나기 위해 길을 재촉한다. 간밤 숙취가 속을 뒤집으며 포악한 성깔로 난동부리는 걸 억지로 참아내는데, 길목에서 범상치 않은 소나무 한 그루가 일거에 고통을 잠재운다. 천연기념물인 이 나무는 풍기 지방에 홍수가 져서 떠내려가는 것을 주민들이 건져 심은 것이라 한다. 나무가 영험하여 '석송령(石松靈)' 이라 이름 짓고 이 지방 토호 이수목(李秀睦)이 자기 소유의 땅까지 상속하여 준 부자나무이다. 수목 앞에 서니 좌우대칭으로 격조 있게 가지를 펼치고 선 소나무의 우람하고 고결한 품세가 절로 옷깃을 여미게 한다. 처음 만나는 소나무의 영기(靈氣) 앞에서 나는 한없이 숙연하고 경건해진다.

석송령

겨우내 잔뜩 움츠렸던 영춘화
화사하게 꽃망울 터뜨릴 때
스스로를 태워 세상을 밝히는 연등처럼

우듬지 솔가지에다 육백 개의 봄을 매단
검푸른 반송(盤松) 한 그루
수도승이 바라춤으로 세속의 번뇌를 털어내듯
험난한 세월 인고하며 짓무른 상처에서
생살 돋는 소리 들려온다

옛 얘기 한 토막
전설처럼 연녹색 이파리에 새겨 두고
우람하고 신묘한 자태로
휘휘 둘러 동리를 수호하는 파수꾼
매몰찬 북풍 물리치고
잔등 넘는 꽃샘바람 털어내려
키보다 품을 더 늘이고
드넓은 그늘 드리워 안식을 만든다

이 세상 산다는 건
먹빛 짙어지는 조락의 길목에서
온유한 성정으로 솔방울 새순 틔워
초록이 물컹이는 세상 만드는 거라고
오래 전, 허우적거리며
홍수에 휩쓸려 떠내려 갈 때
주검 직전에 이르러 그걸 깨달았노라고,

노랑 병아리처럼 앙증맞게 부화하는
또 하나의 봄을
솔바람에 훨훨 날려 방목한다.

민낯의 절세미인이다. 인위(人爲)가 철저히 배제된 민숭민숭한 얼굴, 치장하지 않은 원형질의 피부가 들녘에서 바람에 살랑살랑 흔들리는 풀꽃처럼 생기롭다. 싱그러운 피부는 말끔히 지워진 어제의 사연을 재생하지 않는다. 꾸밈없는 여백의 공간에 생생한 오늘의 이야기를 축적하려는 듯 여인의 속눈썹이 그윽하고 깊다. 조조(早朝)에는 결코 주방에 들지 않는다는 제주복어집, 여사장은 나그네를 위해 금기를 깨고 손수 조리 기구를 들었다. 그 여인이 다소곳이 다가와 앉는다. 후미진 뒷길에서 만난 봄꽃처럼 은근하다. 짙은 향에 숨까지 탁 막혀온다. 막 목욕탕에서 나와 물기를 닦아내듯 가까이서 여인의 맨살이 반질거린다. 가식 없는 피부는 가장 순수하고 정직한 미의 실체이다.

다소곳하던 여인이 금세 아침 식탁에다 검푸른 바다를 풀어놓는다. 덧칠로 꾸미지 않은 여인이 등 푸른 지느러미로 온 바다를 유영한다. 갈기 흩날리는 파도 등성이를 넘나들며 먹이 활동을 하는 바다 생명들의 진솔한 삶이 역동적으로 펼쳐진다. 해초 숲을 누비던 살진 복어가 해면으로 팔딱팔딱 뛰어오른다. 투명한 눈망울을 지닌 복어는 결코 내장에 가식을 품지 않는다. 아가미 큰 복어의 눈망울에서 연신 먼 바다 파도소리가 물결친다. 여인을 닮은 신선한 아침 바다가 참으로 얼큰하고 개운하다.

복어

해안에서 하얗게 부풀어 오르는
목쉰 파도소리에
억겁의 푸른 바람 몰려와 갈기에 머물고
사위어가는 생의 물골에서

거대한 불길 자꾸만 안으로 타들어
등지느러미 할퀸 복어는
질척거리는 삶의 질곡 헤매다가
마침내 가시 억센 바다의 뼈가 된다

검붉어 더욱 서러운 하늘빛
그 언저리에서 작은 영혼으로 숨쉬고
푸른 시간 잘게 토막 내어
파랑 드높아진 영욕의 세월 건너며
복어는 조금씩 생의 얼레 풀기 위해
공기 가득 들이켜 헛배 볼록하게 내밀고
내장에 한 사발 독을 품는다

죽음을 건너는 무수한 발굽에 밟혀
매화처럼 고매한 향으로 승화하지 못한 것들
함께 어우러져 바다 속살 헤십는데
하릴없이 바람 저미던 회칼이
꿈꾸는 숨결 갈라 독성을 제거하고
온 바다 뼈마디로 펄펄 가마솥을 끓인다.

한적한 시골길을 달린다. 꽃신 신고 올 새봄의 통행을 위해 길 위의 시간들이 모두 비켜서서 정지한 듯하다. 따스하게 햇살 지피는 길목에서 도로 표지판이 '풍양면'을 친절히 안내해 준다. 낙동강이 허리춤에 두름처럼 엮어 차고 있는 사회복지법인 연꽃마을이 있는 동네이다. 오래 전부터 서울교사풍물패 '흥시렁'은 노인과 중증장애인 요양시설이 있는 이곳과 각별한 인연을 맺고 있다. 연꽃마을을 방문하여 풍물놀이로 자선공연을 펼치고 위문품을 전달하며 유대를 강화해 오고 있다. 판놀음을 벌일 때 노인과 장애우들이 판 마당에 뛰어들어 신명나는 몸짓으로 덩실거리던 훈훈한 정경이 잊히지 않는다.

연꽃마을에는 풍물놀이 때 유난히 신바람으로 들썩이는 경식이가 있다. 그 아이는 지금도 강바람이 실어오는 노랑어리 들꽃처럼 순박하고 청초하리라. 섬기린초 들풀향이 유난히 짙게 풍겨오던 판놀음 마당, 풍물소리 흐드러진 높새바람 무동 타고 경식이가 뒤뚱뒤뚱 춤을 추면 낙동강도 두둥실 춤을 추었다. 경식이의 뒤뚱거리는 춤사위는 낙동강 물살을 거슬러 오르는 물고기 은비늘처럼 장엄해 보였다.

어느 해, 새봄이 예천에 들어 둥지를 틀었다. 봄이 무르익은 동산에서 연꽃마을에 수용된 중증 뇌성마비장애인 한 쌍이 사랑을 꽃피웠다. 천진하고 순결한 그들의 사랑이 향기 짙은 동산에서 원색으로 꽃망울을 터뜨렸다. 축복 속에 결혼을 이룬 그들은 행복했다. 하지만 뇌성마비 부모에게는 그와 똑같은 중증장애아가 태어난다는 비극적인 현실을 운명으로 수용해야만 했다. 경식이는 그렇게 태생적으로 정신박약아가 되어 태어난 안타까운 사랑의 결실이다. 거기서 누군가는 모든 사람에게 인권이 존중되어야 하기에 경식이와 같은 불행한 혈통 잇기를 인위적으로 중단시킬 수 없다고 했다. 그것이 과연 올바르고 바람직한 인권의 방향인지 모를 일이었다. 그날, 판 마당을 뛰노는 경식이의 어깨춤에는 유난히 낙동강의 시퍼런 물소리가 흥건했다.

삼강주막이다. 마을에 들어 오붓하게 조성된 아담하고 운치 있는 대나무숲길을 걸어 강둑에 오른다. 세 강이 만나 얼싸안고 한 덩이를 이루며 흘러가는 정경이 황홀하다. 푸르고 맑은 물색이 가슴까지 시원스레 씻어내며 유장히 흐른다. 삼강주막은 조선시대에 주로 보부상들이 휴식처 삼아 들러서 막걸리 한 잔 들고 쉬어가던 주막이다. 선비들이 한양으로 과거 보러 갈 때 죽령을 넘어가면 죽을 쓰고, 추풍령을 넘어가면 추풍낙엽으로 떨어지고, 이곳 삼강나루를 거쳐 문경새재로 넘어가면 장원급제하여 금의환향한다는 재미있는 이야기가 전해오는 곳이다. 삼강주막은 사람들의 유서 깊은 정취가 그리움으로 머물러 포근하다.

삼강주막

맵고 짠 세월 아리게 지켜온 외톨이 주막
강변에 나가 그림자로 앉는다
물색 고운 강심이 똬리 틀어 동리 휘감고
철새 날아들어 겨울나는 곳에서
나루터가 도톰한 허리 접어 뒤척인다
소담한 입술 무수히 스쳐 갔을 탁주잔에
마른 입술 가만히 포개니
애잔한 주막 이야기 물결처럼 번져온다

소박한 주안상 마주하여
낙동강 내려온 보부상 엽전 세고
내성천 저어온 뱃사공 노랫가락 흥얼대고
금천 건너온 나그네 꾸벅꾸벅 묵상 잠긴다
강물이 읊는 천수경 독경소리 따라
늙은 주모 멀리 떠나고 없지만
줄그어 외상값 산(算)해 놓은 부엌에선
무쇠 솥이 밤새 그리움을 끓인다

술잔에서 가만히 입술 떼어내니
낙동강 애틋한 이야기 파랑 되어 흘러간다
하얀 슬픔 주억대는 억새 숲으로
검붉은 수레바퀴 설핏 기울고
회화나무 굽은 가지마다
토실한 삼강설화 주저리주저리 열린다.

주막마을은 예전에 보부상과 사공의 숙소가 있던 곳이다. 유통량이 많았던 이곳은 장날이 되면 많은 장꾼들이 모여들어 북적댔을 것이다. 보부상숙소에서는 처음 만나는 상인들이 반가이 수인사를 나누고 호롱불에 둘러앉아 소곤소곤 보부 이야기를 나누었으리라. 그 곁 오두막에서는 보부상을 태우고 노를 저어 온 사공들이 코를 골며 단잠 속에 고단한 등을 뉘었으리라. 삼강주막은 낙동강 천삼백 리 뱃길의 마지막 주막이다. 예전에 이곳 나루터에서 강 바라기하며 전설이 되어버린 주모는 이제 강물 따라 아주 먼 길을 떠나고 말았다. 그녀가 부뚜막과 벽면에 줄그어 외상값을 계산해 놓은 주막에 들어 대나무 평상에 걸터앉는다.

부엌에서 후덕하고 인심 좋은 주모의 영상이 비친다. 처음 맞는 객에게도 서슴없이 외상술과 주안상을 들이고 부뚜막에 쭉 줄을 그어 셈하는 아낙의 순박한 모습이 정겹게 느껴진다. 외상술로 화급히 칼칼한 목을 축이며 고단했던 하루의 피로를 풀어내는 보부상의 모습도 한 폭 민속화로 안겨온다. 주막 마당으로 강바람이 횅하니 불어와 옷자락을 펄럭인다. 애절하고 서글픈 심회에 젖어 나도 탁주 한잔 단숨에 쭈욱 들이켠다. 잔에서 싸하니 들붙는 애상적인 정서가 강바람에 날려 아름아름 번져간다.

한 삽 뜨면 섬이 될까? 불현듯, 누군가가 그렇게 되뇌었다. 회룡포에서는 한 삽 뜨면 곧 그 자신도 한 점 섬이 되어 버릴 것 같은 강렬한 동질감과 흡인력을 느끼게 된다. 강심에서 용이 날아오르듯 섬을 한 바퀴 휘돌아 오르는 회룡포, 낙동강의 지류인 내성천(乃城川)이 용의 허리처럼 물길을 휘감아 돌아간다. 육지 속의 섬마을인 이곳은 물길이 섬을 350° 휘감아 흐른다. 온전한 한 바퀴 물길에서 남겨진 10°는 섬의 숨통이고 바람의 통로이다. 그 10°의 비좁은 영역을 비집고 들어 비룡산 꼬리가 물장구를 치며 첨벙거린다. 산의 꼬리에서 튕겨지는 물방울이 분수처럼 솟구쳤다가 숲을 적시며 떨어진다. 맑은 물과 금모래 백사장이 어우러진 이곳은 천혜의 자연경관을 자랑하는 특출한 명소이다.

회룡포 강물은 하회마을보다 더 입체적인 물 돌이를 이룬다. 지역 사람들은 물이 돌아나가는 정도를 비교하여 하회마을을 버선발로, 회룡포를 호박으로 비유한다. 강물이 휘돌아 섬 아닌 섬을 만들어내는 곳, 강이 산을 부둥켜안고 용트림하는 회룡포는 한 삽만 뜨면 금세 섬이 되어버릴 것 같은 아주 특이한 지형의 섬마을이다. 태백산 줄기가 태극 모양으로 휘감긴 기이한 형태의 섬, 정말 여기서 한 삽 뜨면 나도 그렇게 섬이 될까? 황홀경에 취한 나는 계속 자신에게 되묻는다.

숲이 생기 차게 물기를 머금고 진초록으로 살랑댄다. 저 아래에서 푸른 강물이 휘감은 섬이 금모래 빛으로 반짝인다. 그러나 강물은 하류로 내려갈수록 점점 빈약한 흐름으로 졸아들어 보인다. 사대 강 사업 이후 물줄기가 부쩍 수척해졌다고 한다. 말도 많고 탈도 많은 사대 강 사업은 여기서도 개운치 않은 모습으로 세인의 입방아에 올라 심판되고 있다. 자연의 강을 인공의 강으로 변형시킨 인간의 비이성적 탐욕 때문에 강은 비쩍 말라 극단적인 조갈증으로 신음한다. 메마른 섬 안의 섬에 번지는 봄 버짐이 극심하다.

회룡포

거기에서 휘모리장단은 격렬했다
강은 모래섬을 한 바퀴 감아 돌며
둥지에 마른 햇살 끌어들여
은물결로 찰랑댄다
비룡산 언덕배기 너머로 솔바람 돌아가고
굽이진 물길 가로지른 생의 표피들이
휘모리장단에 들썩들썩 어깨춤을 춘다

모래섬은 밤마다
장안사 추녀바람 불러들여 노닌다
느티나무에 휘감긴 새하얀 달빛 한 자락
유서 깊은 풍경소리 끌고 내려와
강물로 여울지는 밤
원시의 유전자 휘모리 춤은
굽어 떨치는 소맷자락 타고 올라
진화하는 별꽃으로 망울진다

모래톱 한 무리가 무릎까지 바지 걷고
첨벙첨벙 강물을 건너간다
둥지 안에 둥지를 지은 섬은
이제 외나무다리가 필요치 않다
어둠이 성글어진 밤에도
원형무대에서는 휘모리 춤이 격렬하다.

깡통을 든 시장기가 각설이춤을 추는 오후, 용궁면 전통시장 입구에 있는 옴팡한 음식점에 든다. 꽤 오랜 날 전통을 끓여온 소문난 맛집으로 여겨진다. 적당히 불편한 구식 건물에 적당히 허름하여 적이 마음이 편안한데다 순대와 불오징어가 가히 별식이다. 매운 맛이 극한점까지 치닫는 음식은 시각적 감각만으로도 땀을 뻘뻘 쏟게 한다. 일상 생활의 주위에서 통상적으로 먹어온 음식 맛이 아니다. 매운 맛을 삭이면 그 속에 결결이 녹아든 또 다른 감칠맛이 진하게 여운으로 남는다. 매운 맛이 음식의 외형적인 일차 맛이라면 그 속에 녹아든 상큼하고 깔끔한 맛은 음식의 본질을 형성하는 이차 맛이라 할 수 있다. 맛 속의 맛, 이는 바로 예천이 지닌 참 문화의 특성이기도 하다. 예천은 표피의 내부에 또 하나의 뜨거운 속살을 거느린다.

해가 뉘엿뉘엿 넘어간다. 밤은 결코 하루의 종결점을 의미하지는 않는다. 터널 입구의 어둠이 터널 출구의 밝음과 한 꾸러미를 이루듯, 여행의 종착지는 또 다른 여정의 출발점을 시사한다. 이제 이곳 예천에서 자연이 무르익은 속살을 헤치며 홀가분하고 아름다운 일탈을 향해 달려가련다. 뭉게구름을 따라가는 여로(旅路)에서 발길 닿는 대로 발길을 놓고, 거기에서 바람을 만나고 물결을 만나며 아름다운 한 폭의 풍경화가 되리라. 거기에서 동물을 만나고 사람을 만나며 삶의 정취가 물씬 풍기는 한 폭의 민속화가 되리라. 그때쯤에는 몸이 꽉 끼인 생의 틈바구니에도 봄꽃들이 즐비하게 피어 지천으로 향기를 흩뿌려 주리라.

열두 번째 이야기

청백리(淸白吏), 정녕 고매하고 위대한 이름이어라

스님의 모습이 선연하다. 마치 시골집 이웃 할아버지처럼 격의 없이 친근히 여겨지던 분, 요즘 들어 소탈하고 꾸밈없던 생전의 모습이 더욱 그리워진다. 고매한 품성과 탈속한 인식이 범인과 달랐기 때문일 게다. 물욕에 대한 욕구를 초탈하고 철저히 청빈을 실천하며 지고한 삶을 살았기 때문일 게다. 온 세상이 황금만능의 가치에 매몰된 암담한 현실 상황 때문에 더욱 그럴 게다. 도처에서 가지지 못한 자는 가지기 위하여 안달이고 가진 자는 더 많이 가지려 안달이다. 황금의 위력 앞에서 고상한 정신적 가치의 덕목은 이미 그 존재의 근원적 입지마저 상실한 지 오래이다. 앞으로도 건실한 정신적 가치가 배금주의를 극복하고 정착하리라는 보장도 없다. 세상은 갈수록 삭막하고 건조하고 퇴행적인 정황으로 치닫는다. 물질문명이 발달할수록 인간의 탐욕도 정비례하여 자꾸만 황폐화의 길로 곤두박질친다. 건실한 삶의 의의가 정립되어야 할 이 땅의 미래사회를 위해서도 심히 우려되는 정황이 아닐 수 없다.

무소유 가시던 날

스님 가시는데,
가사 한 벌 조촐히 두르고
바람인 듯 구름인 듯
관도 없고 만장도 없이
왔던 곳 되짚어가는 길
연지(蓮池)에서 깃 여민 백련
하얀 숨결로 호곡하고

강원도 오두막집
읽던 책 두어 권 동무하여
이웃집 마실 가듯
영원히 시들지 않을 푸릇한 초원으로
대나무 평상에 누워 가시는 길
'큰스님, 불 들어가요!'
하늘조차 설웠을까
멀쩡한 하늘 덮는 두꺼운 먹장구름

넘치면서도 모자라 안달인 세상
섬유질처럼 질기고 질긴
무한의 소유 욕구
밑동 자르고 가지 쳐내도
돌아서면 어느새 친친 온몸 휘감는
저 넝쿨손의 탐욕과 집착

바늘처럼 촘촘한 그물로도 가둘 수 없는
스님의 은은한 목탁소리
저리도 맑고 고운데
이 땅의 초라하고 부끄러운 가슴들
어쩌라고, 어찌하라고.

권력의 뒤끝이 노루꼬리만큼 짧아지자 높은 자리에서 군림하며 세상을 내려 보던 사람들이 다급해졌다. 권력의 온실에 기생하며 치부하려고 기회만 엿보던 이들이다. 그들은 멀쩡한 평상심으로 지위를 팔고 명예를 팔고 영혼을 팔아치웠다. 기회를 노리던 쇠똥구리들이 모여들어 제각기 제 몫의 경단을 챙겨 굴려갔다. 역대에 도덕적으로 가장 깨끗하다고 장담하던 정권이 가장 타락한 치부를 여지없이 드러냈다. 상식의 잣대를 들이댈 수 없기에 타락한 수렁의 깊이조차 헤아릴 수 없었다. 홍수 졌던 호수에서 물이 빠지며 드러나는 쓰레기더미는 곳곳에서 심히 악취를 내뿜었다.

악취의 진원지는 너무도 많았다. 사대 강 사업이라 했다. 민간인 불법사찰이라 했다. 영포라인이라 했다. 파이시티 사태라 했다. 다이아몬드 광산개발이라 했다. CNK 주가조작이라 했다. 저축은행 사태라 했다. 잡화상처럼 이루 헤아릴 수 없는 불법과 비리들이 검은 치부를 드러내며 나열된다. 만사형통(萬事兄通)의 시대였다. 용감한 형제들, 끈 떨어진 동네마다 이른바 형님들이 더 큰 문제였다. 부도덕한 세력은 종칠 시간이 다가오자 너도나도 한탕주의에 빠져 눈이 빨개졌다. 눈이 빨개져서 먹이에 진드기처럼 달라붙어 혈관에다 무차별로 빨대를 꽂아댔다. 스님에 대한 그리움이 더욱 절실해지는 연유이다.

그때, 복어 집 이야기

우리 질긴 끈은 바로 피붙이여
항시 피는 물보다 진한 법이여
같은 친인척끼리는 생사까지도 함께해야 혀
그 다음 질긴 끈은 바로 고향이여
같은 고장 사람끼리는 서로 끌어주고 땡겨줘야 혀
그 다음으로 질긴 끈은 바로 동문이여
같은 학교 선후배끼리는 팔이 항시 안으로 굽어야 혀
그러니, 우리가 어디 남이가

길거리서 옷깃만 스쳐도 인연이라는데,
이 얼마나 미덥고 든든한 끈인 겨
우리가 '우리'로 사는 건 숙명이여
하늘이 그렇게 살라고 내린 명령이여
그러니, 서로 믿고 밀어줘야 혀
서로 챙기고 돌봐줘야 혀
서로 돕고 끌어줘야 혀
그게 혈연이고 지연이고 학연인 겨

알짜배기는 우리끼리 슬쩍 해먹는 겨
회전의자는 우리끼리 돌려 앉는 겨
행여, 남이 기웃거리면 벌떼처럼 나서서 내치는 겨
우린 항상 차돌처럼 똘똘 뭉쳐야 혀
우린 항상 얼음 꽃처럼 차갑게 피어 있어야 혀

내 말에 적극 동의하제?
그럼, 복어 안주에 폭탄주 한 잔씩 들고
'자, 우리들 한통속을 위하여!'

얼마 전, 대한민국은 이른바 화려한 부활의 전성기였다. 십자가에 못 박히지 않고도 하얀 면류관 쓰고 곳곳에서 잘도 부활했다. 그들은 동물적 감각이상으로 능력과 기회 포착이 뛰어났다. 부활하는 날갯짓이 현란하여 눈을 뜰 수조차 없었다. 선거의 여왕께서 화려하게 부활하니 칠인회 할배들이 부활하고, 정보기관이 부활하고, 새마을이 부활했다. 초원복집이 부활하고 차떼기 장본인까지 부활했다. 길거리 풀꽃의 처연한 외침을 도외시한 오만과 아집이 득세하고 일방적인 편견들이 찬란하고 위험스런 날개를 달았다. 부활하는 길목에서 과거는 철저히 무시되었다. 부활의 거센 바람개비에 휘둘려 사람들은 그 실체의 정체성까지 헷갈려 했다. 그렇게 시작된 한 시대가 모호하게 흘러가고 있다. 모두 탐욕과 집착의 결실이다. 탐욕과 집착에 의한 소유욕의 결실이다.

무소유 스님은 말한다. 우리는 필요에 의해 물건을 갖지만 때로는 그 물건 때문에 마음을 쓰게 된다고. 무언가를 갖는 것은 다른 한 편으로 그 무언가에 얽매이는 것이라고. 또 무소유란 '아무것도 갖지 않는 것이 아니라 불필요한 것을 갖지 않는 것'이라고도 역설한다. 행복은 결코 많고 큰 데에 있는 것이 아니라 작은 것을 가지고도 만족할 줄 아는 데 있는 것이다. 남보다 많이 갖고 있는 것은 그만큼 많은 고뇌와 번민을 층층이 쌓아놓고 사는 것이기도 하다. 인생과 예술에서 여백의 공간이 아름다운 것은 그것이 지극히 단순하고 간소하기 때문이다. 무심으로 비워낸 것은 욕심으로 가득 채운 것보다 훨씬 값지고 고귀하다.

여백(餘白)

텅텅 비어 있는 것은
빵빵 채워진 것보다 아름답다

빈자리 채우기는 쉽지만
채운 자리 비우기는 어렵기에

빈자리엔
영롱한 아침이슬 내리고
순결한 들바람 흐르고
초롱초롱한 별빛 쏟아지고
새하얀 눈꽃 피어나고

비어 있기에 거기엔 무한히
꿈을 그릴 수 있고
사랑을 그릴 수 있고
그리움을 그릴 수 있고
언젠가, 그대 다가와 앉을 수 있는
편안한 흔들의자 그릴 수 있기에

저녁연기 하늘하늘 사라진 허공처럼
재잘대던 참새 날아간 빈 가지처럼
비어 있는 것은
비었다는 것은.

달구어지지 않은 햇빛에도 강은 서슴없이 앞단추를 풀어 제친다. 근육질의 가슴을 드러낸 강이 잠영(潛泳)으로 하류를 향해 헤엄쳐 나아간다. 북녘 바람도 강물 따라 유장한 행렬로 흐른다. 강변에 연하여 길게 늘어선 철조망이 시야에서 강을 따로 격리시킨다. 철조망을 끼고 일정한 간격으로 배열한 경계초소가 남과 북의 경직된 대치 상황을 웅변해 준다. 강바람을 막기 위해 쌓은 언덕에서 정자는 애틋한 눈길로 철조망 너머 강물을 전송한다. 정자에 오르니 강에서 불어오는 바람결이 자꾸만 솔기를 들추어 보인다. 일망무제로 탁 트인 벌판이 망막 가득 들어차 출렁인다.

경기도 파주에 위치한 반구정(伴鷗亭)은 임진강 하구로 펼쳐지는 드넓은 들녘과 유유히 흐르는 강물을 조망하며 낙조를 감상하기에 적격인 명소이다. 황희(黃喜 : 1363~1452) 정승이 말년에 관직에서 물러나 여생을 보낸 곳이다. 정승에 대해 전해지는 이야기의 요체는 '지혜롭고 인자한 성품' 과 '청빈한 생활' 로 요약된다. 선생은 청백리의 표상으로서 자신과 가족에게 매우 엄격했던 인물로 전해진다. 청백리는 스스로의 본능적 욕구에 대한 자아 억제력이 투철한 존재이다.

황희 정승은 지붕에서 새는 비를 피하려고 방 안에서 삿갓을 쓰고 살았다고 한다. 재상의 관직에 있으면서도 가난하여 방바닥에 멍석을 깔고 지냈는데, 까칠까칠하여 가려운 데를 저절로 긁을 수 있어 참 좋다면서 너털웃음을 지었다고 한다. 아내와 딸은 입을 옷이 없어 치마 한 벌을 서로 돌려가며 입었다고도 한다.

청백리라는 영예는 누구나 쉽게 얻을 수 있는 일반명사가 아니다. 성인처럼 고결한 정신의 높은 반열에서 끊임없이 자아욕구를 억제해야 하고, 현실을 초탈해야 하고, 가솔의 불평과 불만을 슬기롭게 다스려야 한다. 청백리라는 순백한 이름은 고통어린 질곡의 늪에서 피어나는 한 떨기 눈물 꽃인 것이다.

반구정(伴鷗亭)

검붉은 빛살로 터지는
중천의 태양 한 자락 융단처럼 펼치고
강아지풀 한들거리는
임진강 어귀
풀꽃마다 맺힌 향으로 짙게 풍겨오던
임의 체취 희미해져
이제, 갈매기도 날갤 접고 잠자리 들었다

밤새 강물소리에 젖어 촉촉한 잎맥들
물레질로 짠 금실
동녘하늘 솔가지에 걸쳐두고
살랑대는 하늬바람 무동 타고
수면에 닿을 듯 촉수 뻗친 강나루에서
검박하고 단아한 정자(亭子)는
임의 성정 닮아
단청조차 욕심이라며 색을 버렸다

이 말도 옳고 저 말도 옳고
그 말도 옳다면서
오로지 청렴 렴(廉) 한 글자 후대에 전해주고
강가에서 청백(淸白)한 도포자락 날리며
무량한 파장으로 띄워 보내는
임의 둥그런 너털웃음 소리.

진눈개비 날리는 겨울 어느 날, 퇴궐한 황희 정승이 부인에게 아침에 입고 입궐할 수 있도록 서둘러 옷을 빨도록 했다. 그는 겨울옷이 단벌밖에 없었기에 속옷차림으로 이불을 뒤집어쓰고 글을 읽고 있는데 돌연 입궐하라는 어명이 전해졌다. 정승은 급히 솜을 몸에 두르고 부인이 임시로 얼기설기 꿰매주자 그 위에 관복을 입고 입궐했다.

경상도에 침입한 왜구를 물리칠 방책을 논의하던 세종임금은 황희정승의 관복 위로 삐죽이 나온 하얀 솜을 보고 이를 값비싼 양털로 오해했다. 임금은 회의 후 정승을 가까이 불러 자초지종을 묻고 직접 솜을 만져보았다. 재상의 청빈한 생활에 경탄한 임금이 비단 열 필을 하사하였는데, 선생은 '백성들이 흉년으로 헐벗고 굶주리는데 영상이 어찌 비단을 걸칠 수 있겠느냐' 며 끝내 받아들이지 않았다. 청빈한 노 정승의 올곧은 처신과 애민정신이 가슴을 뭉클하게 하는 일화이다.

황희 정승은 벼슬에서 물러날 때까지 십구 년간 영의정에 재임하면서 농사의 개량, 예법의 개정, 천첩소생의 천역(賤役) 면제 등 많은 업적을 남겨 임금으로부터 가장 신망을 받았다. 또한 인품이 원만하고 청렴하여 백성으로부터도 많은 존경과 사랑을 받았다. 정승의 청렴에 대한 인식은 안성의 임종석에게 써준 영결시에 그 진면목이 드러난다.

— 우리들 몸이 없어진 뒤의 일은 청렴 렴(廉)자 하나를 지키는 것이다.

정승의 뼈에까지 농축된 철저한 청렴의식이 오늘날 우리의 마음가짐을 숙연케 한다.

전라도 장성군 황룡면 금호리에는 이색적인 묘비 하나가 세워져 있다. 황희, 맹사성과 함께 조선시대 삼대 청백리로 불리는 아곡 박수량(朴守良 : 1491~1554) 선생의 백비(白碑)이다. 노송 우거진 마을 뒷동산에 세워진 선생의 묘비에는 특이하게도 아무런 글자가 새겨져 있지 않다. 선생은 이십사 세에 등과하여 육십삼 세에 이르기까지 고위 관직을 두루 섭렵했지만 평생 변변한 집 한 칸 갖지 않았다.

높은 벼슬아치로서 사사로이 재물을 탐하지 않고 평생토록 가난하게 살았던 청렴하고 강직한 선비의 모습이다. 당시 암행어사 탐문에서도 '끼니 때 굴뚝에서 연기가 나지 않는다'고 보고될 정도로 가난했던 청백리, 오늘도 담양에선 그의 백비를 찾아 공덕을 기리고 참배하는 공직자들이 줄을 잇는다. 나라의 녹을 먹는 관리로서 사욕 없이 올바르고 순수한 삶의 본보기를 보여준 선생의 생애가 부정부패 극심한 오늘의 정황을 되짚어 곱씹게 한다. 선생의 백비는 역사의 구심적 위치에서 무언의 목소리로 우리들을 맹렬히 질타한다. 선생의 질타하는 목소리가 천둥소리처럼 장중하고 무겁다.

백비(白碑)

청솔바람 척척 발목에 휘감기는
뒷동산 중턱
풀꽃에 내려앉는 잠자리조차
필기체 상형문자 마구 휘갈겨 쓰는데
묘비로 선 화강암은
애틋하고 풍성한 사연 한 아름 안고도
품에 아무런 문자 하나 들이지 않았다

고즈넉한 오후
쪽물 들여 펼쳐놓은 하늘빛처럼
청백리의 맑고 고결한 생애
들꽃들이 허리 굽혀 참배하는 동산에서

새소리 청량한 목청으로 임 기리고
밀알처럼 거두어진 사념이 통통 여물어간다
묘비에 찬연한 햇살 쏟아지고
혈색 붉은 공적들이 펄펄 끓는 봄날

드높은 관직에서도
굶주림을 천형(天刑)처럼 짊어지고 살았던
고결한 선비
아무것도 가지지 않았기에 더욱 풍성한
위인의 거룩한 생애
오늘도 백비는 얼룩진 역사 현장 돌아보며
무언의 함성으로 세상을 질타한다.

박수량 선생은 세상을 떠나면서 묘를 크게 하지 말고 시호도 주청(奏請)하지 말며 묘 앞에 비석도 세우지 말라고 유언했다. 평생 청빈하게 살았기에 막상 그가 운명했을 때 가족들은 초상을 치를 장례 비용조차 없었다. 한양에서 고향 장성까지의 운장(運葬) 비용도 나라에서 일체의 경비를 치러줬다고 한다. 당시 명종임금은 청백리의 죽음을 애도하여 서해안의 화강암을 비석으로 하사하였다. 청렴한 생애를 비석에 새기면 고인에게 오리려 누(累)가 될 수 있기에 글자 없이 세우도록 하여 지금의 백비가 되었다. 선생이 남긴 귀중한 유품은 임금이 하사한 술잔과 갓끈뿐이었다고 한다. 번영과 풍요를 누리면서도 탐욕으로 일그러진 삶을 살아가는 이 시대 세인들을 숙연케 하는 이야기이다.

산에 부는 바람이 삼베 올처럼 풋풋하고 성글다. 한여름 밤 모시적삼처럼 상큼하고 청량하기도 하다. 한평생을 오로지 청렴으로 지고지순하게 살았던 선생의 묘에 불어오는 바람이기에 그럴 것이다. 높고 맑은 선생의 백비를 돌아드는 바람이기에 그럴 것이다. 만백성을 위한 정사를 펴서 참판과 판서의 지위에까지 올랐고, 세속의 이권이 크다는 함경도와 경기도의 관찰사를 비롯하여 서울 시장인 한성부 판윤까지 고위직을 여러 차례 섭렵하면서도 늘 가난을 숙명처럼 달고 살았으니 선생의 청렴이 더욱 빛나고 존경스럽다. 선생의 청렴한 생이 무언의 함성으로 장중히 우리들을 꾸짖는다.

인간은 근원적으로 욕망의 화신이다. 남보다 많이 가지고 가득 채우고자 하는 욕구는 본능의 발현이기도 하다. 어찌 한 인간으로서 평생을 살아가며 재물에 무심하고 세속에 마냥 초연할 수 있겠는가. 또 그것이 당사자가 노력한다고 하여 쉽게 이루어질 수 있는 일이던가. 그러기에 오늘날 우리는 한평생을 오직 덕과 예, 충과 효를 실행하며 고절한 의식으로 살아간 선생을 기리고 숭배하는 마음이 더욱 도탑다. 세상이 어지럽고 탐욕적일수록 선생의 삶은 만고에 길이 빛난다.

정부 고위관료 임용 후보자에 대한 청문회 때마다 축재와 관련하여 흠결이 없는 사람을 발견하기 어렵다. 탐욕으로 얼룩졌던 한순간의 생이 명예를 더럽히고 발목을 잡는 경우를 다수 목격한다. 본래 선비는 살신(殺身)하여 인(仁)을 이루는 유학적 인격 형성에 최고의 가치를 두었다. 박수량 선생은 진정한 선비정신의 소유자로서 이를 실제 생활에 몸소 실천해 보인 훌륭한 인물이다. 선생의 지고지순한 얼이 온 누리에 맥박으로 고동쳐 모든 이들의 혈액이 되고 온 겨레의 정신적 근간으로 자리매김 되기를 기대한다. 선생의 백비가 상징하는 청렴한 선비정신이 강물처럼 도도히 흘러 탐욕 어린 세상을 깨끗이 정화하는 촉매제가 되기를 간절히 염원한다.

청백리, 그 위대한 이름

겨운 것도 삶이었다
아린 것도 삶이었다
탱탱하게 부풀어 오른 먹구름
불쑥 몸체 들이민 초가집
들이치는 빗물 피해 안방에서 삿갓 쓰고
모녀간에 치마 하나 나눠 입는
저 청승맞은 청빈
죽어 시신조차 고향 갈 요량 없이
가난을 숙명으로 알고 살다가
외진 산자락에 백비로 서 있는
저 안타까운 청빈
청빈은 정녕 자랑인가 궁상인가

수밀도 즙 빨아들이듯이
탐닉이 홍수 져 범람하는 세상
빈손으로 왔다 빈손으로 가는
허무하고 외로운 생애
바람 따라 구름 따라
초연히 넘어가야 할 산등성이
품어갈 수 없는 종언(終焉)의 길일진대
욕심으로 가득 채워 무엇하리
탐심으로 높이 쌓아 무엇하리

삐걱거려 약간은 조심스럽고
허름하여 조금은 불편하지만
눈귀 닫고 무심으로 살면 될 일
허욕 말갛게 씻은 영혼의 양지에서
좀 더 절제하고 인내하고
그리하여 청사(靑史)에 이름 하나 남기는
청백리의 물빛 푸른 생애
오, 저 숭고하고 위대한 이름이여.

근래, 나라 안에서 벌어지는 기상천외한 일들이 우리를 아연실색게 한다. 미개한 나라에서나 있을 법한 일들이 백주문명의 우리 사회에서 버젓이 자행되고 있어 절망케 한다. 얼마 전에 이른바 황제 회장님의 노역에 대한 법집행이 온 나라를 술렁이게 했다. 조세 포탈과 횡령 혐의로 수백억 원대의 벌금형을 선고 받고 외국으로 도피했다가 슬그머니 돌아온 건설회사 회장이 있었다. 그가 교도소에서 노역을 하는데, 일당이 무려 오억 원이라고 했다. 그가 노역장에 유치되어 하는 일은 환경미화나 봉투 접기 같은 가벼운 일거리라고도 했다. 그의 황제노역은 극히 단축된 업무시간과 주말 공휴일을 포함하는 혜택을 누리며 아무 일도 하지 않고 삼 일만에 무려 십오억 원의 거금을 탕감 받았다. 이 일로 하여 법에 대한 신뢰가 곤두박질쳤다. 곳곳에서 '유전무죄 무전유죄'라는 해묵은 조어가 톡톡 불거지기도 했다.

그런가 하면, 이단종교를 교묘히 이용하여 극단적인 불법과 탈법으로 천문학적인 재산을 끌어 모은 악덕교주가 신출귀몰하듯 도피행각을 벌여서 온 세상의 공분을 샀다. 세월호 침몰 참사의 원흉으로도 지목되는 그는 일가와 연루자를 발 빠르게 외국으로 도피시키더니 그 자신도 잠적하여 나라의 공권력을 우롱하며 희화화시켰다. 매실 밭에서 처참한 시신으로 발견되기까지 그의 도피행각은 마치 한 편의 영화를 감상하듯 실감이 진했다.

때로는 건강한 상식과 가치관을 가지고 살아가는 게 몹시 자괴감으로 작용할 때가 있다. 너무도 비상식적인 일이 정당성을 지닌 듯 왜곡되어 버젓이 눈앞에 전개되기 때문이다. 현대사회에서도 법은 결코 만인에게 평등하지 않았다. 황제회장은 철저히 친인척으로 구축된 법의 비호를 받으며 법 위에 군림해왔다. 황제교주는 허실한 법의 허점을 교묘히 이용하여 치부하고 철저히 교인으로 구축된 맹 신도들의 비호를 받으며 나라의 법체계를 우롱해 왔다. 모두 그릇된 인간의 탐욕이 빚은 단면들이다. 추상같은 법의 위상이 강력히 제고되어야 할 필요성을 강변해준다.

반구정을 돌아 나오는데 장어 굽는 냄새가 진동한다. 바람결에 실린 구수한 냄새가 출출한 미각을 강렬히 자극해온다. 솔밭에서 분분히 날리던 송홧가루도 장어 냄새에 절어 본연의 향기를 잃은 듯하다. 반구정과 담장 하나를 사이에 두고 있는 나루터 음식점이다. 솔바람에 날아갈 듯이 처마 치켜들어 외관이 수려한 기와집 식당의 드넓은 주차장엔 이미 차량 한 대 들어설 공간조차 발견할 수 없다. 반구정 경내는 그토록 한산하여 강바람만 횡행했는데, 이처럼 모두 식당에 들어앉아 장어를 굽고 있었나 보다.

옛날 청백리는 근검을 목숨처럼 여기며 아끼고 절약하여 굶기를 밥 먹듯이 했다지 않던가. 그런데도 우리는 불룩한 배 허리띠 풀어놓고 또 저토록 욕심껏 지글지글 장어를 굽는다. 평생을 허기져 살았던 청백리는 저승에서나마 이 기름진 장어냄새라도 포식하고 계실지 의문이다. 돌아서는 뒤통수가 바늘 꽂힌 듯 자꾸만 따끔거려온다. 살랑거리는 솔바람에 배인 장어냄새가 몹시 느끼하다.

열세 번째 이야기

명동, 빗속에 잃어버린 젊은 날의 초상

파이프오르간의 호흡이 유난히 깊다. 바람의 파장이 감미로운 음계를 오르내리며 공명을 조율하여 성당 결혼식의 서막을 연다. 건반에서 미끄러지는 입체적인 리듬이 그윽한 숨결로 경건히 한 쌍의 신혼부부를 맞이한다. 신부의 웨딩드레스가 눈꽃처럼 눈부시다. 서로 다른 개체가 만나 하나의 '우리'로 탄생하는 순간, 저들은 오늘 연리지가 되고 비익조가 되어야 할 사랑의 결실이기에 숭엄해야 한다.

저들이 완벽한 하나로 존재하기 위해서는 저토록 엄숙해야 하리라. 파고(波高) 드높은 대양을 항해하기 위해서는 저리 진지해야 하리라. 저 아담과 이브는 극진히 목화 같은 순수로 옥빛 사랑을 지펴 가리라. 저 한 쌍은 오랜 날 삶의 베틀에 앉아 날줄과 씨줄을 엮어 질감 좋은 삶의 직물을 직조해 가리라. 그리고 저 위대한 스테인드글라스의 성인은 따뜻한 눈길로 저들을 굽어 살피시며 불변의 은총을 베풀어 주리라. 그렇게 소망하고 또 그렇게 기원한다.

결혼은 이질적인 두 개체가 만나 하나로 융합하는 화학적 의전(儀典)

이다. 그 과정에서 필연적으로 사랑과 이해와 관용이 전제되어야 함은 물론이다. 서로 자라고 살아온 과정도, 환경과 의식도 다를 수밖에 없는 관계이다. 그러기에 삶의 노정에서 서로 다른 요소들을 다르게 인식하여 아우르는 태도가 선결되어야 한다. 예전에 독일 간호사로 파견된 한 여인이 현지인과 결혼하였는데, 두 사람이 집 냉난방기 온도의 적절한 합리적 접점을 찾아내는 데 무려 십여 년이 소요되었다고 한다. 일상적 삶에서 상호 적합하고 적절한 온도를 공유하는 일조차 그처럼 어려웠으니 다른 일은 불문가지이다. 융합은 그처럼 어렵고 힘든 진통의 과정을 수반한다.

비익조(比翼鳥) 사랑

참으로 지독스런 고통이었지
둘이서 외눈과 외날개로 태어나
온전히 볼 수 없고 날지 못하는 숙명
세상의 조소(嘲笑)와 멸시 속에
어둠을 사슬처럼 질질 끌고 다니며
생의 등줄기는 퍼렇게 멍들고
삶의 날줄에는 희망 한 점 점화하지 못했지

그때, 불현듯 찾아온 사랑이 운명을 바꾸었지
난 임 위해 외쪽 눈 부릅뜨고
임은 날 위해 외쪽 날개 파닥이고
둘이서 한맘으로 부둥켜안고
험난한 질곡 헤쳐 가며

비로소 찬연히 꿈과 희망을 노래했지

노을 붉게 타들고
별무리 초롱초롱 돋아나는 밤
은하수 출렁대는 물결에
조각배 한 척 유유히 떠가고 있었지
물큰 물오른 갈참나무 씨앗
온후한 바람결에 실려 가고
영원한 사랑의 전설처럼
비익조 한 쌍 그렇게 날아올랐지.

결혼은 은연중에 서로에게 젖어들어 서로의 존재가 심장에 배어드는 일이다. 심장에 배어들며 한 땀 한 땀 정성으로 시간을 깁는 일이다. 서로의 솔기 들추고 실밥을 뜯어내어 품을 넓히고 두 마음을 포개어 다시 박음질하는 일이다. 많은 것을 바라지 않고 많은 것을 기대하지 않는 것이다. 그저 마주 바라보며 무조건 내어주고 베푸는 것, 서로 희생하고 봉사하며 손을 잡고 함께 걸어가는 것, 결혼은 바로 그런 것이다. 결혼의 전제가 되는 사랑도 모든 걸 온유하게 감싸주고 믿어주고 참아주는 데서 비롯된다. 이 지난한 과정을 순탄히 극복하고 찬연히 행복이란 이름의 한 떨기 꽃을 피우려면 준 성인쯤은 되어야 한다. 그러기에 결혼의 축복 못지않게 아픈 헤어짐이 많을 수밖에 없는 게 냉혹한 현실의 모습이다.

서울 명동에 위치한 천주교 대교구이다. 우리나라 최초로 건립된 가톨릭 명동대성당, 한때 우리나라 민주주의의 모든 물꼬는 이곳으로 통했다. 역사의 물줄기가 막혀 몸서리치게 추웠던 시절의 벼랑에는 10월

유신이, 광주민주화운동이, 6 · 10항쟁이 있었다. 그때마다 자유에 목마른 뭇 발길들이 성당으로 몰려들었다. 군사 독재의 폭압에 맞서 민주주의 깃발이 성당 언덕에서 펄럭였다. 성당은 짓눌리고 고통스런 이들을 보듬고 어둠의 강을 헤쳐 가는 희망의 선단(船團)이었다. 역사의 고비 길에서 성당 언덕에는 질경이들의 새싹이 푸릇푸릇 돋아났다.

새싹의 처연한 외침은 무참히 짓밟히면서도 질기게 이파리를 피워냈다. 성당은 이파리 찢긴 질경이들의 피난처였다. 성당 종소리가 은은한 파장으로 질경이들의 상처에 스며들었다. 종소리는 질경이의 대궁에 피톨을 수혈하는 녹색 자양분이었다. 성당은 한겨울에 들꽃이 피어나는 자유의 텃밭이자 새봄이 움트는 민주의 화원이었다. 명동성당은 바로 그런 곳이었다.

명동성당, 그날의 풍경

얼마나 암울하고 처연했던가
얼마나 힘겹고 고단했던가
지축 울리는 말발굽 소리에
세상의 모든 언어들이 비명으로 자지러지고
무참히 짓밟히는 초록 혓바닥들
정의와 자유와 소망이 산산조각 나는
어둑한 절망의 질곡에서
희망의 숨결로
사랑의 온기로
불멸의 성음으로
둥글둥글 번져오는 푸른 종소리

험난한 역사의 언덕배기 지켜 서서
붉은 목단처럼 토혈하는
응어리진 바람의 넋두리
모두 태우고서야 비로소 소멸하는
시린 하늘 아프게 매달고
실핏줄 톡톡 불거져
날 선 어둠에 잘려 동강나는
하얀 날개의 꿈

오종종한 낮달이 딱딱한 살갗 핥아대는
지붕 위 뾰족 첨탑
민주의 깃발 펄럭이다 무참히 비에 젖고
피에 굶주린 이구아나
검붉은 혓바닥 날름거리며
엉금엉금 종각에 오른다
연녹색 질경이 이파리 모조리 찢기고
낙화하는 꽃잎의 비명소리
오열하는 종소리마다 피가 흥건하다.

정녕 이리 살아도 되는지 모를 일이다. 과연 우리에게 정의와 불의의 실체는 무엇이고 그 본질적 의미의 차이는 무엇인가. 이 땅의 정의와 양심을 무자비하게 짓밟은 무뢰한들, 연녹색 희망의 싹을 피바람으로 쓸어버리고 민중의 절규를 군화발로 짓이긴 모리배들, 그들이 여전히 고개 들고 길거리를 활보하는데 우리는 정녕 이리 한 세상 살아가도 되는 것인가. 극한적 핍박과 천인공노할 만행을 용서라는 포장지로 둘둘

말아 휴지통에 쑤셔 넣고 못 본 척 못 들은 척 살아가면 되는 것인지 모를 일이다.

터벅터벅, 성당 언덕을 내려온다. 잔뜩 찌푸린 하늘에서 나직이 잿빛 구름이 내려앉는다. 어둑어둑한 하늘이 암울했던 내 지난날의 자화상을 쏘옥 빼닮았다. 그러고 보니 이처럼 명동거리를 거닐어 본 지도 참으로 오랜만이다. 하늘을 뚫을 듯 드높이 솟구친 건물과 눈부시게 명멸하는 전광판, 길거리를 가득 메운 인파들의 모습이 몹시 낯설다. 예전 명동거리의 숱한 추억들도 두꺼운 세월의 더께에 덮씌워져 이제는 형상조차 흐릿하게 실루엣으로 가물거린다. 세월의 도도한 흐름에 휩쓸려 명동이 바뀌었고, 또 명동을 잊고 살아온 내가 바뀌었다.

장구한 세월 동안 내 생은 도대체 어디에서 무엇을 갈구하며 정처 없이 헤매왔는지 모르겠다. 내 삶은 갈급히 무엇을 이루느라 그 많은 일월을 소진하면서 단 한 번도 이 거리를 활보하지 못했을까? 이 거리에서 희망으로 피어났던 숱한 이야기의 현장들은 그때처럼 의미 있는 기억을 담고 있을까? 세월이 허망하게 스러진 명동거리에 쭈글쭈글한 생의 표피들만 즐비하게 나뒹굴고 있는 것 같아 안타깝다. 세월은 기어코 묘목 같이 청순했던 내 젊은 날의 초상까지 회색으로 덧칠하여 허망이 노쇠화 시키고 말았다. 세월의 흐름에 휩쓸려 무심히 스러진 지난날들의 뒷골목을 기웃거리며 젊은 날들의 잔상을 찾아본다.

명동, 그날의 회억(回憶)

거리마다 젊음이 펄펄 들끓었다
생기발랄한 숨결들이 또랑또랑한 눈망울 치뜨고

휘황히 밤을 살랐다
밤은 야성적으로 맹렬히 타올랐다
물살같이 자유로운 상념의 골에서
씨앗으로 영글어가는 시간들이 타서 재가 되었다

강물이 가만히 흐르는 물결로 모래알 굴리듯
또르르 구르는 금빛 햇살 굴려
골목길 들어설 때
겨자같이 새콤한 언어의 행간에서
술잔은 두 눈 감고 앉아
빛바랜 추억이 되고
떡갈잎은 속절없이 골목길에 흩날렸다

숨소리 가쁘게 헐떡이는 오월 신록
안온한 바람의 아기 주머니에서 성장하며
세월의 구근만큼 뿌리 깊어지고
걷기보다 쉬는 시간이 더 많아진 내 삶은
초록 물 물컹거리는 뒤켠에서
용암까지 죄다 식어버린 휴화산이 되었다

바람이 푸닥거리하는 도시 귀퉁이
그 어디쯤에서
붉은 시간의 축이 허리 곧추세우고
탁발하듯
십자가에 꿰인 하늘을 잡아당기고 있었다.

골목길로 접어든다. 망각의 저변에 무심히 팽개쳐두었던 내 젊은 날의 초상을 만난다. 돌아보면 안개꽃처럼 순수하고 아름다운 시절이었다. 그저 팔짱 끼고 걸을 여인이나 대폿잔을 나눌 친구만 있으면 그걸로 족했다. 싱싱한 피톨들이 극장에서, 길거리에서, 대폿집에서 무수히 낭만으로 피어났다. 풋풋한 영혼들이 청정한 목청으로 사랑과 우정을 논하고 문학의 뼈마디를 조립했다. 젊은 날의 초상은 그렇게 왕성한 생명력으로 진초록 날들의 숨결을 바람개비처럼 공중에 날리며 성숙해가고 있었다. 열정이 있었고 이별이 있었고 아픔이 있었다. 그날의 잔상들이 모두 추억의 장식장에 박제되어 흐릿한 형상으로 멀어졌다. 장구한 세월의 내피 속에서 단청까지 희미해진 초상의 모습이 이제는 오히려 생경하기까지 하다.

하늘이 종래 잿빛구름의 중량을 감당하지 못하고 비를 뿌려댄다. 금세 명동 길거리에 형형색색의 우산 꽃이 피어난다. 꽃받침 속으로 사랑이 걸어가고, 우정이 걸어가고, 젊음이 걸어간다. 금융업이 잰걸음질하고, 서비스업이 종종걸음 치고, 첨단패션이 달음질친다. 인파의 물결에 떠밀려 목적지가 분명치 않은 내 삶도 홍수처럼 둥둥 떠내려간다. 길거리를 감각적으로 점유하던 아이돌그룹의 경박한 노래가 금세 비에 젖어 후줄근해진다. 영혼 부스러진 얄팍한 음정이 밴댕이 속처럼 내장을 훤히 내비치다가 비바람에 쓸려 날아간다.

드넓은 화장품전문점 매장에 빼곡히 들어선 이웃 나라 여성들의 모습이 비친다. 업소마다 휘황한 샹들리에가 어두운 대낮을 휘황히 밝히고 있다. 빗속의 명동이 부신 빛으로 활활 타오른다. 금융기관의 이전과 강남 상권의 성장으로 사양길에 들어섰다고 하나, 명동은 여전히 유행의 본거지로서 건재함을 실증해 보인다. 혈기왕성한 명동이 끊임없이 길거리로 군상들을 뱉어낸다. 길거리로 튕겨져 나온 군상들의 발걸음이 서로 뒤엉켜서 개미처럼 바삐 곰실거린다.

도시에 피는 꽃송이

가풀막진 계절의 언덕배기에서
흔들리는 도시가 후줄근히 비에 젖고
비에 젖은 뒷골목이 질척거리며
길거리 꽃잎으로 피어난다
외연을 미끈히 깎아지른 고층건물 틈새로
해묵은 연정처럼 시어진 햇살이 돋아나고
첨예한 대립으로 건설과 파괴가 피어난다
창백한 우울과 울창한 아픔이
해일처럼 일어나 범람했던 거리
바람의 날개로 첨단 유행이 스쳐가고
농익은 사랑과 낭만이 스쳐가고
그렇게 스쳐가는 알갱이들이 모두
바람꽃으로 피어난다

뒷골목에 무리지어 지천으로 피었던
어둠이 낭자하게 해부되고
천년을 울었음직한 생의 입자들이
꽃무리지어 바람결에 날린다
싱싱한 혈기가 한바탕 불길로 타올랐던
맨드라미 한 송이 꽃술 말라 시들어지고
깃들지 못한 영혼의 주검 앞에서
추념(追念)을 망각한 꽃 한 송이
검게 봉오리 진다.

뒷골목에서 허름한 부직포가 하염없이 비에 젖는다. 명동 재개발 제삼구역, '카페 마리'를 중심으로 시행사와 세입자들 간에 극단적인 무력충돌이 벌어졌던 생존의 싸움터이다. 카페 마리는 명동의 쉼터로서 소시민에게 문화와 소통의 공간이었다. 이곳 싸움의 중심부에는 실체가 불분명한 '자릿세'라는 이름의 권리금이 도사리고 있었다. 세계에서 유일하게 우리나라에만 존재한다는 권리금, 이는 법적인 제도 밖에 존재하기에 세입자들은 빈손으로 명동에서의 삶을 접고 눈물 뿌리며 정든 삶터를 떠나야 했으리라. 생존의 명운이 걸린 싸움터에서 밀려난 세입자들은 지금 어디에다 새로이 둥지를 틀었을까? 아마 오늘도 낯선 거리를 배회하며 대폿잔에 저 빗소릴 담아 마시고 있을지 모르겠다. 빗소리를 마시며 아프게 지난날의 회한을 짓씹고 있을지도 모르겠다.

이제 현대문명은 뒷골목의 남루함을 걷어내고 눈부시게 성장(盛裝)할 것이다. 그리고 문명이 창공으로 비상하는 날, 저 부직포에 둘러쳐진 내 초상도 무참히 붕괴될 것이다. 시간과 공간의 비좁은 틈바구니에서 경이로운 밀착과 집적 형태로 수직 상승하는 도시의 본성이 너무도 비정하고 삭막하다. 도시의 건설은 파괴를 전제로 하여 정당성을 갖는다. 그것은 항상 건설이라는 미래가치의 창출로 미화된다. 그 괴리된 공간 속에 떠나는 이의 슬픔이 있고 소멸되는 것들의 아픔이 있다. 명동 뒷골목의 구조물이 부직포를 탈피하고 화려하게 변신하는 날, 그 찬란한 문명의 실체 앞에서 나는 또 한 번 상실의 아픔을 짓씹으며 우울을 삭혀야 하리라.

명동문화의 말쑥한 세련미에 동화되지 못한 행색 때문이리라. 명동의 젊은 열기를 심층에 수용할 수 없는 물리적 이질감 때문이리라. 노점 비닐 속으로 황급히 비를 피한 인형들이 자꾸만 뜨악하게 나를 내다본다. 명동 뒷골목의 내 초상도 이제 세입자의 발자국을 따라 떠나야 할 때에 이른 것이다. 떠남을 예정하는 발자국에 자꾸만 빗물이 고여

들어 존재의 중량감을 더한다. 길거리를 줄기차게 다듬이질하는 빗소리가 더욱 거세진다. 울적하다.

명동을 떠나던 날

한껏 날아오르기 위해
집착과 욕망의 바지랑대 받쳐놓고
형형한 바람의 뿌리 갉아먹던
도시의 굶주린 허상들
운명 교향곡 장중한 선율에 눈시울 뜨겁다
캘수록 고구마줄기처럼 주렁주렁 매달리는
세상의 어혈 한 바작 짊어지고
굽이진 언덕길 넘어가는
저 남루한 형해의 실체들
그들의 하루는 정적보다 깊은 그늘에 산다

솔개 같은 날개로 상승할
도시의 각박한 문명을 걸머지고
햇살도 달아난 바람 세찬 길거리 떠돌며
허공에 속울음 내지르는
가여운 내 생의 일그러진 상념들
실꾸리에서 끊겨 나간 실올 같은 세월에
설움은 종래 딱지로 아물지 못하고
닳아빠진 더듬이로 눅눅한 어둠 속을 헤맨다

아픔이 묘혈 속에서 소용돌이치는 밤
손끝 잦아지게 쪼개고 삼다가
절망으로 난파한 일상처럼
굴절하는 날개에 소낙비 쏟아지고
안개 같은 세월이 젖는다
티눈 같은 추억이 젖는다
타박한 생이 꾀죄죄하게 젖는다
젖은 것들이 해일로 일렁이는 어둠 속에서
앙가슴에 숨겨둔 울음 한 가닥 터지고
밀밀한 빗줄기는 온통 멍울이 든다.

대한민국에서 가장 비싼 땅을 딛고 선다. 단 한 뼘에 억 소리가 나는 금테 두른 땅, 가만히 한 발 딛고 서니 금세 머리카락에서 신발까지 온통 황금빛으로 물들어 번쩍인다. 절로 고개가 빳빳이 들려지고 오금이 곧게 펴지고 등뼈가 통나무처럼 꼿꼿해진다. 명동에서 나는 평소에 이성으로 꽉꽉 억눌러 자제해왔던 속물적 자아본성의 오라를 풀고 엄청난 부자의 반열에 오르는 희열을 체험한다. 한순간에 어깨에 잔뜩 힘이 들어가 으쓱거려지고 동공은 자꾸만 거만하게 위로 치떠진다. 돈이 사람의 위상을 제고하는 위력과 그 느낌을 알 듯도 하다.

돈은 필요악이다. 원만한 일상생활을 위하여 꼭 필요한 존재이나, 이는 선과 악의 상반된 양면적 개념으로 존재하는 도구이기도 하다. 돈의 정당한 소유는 인간을 자유롭게 하지만 지나친 소유는 그 자체가 주인으로 작용하여 소유자를 노예로 만들기도 한다. 한 사람의 부자가 있기 위해서는 오백 명의 가난뱅이가 있지 않으면 안 된다는 말도 있다. 목이 긴 기린이 마음대로 나뭇잎을 골라 먹으며 행복감을 느낄 때, 목이 짧아 굶주리는 기린의 고통을 잊어서는 안 된다고도 했다. 돈은 현악기와 같다고 했다. 이를 적절히 사용할 줄 모르면 갖가지 불협화음을 일으키기 때문이다. 돈은 사랑과 같다고도 했다. 이를 베푸는 사람에게는 충만한 생명감을 주고 베풀지 않는 사람에게는 갖가지 고통을 주기 때문이다.

격동하는 마음을 추스르고 담배를 피어 문다. 연기가 가닥으로 흩어지는 곳에서 은행빌딩 벽면의 대형전광판 문자가 고혹적인 형상으로 명멸한다.

— 함께하면 멀리 갑니다.

목전(目前)조차 흐릿한 불신과 불확실성의 시대에 과연 이 세상에서 영원히 함께할 대상이 존재하기나 할지 의문이다.

우산 꽃이 점점이 핀 노점에서 희망의 꽃잎을 한 장 구입한다. 불경스럽게도 퇴계 선생을 다섯 분이나 팔아치우면서도 눈 한 번 꿈쩍하지 않는다. 희망의 꽃잎에서 배합되지 않은 아라비아 숫자가 생경하게 다가선다. 복권을 통해 잠복되어 더욱 질겨진 속물적 자아본성을 확인한다. 학창시절 수업시간에 그토록 경원했던 아라비아 숫자에다 희망을 점등하는 건 아무래도 어설픈 역설이다.

며칠 후면 이 희망의 꽃잎은 이파리 찢긴 휴지조각이 되어 무참히 나를 배신할 것이다. 지금까지 수없이 반복되어 왔던 상례적인 체험으로 쉬 예단할 수 있는 일이다. 그걸 알면서도 오늘 희망 한 잎에 점등한 기대를 거두지 않는다. 그렇다. 여기는 바로 온갖 꽃들이 화사하고 생기차게 만발하는 수도 서울의 심장 명동이 아니던가.

열네 번째 이야기

플라타너스는 빗소리로 우산을 깁고

장마철이다. 오늘도 예외 없이 사방에서 먹구름이 몰려든다. 먹구름 사이로 잠시 주춤하던 햇빛이 반짝이더니 다시 흐려진다. 산을 내려오면서 마음이 자꾸만 조급해진다. 부리나케 발걸음을 놀려보지만 다급한 마음을 따라잡지는 못한다. 산행을 마치고 지하철역에 닿을 즈음에 기어코 비가 내리기 시작한다. 빗줄기가 금세 통통히 몸집을 불려가고 도시는 물길을 다스리느라 곤혹스레 진땀을 흘려댄다.

집에 당도하자마자 배낭을 벗어던지고 우산들을 챙겨 든다. 길거리에서 주워 모아둔 고장 난 우산들이다. 우산을 옆구리에 끼고 황급히 집을 나선다. 한 손으로 우산을 펴들고 다른 손으로 우산 묶음을 들자니 몹시 번거롭고 불편하다. 고장 난 우산 여섯 개의 무게와 부피가 범상치 않다. 다급히 걷는 발걸음에 호흡까지 가빠온다. 비는 변온동물처럼 자꾸만 불규칙적으로 굵어졌다가 가늘어지기를 반복한다.

한여름, 도심 속에서 아름드리 플라타너스는 늘 안락한 휴식공간을 드리워준다. 나무는 무성한 이파리로 햇빛을 가려 시원스레 그늘을 펼친다.

시멘트더미 속 도시 생활에 지친 사람들이 잠시 일상을 벗어놓고 휴식의 그늘로 모여든다. 그늘은 주로 노인네들이 무료한 시간을 토닥이며 하루를 소일하는 안식처이기도 하다. 산들바람을 맞으며 지그시 눈을 감고 묵상에 잠기거나 담소를 나누는 모습이 자주 눈에 띈다. 청록색 시절 다양한 색실로 수놓았을 세월의 잔상들을 더듬고 있을지 모를 일이다. 부채로 더위를 쫓으며 장기판에 몰두하는 풍경이 전통적인 민속화의 한 장면을 옮겨놓은 듯하다. 조선시대 소박한 일상의 한 장면을 펼쳐놓은 풍경에 시간도 느긋이 멈추어 서서 훈수꾼으로 끼어드는 듯하다.

버려진 우산 · 1

지하철역 입구
분홍빛 물방울 우산과 검정 우산
활짝 펼쳐진 채
앙상한 뱃살 드러내고
한 보시기의 햇빛 끓여댄다
조금 전 누군가
고슴도치처럼 잔뜩 웅크리고
억수 같은 빗줄길 피했을 텐데
먹구름 걷히고 햇빛 드러나자
언제 그랬냐는 듯
정 뗀 반려동물처럼 매정히 내버렸다

엉금엉금
가파른 삶의 언덕 기어오르며

저 우산처럼 버린 것은 없었던가
절실할 때 요긴하게 쓰고
고장 나서 거추장스러울 때
헌신짝처럼 팽개친 적은 없었던가
혹여, 매정하게 돌아서서
초록물결 같은 추억까지도 하찮게 팽개친
비정은 없었던가

한때, 은빛 살마다 환히 꽃등 밝히고
순금의 언어 속삭이며
황홀히 살아온 날도 있었건만
바람이 고요를 집적대는
황량한 길거리에서
발소리마다 달팽이관 쫑긋거리며
따뜻이 품어줄 인연을 기다리는
우산의 안타까운 염원

오늘 밤에도
검은 머리 치렁치렁 늘어뜨리고
한 무더기 장대비 쏟아진다는데.

나는 어느 결엔가 플라타너스의 상큼한 향취에 이끌려 스르륵 옛 화폭 속에 빨려 들어간다. 지나는 바람 한 줄기 불러들인 진녹색 이파리가 파도처럼 너울너울 출렁인다. 플라타너스 너른 이파리가 연신 빗방울을 받아 허공에 튕겨댄다. 나무는 이미 늙었지만 팔랑거리는 이파리

상당수는 아직도 새파란 청춘이다. 청춘들이 녹색 진액을 끌어올려 수분을 섭취하고 싱그럽게 자진모리 춤을 춘다.

나는 플라타너스가 좋다. 플라타너스에 다가서면 마음이 평온해진다. 우람한 몸체와 너른 이파리에 마음이 차분해진다. 플라타너스 그늘에 들면 이내 어릴 적 동심의 세계에 잠겨든다. 여름날 플라타너스 밑에서 소나기를 피할 때 너른 이파리에 빗물이 듣는 모습은 아련한 고향의 정경을 연상시킨다. 어린 날, 초등학교 운동장에는 가장자리를 빙 둘러 아름드리 플라타너스가 자리하고 있었다. 플라타너스를 중심으로 하여 남자아이들은 자치기와 딱지치기를 하고 여자아이들은 고무줄놀이를 하였다. 때로는 플라타너스 아래에서 온종일 고누를 두기도 하였다. 그때마다 플라타너스는 너른 이파리로 햇빛을 가려 그늘을 드리워 주었다. 이따금씩 얼굴만 한 나뭇잎들이 바람에 살랑대고 있었다. 플라타너스에서는 해가 기울어 어둑해질 때까지 극성스레 매미의 합창이 지속되었다. 여름이 가고 계절이 바뀌면 플라타너스 이파리가 낙엽이 되어 나뒹굴었다. 스산한 바람에 너른 이파리가 낙엽으로 날려 운동장을 쓸어갈 때면 무척 마음이 황량하고 서글펐다. 플라타너스는 내게 바로 추억이고 동심이고 그리움의 실체였다.

노인은 오늘도 예외 없이 바위처럼 나무 밑에 굳건히 자리하고 있다. 고희의 경계를 한참이나 넘어선 연배이다. 그는 구부정한 어깨에다 우산을 비스듬히 걸치고서 부러진 우산살을 잇대고 있다. 이미 빗물이 노인의 허술한 어깨를 충분히 적시고 있다. 나는 다급히 우산을 펴들고 빗물을 가려준다. 노인이 어깨에 걸친 우산을 접으며 왜 이제야 왔느냐는 듯 뜨악한 눈길로 올려다본다. 눈동자에 서린 냉기가 잠시 강 안개처럼 지피다가 사라진다. 우산을 고치는 노인의 손이 한결 홀가분해지고 손놀림도 날렵해진다.

나는 벌써 몇 년째 그의 조수 역을 자임하고 있다. 비올 때마다 길거리에서 주워 모아둔 고장 난 우산들을 챙겨들고 달려가 노인의 보조역할을 해온다. 우람한 플라타너스 고목이 도심 길거리에 자리 잡고 있는 간이 쉼터이다. 이따금씩 길을 오가다 우연히 그곳의 무성한 플라타너스 그늘을 접하게 되었다. 가끔씩 나무그늘에서 휴식을 취하면서 한여름 무더위를 털어내곤 했다. 그러다 거기에서 항상 장승처럼 붙박이가 되어 자리를 지키는 노인을 알게 되었다. 어쩜 그의 허술한 차림새와 꾸부정한 어깨가 마음을 끌었는지도 모른다. 노인은 은연중 내 생활에 끈끈이처럼 접착해와 총총한 발길을 그의 일상 속으로 견인해 갔다.

노인

흙으로 바람벽한 오두막
심지 그을린 호롱불 밑에서
파뿌리는 자꾸만 은빛으로 늙어갔다
탱자가시로 바람 구멍 막고
철조망으로 계절의 길목 막아보지만
늙음은 이미 지름길을 알고 있었다

태양의 빛살 한 무더기 등에 지고
산 넘고 물 건너 모둠발로 뛰었다
거기서 일렁이는 바람결이
묘목같이 싱싱한 피부에 검버섯 슬어놓고
삶은 갈라진 손마디마다 굳은살로 박혔다
씀바귀가 회오리바람 말아 올리는 고샅에서

청춘은 가뭄으로 시들어가고
메마른 가랑잎만 우수수 바람에 날렸다

어느 결에 이파리 죄다 떨어진 나목(裸木)
앙상한 가지 곁에다
청양고추처럼 매웠던 생을 부려놓고
노인도 주름 골 깊은 나목이 되어 간다.

노인은 핀잔 외에는 늘 과묵했다. 섬처럼 견고한 침묵이 그를 겹겹이 에워싸고 정적의 바다로 끌어갔다. 그가 사용하는 언어의 개수는 최소량에 머물렀다 그는 플라타너스 아래에서 날씨가 화창할 때면 옷가지를 내다 팔고 비올 때면 우산을 고쳐 팔았다. 옷가지 파는 날에는 더러 결근을 하기도 했지만 우산 파는 날에는 언제나 개근이었다. 나는 비오는 날마다 바삐 그곳으로 달려갔고 웬만해선 이를 거르지 않았다. 플라타너스는 빗속에서도 부지런히 그의 일상을 생의 홀씨처럼 날려댔다. 여느 날이나 영감은 어둠이 도둑고양이처럼 살금살금 다가와 촘촘히 펼친 그물에 꼭꼭 갇히고서야 비로소 연장을 내려놓았다. 그가 하루의 끄트머리에 찍는 종결 부호는 비교적 명확하고 규칙적이었다.

"아, 잘 좀 받쳐. 옷이 젖지 않는가베."

오늘도 여지없이 영감의 호통이 떨어진다. 과묵한 노인이 구사하는 언어의 종류는 늘 핀잔 어조의 질책이 중심을 이루었다. 혹여 옷이 조금이라도 젖으면 역정부터 낸다. 나는 그의 성미를 익히 알기에 정성을 다하여 우산을 받쳐준다. 그러나 바람 따라 이리저리 방향을 바꾸어 들이치는 비는 금세 내 모든 노력을 무색하게 만든다. 바람은 언제나 바람나 집 나간 여인네처럼 갈팡대는 속성을 지닌다. 항시 변덕스런 심성과 포악성으로 비를 완전히 통제하고 지배한다. 비는 성실한 바람의 머슴이다. 머슴으로서의 위상과 굴욕을 천형처럼 수용하고 산다. 노인을 중심으로 우산을 받치다 보면 내 옷은 이내 축축이 비에 젖어들고 만다. 옷이 질척거려 몹시 불편하고 언짢아지면서도 직설적으로 대놓고 불평 한 마디 토로하지 못한다. 어쩌면 나도 비처럼 어느 결엔가 노인의 성실한 머슴이 되어버렸는지 모르겠다. 충직한 머슴이 되어 관습적으로 굴종을 수용하며 보조역에 정성을 다하고 있는지 모르겠다.

플라타너스

하늘 향해 아름드리 줄기 뻗었지만
예전엔 여린 떡잎일 때 있었지
연녹색 이파리로 돋아나
사시사철 눈비 맞으며
서럽게 울먹인 적도 있었지
태풍에 팔다리 꺾이고
천둥번개에 소스라쳐 놀라
가위눌린 밤
마구 비명 질러댄 적도 있었지

성장통 극심하던 시절
외롭고 고단할 적마다
산들바람 다가와 장난질로 간질이고
뭉게구름 한 자락 가만히 어깨 감싸주었지
어둠이 지천으로 피어나는 밤

초승달 볼우물 깊이 미소 짓고
은하수 가만가만 소곤대며 흘러갔지
그때서야 비로소 깨달았지
세상살이는 혼자이되 혼자가 아님을
인생살이는 더불어야 비로소 포근함을

그날 이후
흔들리는 실뿌리 야무지게 고착하고
푸르고 싱싱한 숨결로
땡볕 가려 그늘을 만들기로 했지
아무리 힘들고 고단해도
목마르고 지쳐 시들어가는 것들
따뜻이 품어 안아 젖 물리고
석류 알처럼 터지는 붉은 사랑으로
영혼의 심지에 맑은 촛불 켜기로 했지.

노인 곁에는 연장과 부품이 든 상자가 두어 개 놓여 있다. 조수로서의 경험이 쌓이다 보니 나도 그런 것들에 점차 눈이 뜨여갔다. 노인이 공구나 부품 이름을 대면 얼른 상자를 열고 그것들을 챙겨 대령하였다. 처음에는 엉뚱한 것들을 꺼내들어 호통을 들었지만 이제는 거의 그런 일이 없다. 나는 자신도 모르는 사이 그의 유용한 조수로 승격되어 있었다.

"아, 빨랑 달란 말여. 젊은이가 그렇게 굼떠서야 이 바쁜 세상에 어찌 밥 먹고 사누."

— 아니, 젊은이라니. 나도 이제 당당히 경로석에 앉는 나이인데….

피식, 웃음이 나왔지만 겉으로 내색은 하지 않았다. 젊게 보는 건 일단 좋은 일이 아닌가. 노인은 약간 굼뜨지만 솜씨가 아주 좋았다. 내가 챙겨간 고장 난 우산들도 그의 손길이 스치면 금세 새 것처럼 말쑥하게 변신하였다. 노인은 그것들을 개당 오백 원씩 받고 팔았다. 우산은 고치기 무섭게 팔려나갔다. 내가 보기에는 조금 더 높여 불러도 좋을 듯한데, 노인은 줄곧 몇 년째 정가 오백 원을 고수하고 있다.

우산을 받쳐주기 시작한 지 벌써 세 시간이 경과하고 있다. 몹시 팔이 아프고 다리도 저려온다. 원망스레 비는 잠시의 휴식도 없이 줄곧 포악한 심술을 부려댄다. 하지만 나는 결코 자의적으로 우산 받쳐주기를 종료할 수가 없다. 나의 단조로우면서도 고된 일과는 오로지 어둠만이 해방의 열쇠를 쥐고 있다.

버려진 우산 · 2

억수 같던 장맛비 그치고
우산들이 허투루 버려진다

포화 뚫고 고지에 꽂힌 깃발처럼
온몸이 상처투성이다

뼈마디 쑤시는 우산의 신음소리가
한여름 그악스런 매미울음소리 같다

부러진 관절마디 수술하고
새 부품으로 갈아 끼운다

태양 한 줄기 먹구름 헤치고 나와
우산살에 머물러 세상의 빛이 된다

세상의 빛이 우산을 비추고
우산의 빛이 세상을 비춘다

상처 조금 있다고 무심코 버린 것들
다시 수소문하여 행방 찾아야겠다

따스한 눈길 조금만 머물러도
우산은 온몸 펼치고 감동할 줄 안다.

문득 고등학교 때의 한 장면이 떠오른다. 연탄수레를 끌고 언덕배기를 힘겹게 오르던 인부가 있었다. 여차하면 연탄무게에 되끌려 뒷걸음질을 칠 듯이 위태로워 보였다. 수레를 사선(斜線)으로 끌며 안간힘을 다하는 그의 거친 숨결이 내 귀청에까지 가득 차올랐다. 아침 등굣길에 방금 내가 넘어온 고개였다. 돌아서서 연탄수레를 밀어주었다. 손바닥에 검정 탄가루가 덕지덕지 묻어났다. 그렇게 고갯길을 한참이나 되짚어 가서 마루를 넘고서야 학교로 향하였다. 그리고 그 일로 지각하여 일주일이나 화장실 청소를 해야 했다.

생각하면 참으로 묘한 일이다. 노인이 요구하거나 시키지도 않은 일이다. 수고비나 일당을 챙겨주지도 않는다. 늘 퉁명스런 어투로 핀잔을 하며 채근하기 일쑤이다. 그런데도 나는 관습처럼 비오는 날이면 고장 난 우산을 줍는다. 길거리에 나뒹구는 우산을 주워들고 귀가할 때면 집에서도 핀잔이 봇물을 이룬다. 하지만 그런 일을 절대적 의의와 가치로 인식하는 데는 조금도 변함이 없다. 마치 숙명적으로 타고난 일거리처럼 능동적으로 이 일을 수행한다. 미리서 우산을 많이 주워놓은 날에는 노인을 만나기 위해 비 소식을 고대하는 경우도 있다.

고목

한평생 모서리에서 닳은 노을빛 한 자락
가파른 언덕에서 시들어지고
매운 세월 맞서느라 상처투성이 된 나뭇잎
바람의 음정으로 돌림노래 부르다가
애잔한 음표로 떨어진 자리
낙엽 쓸어내는 싸리비에 쓸려
내 할배는 그렇게 고엽(枯葉)으로 떠나갔다

쇠잔한 잿빛구름 낮게 드리워진
척박한 뒤란에 선 나무줄기마다
어둠에 접혔던 멍울 퍼렇게 도드라지고
험난한 세사의 여울 건너며
안엣 것 다 내주고 속이 빈 고목은
이제, 한 폭의 풍경되어
물레질로 회억(回憶)의 은실 뽑아내고
거북 등피처럼 견고한 적막에 든다

잔가지 꺾이고 몸통만 남은 나무는
초록이 부스러진 그늘 속 더듬으며

뼈마디 욱신거리는 몸살을 앓고
초췌한 삶을 건사하여 부활하려 안간힘이지만
난마(亂麻)처럼 얽힌 어둠의 결에 갇혀
윤회의 수레바퀴마저 놓쳐버렸다

오늘도, 졸아드는 수액 한 방울까지
빈혈기 완연한 열매에 떠먹이고
헐벗은 일상이 가랑잎처럼 흩날리는 길섶에서
절룩거리며 바람 속을 걸어간다
거기서, 웃자라던 비바람 뚫고
비탈진 산마루길 넘어가던 내 할배처럼.

"꼬치 하나 먹을란가?"

빗줄기가 희미한 어둠에 희석될 무렵에야 노인이 넌지시 물어왔다. 드디어 오늘 일과가 종료되어 가는 것이다. 노인은 우산 수선을 마치고는 꼭 꼬치구이로 일과의 마침표를 찍는다. 나는 때늦은 허기를 황급히 천 원짜리 꼬치 하나로 달랜다. 비오는 날 저녁, 노인과 나의 퇴근시간은 동일하다. 플라타너스를 기점으로 하여 서로의 귀가 방향은 정반대이다. 헤어지기 위해서는 일단 등을 돌려야 한다. 먼저 등을 돌린 노인이 비가 그쳐가는 도시 뒷골목으로 휘적휘적 사라져간다. 그의 꾸부정한 등줄기를 야금야금 눅눅한 어둠이 뒤쫓아 간다. 등줄기에 서리는 먹빛 어둠이 무성하다.

얼마 전, 그날도 비가 내렸다. 나는 예의 관습대로 고장 난 우산을 챙겨들고 집을 나섰다. 그러나 그날따라 플라타너스가 무척 고적해 보였다. 비가 오든 눈이 오든 늘 플라타너스를 지키던 노인이 아니던가. 플라타너스 너른 잎은 여전히 빗방울을 받아 튕겨내고 있지만, 노인의 종적은 그 어디에도 없었다. 그의 노쇠한 체온이 서렸을 자리가 하릴없이 비를 맞고 있었다. 일순 세상의 모든 것들이 그 자리에 정지된 듯했다. 나는 망연히 빗속에 방치되어 오랫동안 그대로 못 박혀 있었다. 플라타너스 이파리를 두드리는 빗소리가 무척 곤궁하게 들려왔다. 이따금씩 젖은 나뭇잎이 비바람에 만장(挽章)처럼 펄럭이고 있었다.

빗소리의 부활

대지의 갈증이 마른 입술 핥을 때
비는 젖은 손길로 동글동글 옥구슬 빚어
영롱한 날갯짓으로 부활한다

높새바람 한 아름 차오르는
두메산골 멀리 날아가 능선 넘고
펄펄 끓는 애증의 체온으로
정신없이 길거리 쏘다니며
한나절 넘게 질퍽인다

소쩍새울음 한 다발 떨어지는
숲길도 걷고
팽나무 가지 높이 가부좌 튼
까치집도 구경하고
유화처럼 덧칠해지는 세상 떠돌며
담장 너머에서 고개 내민 파문 청량한 것들

채 피우지 못한 애련과
파래 같은 그리움에 눈물짓는다

저녁이 곤궁한 어깨 위로 쏟아져 내리면
빗소리는 순도 높은 애상(哀想)의 현으로
성대 부은 울음을 연주하며
슬픈 날갯짓으로 부활하고
나는 밤새 빗소리에 젖어 눅눅해진다.

그 후로도 노인의 모습은 보이지 않았다. 다음 비에도, 또 그 다음 비에도 노인은 종래 소식이 없었다. 플라타너스는 관습처럼 늘 그의 자리를 비워두었지만 그가 없는 플라타너스는 한없이 고적해 보였다. 그리고 플라타너스 이파리를 두들기는 빗소리도 그만큼 공허하게 들려왔다.

— 아, 잘 좀 받쳐. 옷이 젖지 않는가베.

한여름 빗속 어디선가 노인의 박절한 호통소리가 이명처럼 들려오고 있었다.

오늘도 비가 내린다. 허나 나는 이제 길거리에서 우산을 줍지 않는다. 그리고 더 이상 플라타너스를 찾지도 않는다. 하지만 꾸부정히 앉아 우산을 고치는 노인의 모습은 여전히 망막에 어른거린다. 이 비가 그치면 플라타너스는 그악스러운 매미울음을 박음질하여 위세 좋게 녹엽을 펼치리라. 그리고 언젠가는 그의 빈자리에 또 다른 노인이 들어앉아 우산을 고칠지도 모른다. 그때쯤에 나는 또다시 길거리에서 고장 난 우산을 줍고 있을 것이다.

열다섯 번째 이야기

탄금대(彈琴臺), 열두 대는 시퍼런 강물에 목이 메고

애초에 단아하고 질박한 가야금 음곡이 있어 탄금대가 아니던가. 악성 우륵(于勒)의 숭고한 넋이 현(絃)의 음률로 면면히 흘러 탄금대가 아니던가. 오늘도 여기서는 명주실에서 퉁겨지는 감미로운 봄의 소리가락이 산자락을 질펀히 수놓는다. 초록으로 채색한 봄의 정령이 온산을 현란히 꽃물들이며 들큼한 향기를 쏟아낸다. 범람하는 봄의 입자들이 가난하고 남루한 가슴을 파고들어 생동적인 색채로 피어난다. 신은 어쩜 이리도 농익은 계절의 미감을 산천에 흩뿌려 메마른 가슴을 콩콩 뛰게 할까. 여기서는 오랜 날 면면히 이어온 선인들의 애환을 반추하는 것만으로도 가슴이 뭉클해진다. 가락을 짓고 연주하는 선인의 고귀한 예술혼을 기리는 것만으로도 영혼이 푸짐해진다. 나는 봄의 구릉을 넘으며 자연의 향취와 소리에 젖어 마치 낮술 취한 듯 몽롱한 의식의 심층을 미로처럼 헤맨다.

산기슭을 쓸어가는 퍼런 물살이 기러기발을 타고 올라 열두 줄을 퉁겨댄다. 청아하고 해맑은 음률이 가만가만 잦아드는가 싶더니, 돌연 장중하고 애절한 음조로 바뀐다. 정관보의 중심에서 장중한 음계의 중압감을 이기지 못하고 팽팽하던 현 한 가닥이 툭 끊어진다. 끊어진 줄이 파르르 경련하며 채보할 수 없는 파열음을 마구 쏟아낸다. 순간 구천을 떠도는 원혼들의 절규가 들려온다. 그토록 오랜 세월을 삭이고도 여직 딱지로 아물지 못한 응어리들이 피멍 되어 서리서리 되살아난다. 탄금대, 온산이 통곡소리이다.

탄금대의 통곡소리

현(絃)이 부르르 경련하더니
까르륵 까무러진다
오동나무 널에 앉은 외기러기 날아가고
명주실 한 가닥 음계의 심연에서
검붉은 선율로 자지러지다가
툭, 끊어진다

그것은
숯덩이처럼 까맣게 타드는 울음이다
잿더미처럼 희뿌옇게 삭아든 울음이다
가마솥처럼 뜨겁게 달구어진 울음이다
그것은, 탄금대 뼈마디가 녹아든 피울음이다

거센 비바람 막아서서 백의로 지켜온 국토
단 한 뼘도 허술히 내줄 수 없기에
칼과 창으로 조총에 맞서

이름 없이 산화한 장렬한 풀꽃들
초개(草芥) 같은 주검들이 산자락 베고 누워
장엄한 충절로 소용돌이치는 중원
하얀 넋들이 홀씨로 묻혀 진토 되고
푸른 넋들이 바람으로 산화하여 파랑 되고

봄꽃 흐드러진 날
탄금대 벼랑바위에 올라서면
바람에 낙화하는 꽃잎이 울고
줄 끊어진 가야금이 울고
열두 대에서 신립이 울고
아무것도 아닌 나조차 운다.

이처럼 이름답고 향기 질펀한 산천에서 가슴에 대못 박힌 전장의 원혼들이 아직도 구천을 떠돌고 있다니… 비극의 현장이 야기하는 아픈 궤적을 더듬으며 얼룩진 역사의 언저리에서 나는 자꾸만 가슴이 미어진다. 그들의 안타까운 순절에 눈시울이 뜨거워지고 피톨이 격랑으로 소용돌이친다. 오늘은 아픈 날이다. 신 내림 받은 무당을 불러 선인을 추모하고 원혼을 달래는 진혼의 굿판이라도 한바탕 벌여야 할까 보다.

가야금은 거문고, 향비파와 더불어 삼현(三絃)으로 일컬어지는 민속악기이다. 이는 신라 진흥왕 때 가야국의 우륵이 쟁(箏)을 본떠 만든 우리 고유의 악기이다. 오동나무 긴 널에다 명주실을 꼬아 열두 줄을 매고 줄마다 기러기발을 세웠다. 선인들은 가야금을 벗하여 연군지정의 충의를 다짐했고, 임과의 애달픈 이별을 노래했고, 아름다운 자연에 대한 찬탄을 소박하고 넉넉한 음곡으로 담아냈다.

정자에 화풍이 건듯 불고 품격 고상한 여인의 하얀 옷자락이 살랑살랑 바람에 날린다. 여인이 백옥 같은 섬섬옥수로 가야금 줄을 짚어 골깊이 시김새를 우려낸다. 우아하게 현을 퉁겨 파생하는 음결이 진폭 큰 파장으로 너울너울 파동 친다. 여인이 능란히 현을 다스려 빚어내는 저 장식음의 속결에는 어떤 아픔이 담겨 있을까? 저 흐드러진 떨림 소리의 바탕에는 어떤 애환이 서려 있을까? 저 여인은 어떤 설움이 있어 저토록 아리고 애절한 음곡에다 잔뜩 쇠어진 슬픔을 담아낼까?

가야금 · 2

— 시나위 · 45

명주실 열두 줄은
담장 위 덩굴장미처럼 아리다
팔랑팔랑 노랑나비 날갯짓에
옛 사랑 한 자락 꽃가루로 날려 와
가슴 속 꿈결로 되살아나기에
봄비 내리는 연정의 휘장 열고
사랑가 한 소절 탄주하는데,
덩굴장미와 노닐며 꽃잎 쓸어주던
저 바람은 지금 어디로 가는 걸까

명주실 열두 줄은
담장 위 덩굴장미처럼 슬프다
깊은 살 속에 겹으로 박음질한
사랑의 문양이 선연해지고

한 시대를 건너가는 맑은 넋들이
풀씨마다 임의 향기로 돋아나는데,
덩굴장미와 노닐며 꽃술에 연정을 속삭이던
저 바람은 지금 어디로 가는 걸까

명주실 열두 줄은
현의 진액 모조리 쏟아내고
푸르고 맑은 보시기에
보송보송한 햇살가루 한 아름 퍼 담는다
눈시울 붉어진 채색 구름처럼
허공에 농익은 음표 한 소절 하혈하고
그리운 임 애절히 부르는데,
덩굴장미와 노닐며 향기에 젖은
저 바람은 지금 어디로 가는 걸까.

한껏 가야금 현을 음률로 다스리던 여인이 애절히 사랑가 한 대목을 내놓는다. 바람결에 나부끼는 구슬픈 소리마디에서 꽃비처럼 은빛 가루가 흩날린다. 이루지 못한 연정과 애련에 대한 안타까운 탄식이리라. 임에 대한 사랑이 그리움과 기다림으로 맺힌 회한이리라. 아픔의 비장한 음결을 타고 열두 줄을 튕기는 여인의 손가락이 버들가지처럼 가늘게 출렁댄다. 기러기발을 넘나들며 음의 진액을 흩뿌리던 여인의 손끝에 파르르 미세한 떨림이 인다. 낮고 화평했던 가야금 음곡이 점차 격정으로 치달으며 심히 몸을 뒤튼다.

우륵이 가야금을 타서 이름 지어진 탄금대는 청풍명월(淸風明月)의 고장 충주에서 북서쪽으로 약간 이격된 한적한 장소에 자리하고 있다.

무심히 흐르는 달천(達川)이 남한강과 조우하는 구릉에 위치한 탄금대는 주변 풍광이 수려하기 이를 데 없다. 숲의 끝자락이 스르르 미끄러져 내려 강물을 끌어올리고 강물의 앞자락이 물결로 차고 올라 숲을 끌어내린다. 온후하고 평화로운 숲에서는 생기 찬 계절의 신록과 화사한 꽃등불이 벌 나비를 불러 한낮의 햇살을 회유한다. 퍼런 물살로 흐르는 강은 깊은 속내를 드러내지 않은 채 천천히 산자락을 에둘러 골골이 스미다가 멀어져 간다.

향긋한 꽃향을 따라 오솔길을 돌아나가자 돌연 숲이 스러지고 발 아래로 도도하게 강물이 펼쳐진다. 넓기에 넉넉하고 깊기에 조급하지 않은 강물의 유연한 흐름이 퍽이나 인상적이다. 강을 조망하기 좋은 벼랑 끝 한 지점에 이르니 육당 최남선(崔南善)이 글을 지은 탄금대비가 거기에서 두툼한 역사의 책장을 넘기고 있다. 비문에는 삶의 애환을 올올이 가락으로 승화시킨 우륵에 대한 예찬을 비롯하여 문장가 임강수, 명필가 김생 등의 문화예술가와 병자호란 때 혁혁한 공을 세운 임경업 장군이 미려한 문장으로 칭송되는 가운데 같은 반열에서 패장 신립 장군에 대한 언사는 상대적으로 인색하고 옹색하기 그지없다.

탄금대비

철쭉 빨갛게 목덜미 붉힌 언덕에서
끝이 단단한 정을 들어
가슴팍 파고드는 바람소릴 새긴다
쩡쩡 돌을 쪼는 소리가
온 산을 관류하여 강으로 물결쳐 간다

가야에서 역사의 강을 건너와
우륵이 장중히 가야금을 탄다
달천이 굽이쳐 흐르는 기슭
벼랑바위 에돌아 들어
적요한 숲의 향기를 현으로 연주하며
풀잎에 맺힌 가락이 펄펄 바람에 날린다
조상이 물레질로 삼은 명주실마다에서
새들이 꿈결처럼 날아오르고
나무 우듬지에 오르는 물소리 들려온다

가만히, 여백의 문을 열고 들어와
뼈로 눕는 숨소리가 있다
울울한 선홍빛 바람의 날갯짓에
뼈마디 시린 백일홍 잎 오래 타고
강이 소쿠라져 소용돌이 일으키는데
거기서, 구름에 가린 낮달처럼
역사의 진솔한 발자국 하나는
자꾸만 옛것으로 낡아 흐릿해진다

신립 장군이 말을 타고
열두 대 벼랑바위에 선다
달천의 물굽이 꼬불꼬불 외틀어지고
일그러진 해가 강물에 진다
일시에 온 세상이 먹빛 어둠에 갇힌다
깜깜하다.

우륵은 원래 가야국 사람으로 신라에 귀화한 인물이다. 그는 우리나라 열두 달의 율(律)을 상징하여 열두 줄 가야금을 만들었고, 상하 가야를 비롯한 십이 곡의 노래를 지어 '가얏고'라 칭하였다. 우륵은 가무악(歌舞樂)에 모두 뛰어난 예인으로서 진흥왕의 각별한 총애를 받았다. 그는 왕의 배려로 국원(國原, 충주)에 머무르며 계고(階古)에게는 가야금을, 법지(法知)에게는 노래를, 만덕(萬德)에게는 춤을 가르치며 예인으로서의 삶을 영위했다. 탄금대에는 악성(樂聖) 우륵의 숭고한 얼이 흐르고 제자들의 뛰어난 예기가 흐르고 쉼 없이 역사의 혈액을 짊어 나르는 뜨거운 바람이 흐른다.

애간장 도려내는 선율을 환청으로 들으며 열두 대 벼랑 끝 바위에 선다. 바로 신립(申砬 : 1546~1592) 장군이 말을 탄 채로 장렬하게 투신하여 생을 마친 비극의 장소이다. 낭떠러지 열두 대가 아픈 역사의 한 자락을 부여잡고 바위 끝에 매달려 애처롭다. 벼랑 아래로 흐르는 달천의 시퍼런 물줄기가 처연한 몸짓으로 열두 대를 올려다본다. 잔주름 잡아 출렁이는 물결에 용해되어 곡진한 조선병사들의 하얀 얼이 흐른다. 그들의 숭고한 죽음을 애도하는 가야금의 속 깊은 송가가 줄곧 끝자락을 여미지 못한다.

탄금대의 비극은 임진왜란으로부터 발원한다. 조선조 무신이던 신립은 왜병이 침입하자 삼도 도순변사(都巡邊使)에 임명되어 왜적의 무리를 맞아 용감하게 싸운다. 그는 비장한 각오로 이곳 탄금대에 배수진을 치고 왜병과 최후의 격전을 벌였으나 참패하여 전멸하고 만다. 패장으로서 참담한 결과에 대해 죽음으로 명징하게 생을 정리한 그의 의연한 모습이 아프게 가슴을 콕콕 쑤셔댄다. 충주호 넘실대는 수면의 중앙에서 느릿느릿 부유하던 용섬이 승천을 준비하려는 듯 양쪽 나래를 곡선형으로 펼치고 천천히 다가선다. 청명한 햇살이 텀벙대는 기슭에서 물결 한 자락이 크게 물보라를 일으킨다. 열두 대 바위 턱 밑으로 바짝 다가선 검푸른 물살이 금세 발목을 확 낚아챌 것만 같다.

탄금 열두 대

물살 빠른 달천 굽어보는 열두 대에
납덩이처럼 떨어져 박힌 수많은 말없음표들
결기마다 멍 자국 시퍼렇다

해와 달이 순환하는 역사의 장에서
풀꽃만큼 지천으로 봄이 돋아나고
눈꽃만큼 무수히 겨울이 진저리 치던
산비탈 벼랑바위
부활하는 생명들의 환희에 찬 찬가에도
사위어가는 생명들의 구슬픈 별리에도
망연히 골 깊은 파랑만을 응시하며
열두 대는 처연한 함묵으로
끝내 말을 잊었다

뼛속 깊이 쌓인 얘기 많고
가슴 골골이 아린 사연 많지만
패장은 원래 입이 없다기에
수장된 말울음소리 아무리 처연해도
수장된 병사 주검 아무리 목메어도
열두 대는 그곳에서 종래 말을 잊었다

찬란하고 선연했던 숨결들이
솔잎보다 가는 숨을 쉬는 숲속
봄꽃 한 송이 피었다 지는 구릉에
들풀 향기 한 됫박 흩뿌려 두고
아픔이 해일처럼 일어나 소용돌이치는
열두 대 벼랑에서
설운 넋 애타게 부르며
봄꽃들이 서리서리 진혼제를 올린다.

물줄기 따라 산길을 걷다 보니 예기치 않은 장소에서 불쑥 신립 장군의 순절비가 앞길을 막아선다. 비문에는 임진왜란 때 장군의 행적이 비교적 객관적 문장으로 나열되어 있는데, 그중 '중과부적(衆寡不敵)'과 '고군분투(孤軍奮鬪)'라는 한자성어가 깊은 공감대를 형성하여 온다. 신립장군은 사후 영의정에 추증되고, 나라에서 충장공(充壯公)이란 시호까지 내려 그의 장렬한 죽음을 애도하고 있다. 역사는 그 당시 전투의 극단적 상황과 결과에 대하여 달리 토를 달지 않고 담담히 수용하는 태도를 보여 그나마 다행스레 여겨진다.

전투는 본래 냉엄하고 비정한 속성을 지닌다. 상황과 여건에 따라 승패가 결정되는 개연성을 지닌다. 제반 요소가 상대보다 우세하고 유리해야만 승리로 귀결될 수 있다. 어떤 악조건에서도 이를 극복하고 적을 괴멸시키는 승리의 함성을 기대하는 건 터무니없는 환상이다. 칼과 창의 재래식 무기를 소지한 조선병사가 신무기로 무장한 왜병들을 물리치기 어렵다는 건 상식이다. 패전에 대한 책임을 묻는다면 그 대상은 이곳에서 장렬히 전사한 신립 장군이 아니라 파쟁만 일삼으며 침략에 대비하지 않은 무능한 조정 대신들이지 않겠는가.

파쟁

동인이고 서인이라 했다
남인이고 북인이라 했다
노론이고 소론이라 했다
작당하여 파쟁을 일삼은 조정 대신들
그들의 진흙탕 싸움에
사직(社稷)은 칼바람에 갈가리 찢겨지고
조정 대들보는 칠흑 어둠 속에서
가위눌린 밤을 뜬눈으로 뒤척였다
참혹한 빙하의 틈바귀에서도 세월은
아름아름 따뜻이 새 씨앗을 보듬었다

얼음 꽃 무성한 한겨울
가파른 산자락 엉금엉금 타고 넘어
언 땅 파고 밭고랑을 일궜다
해와 달이 숨바꼭질로 찾아들고
비와 바람이 무리지어 스쳐가고
비로소, 한 생명이 희망의 빛으로 돋아났다

봄이 오고 계곡은 기름졌다
온갖 대궁이 마구 태양을 먹어치웠다
알곡 탱탱한 이삭에서 풍요가 물결치고
나라가 점차 기근에서 벗어나 팔자걸음을 했다
그토록 아프고 쓰렸던 빈곤의 세월은
점차 기억조차 소실되어 갔다

이제, 무수한 떡잎들이 성인병 앓으며
진보와 보수로 색깔 다른 이름표 달고
두부모처럼 딱 두 쪽으로 쪼개져
밤낮없이 멱살 잡고 드잡이질하며 싸운다

지금, 대한민국은
서서히 뜨거워져 가는
물속에 든 개구리 신세라는데.

탄금대의 북쪽 절벽 위에 덩그렇게 자리 잡은 바위이름이 '열두 대' 이다. 신립 장군이 탄금대전투 때 뜨거워진 활시위를 식히기 위하여 무려 열두 번씩이나 오르내렸다는 데서 유래한 명칭이다. 열두 대는 우리 민족사에서 영원히 장엄하고도 안타깝고 슬픈 명칭으로 기억될 것이다. 이는 온 겨레가 평화로운 세상에서도 풍전등화 같은 나라의 운명을 상정하여 뼈골 깊이 경각심을 가지고 돌아보아야 할 역사의 산 교육장이다. 이 열두 대가 지금 우리나라의 극단적인 파쟁과 편 가름을 바라보며 얼마나 분노하고 있을지 두렵다.

우수 어린 마음으로 무겁게 발걸음을 떼는데 숲에서 들려오는 산새소리와 물소리가 매우 청량하다. 새삼 새소리와 물소리는 참으로 많이 닮았다는 공통점을 발견한다. 숲의 소리는 결이 맑다. 맑은 자연의 소리는 헝클어진 혼의 갈기를 빗어준다. 숲의 소리를 들으면 마른 영혼에 물기가 돌고 마음이 촉촉해진다. 탄금대 숲이 새소리와 골물소리, 바람소리와 나뭇잎 부딪는 소리를 엮어 자연의 교향악을 연주한다. 드보르자크의 '숲의 교향악' 이 아무리 감미로워도 온갖 나무와 새와 꽃이 연주하는 숲의 교향악보다 아름답진 않을 게다. 가장 아름다운 음곡은 바로 침묵으로 듣는 자연의 음악이다. 평온한 마음으로 자연의 노래를 들으면 소름이 돋을 정도로 심금에서 전율이 인다. 숲의 노래는 가장 완벽한 도원경(桃源境)의 음악이다. 탄금대 숲에서 나는 나무와 새와 꽃과 인간의 숨결을 교향악으로 아울러 생명력 넘치는 불멸의 서사시를 쓴다.

어디선가 딱따구리의 나무 구멍 파는 소리가 들려온다. 딱따구리 소리가 쩌렁쩌렁 온 산을 깨우며 고요한 숲에 메아리친다. 딱따구리는 구멍을 보금자리 삼아 둥지를 틀고 숲의 풍성한 먹이를 사냥하여 애지중지 새끼를 키워낼 것이다. 생명체들은 모두 새끼에게 제 목숨 못지않게 헌신적이고 희생적인 공통점이 있다. 애초부터 부모는 태생적으로 그렇게 살도록 운명이 점지된 것이다. 그러기에 어미의 휘어진 등골에는 광채 잃은 사리가 보석처럼 한 움큼 박혀 있다. 헤아릴 수 없이 수많은 날, 자식을 안고 험난한 생의 강물을 건너며 생긴 가슴앓이의 결정(結晶)인 것이다. 사념에 잠겨 오솔길을 걷는 사이 호젓한 솔숲에 선 정자가 단아한 모습을 드러내며 길손을 맞아들인다.

탄금정(彈琴亭)이다. 정자에 오르니 솔가지 사이로 살며시 내비치는 물색이 솔잎과 초록으로 어우러져 환상적인 절경을 빚어낸다. 달천의 도도한 물줄기가 저 아래에서 남한강의 또 다른 물줄기를 만나 합수되며 더욱 통통해진다. 단청으로 아름답게 채색된 처마를 스치는 미풍이 가벼이 목덜미를 간질인다. 온산에서 만삭으로 부풀어 오르는 봄이 상큼한 꽃향기와 풋풋한 풀내음을 꽃비처럼 흩뿌려댄다. 숲의 상큼한 향기가 입체적인 높낮이로 파동 치며 멀리멀리 물결쳐간다.

탄금정

산새 재잘대는 언덕
숲이 활엽으로 연주하는 새로운 악상(樂想)
연녹색 앞가슴에 꼭꼭 쟁이고
꽃무리 진 계절은 생기 찬 숨결로 깊어진다
햇살 머물다 간 자리 떨어진
무수한 풀벌레 울음 주워 들고
강가의 삐죽삐죽한 바늘잎들이
서둘러 오디 빛 눈을 뜬다

어느 산사에선가
풀무질로 잘 빚은 범종소리
계곡으로 가만가만 내려가고
고치에서 갓 부화한 노랑나비 떼
풀잎 향기 젖어 꿈결로 날아가는 곳에서
탈피 끝낸 햇살 한 줄기
벼랑바위에 올라
빛살에 앉은 산바람 털어낸다

백양나무 가지에서 맨가슴 드러낸 이파리
자력으로 혈기왕성한 춤을 추고
숲의 새순을 보듬어 안은 계절은
굽어진 잔등 펴고
씨방에 푸른 꿈을 가득 담는다

세상의 온갖 소리가
싱그러운 숨결로 승화하여 하늘에 오르고
청솔바람이 파랗게 심지 밝히는 숲속에서
나는 가만히 정자에 올라
삶의 관절에 티눈처럼 박혀 있는
선인장 가시 하나 뽑아낸다.

미세한 진동음이 있어 귀 기울이니 어디선가 오동나무 고목의 천년 숨결을 머금은 가야금 한 곡이 잔물결처럼 파랑으로 번져온다. 깊은 음곡의 마디를 더듬으며 정간보를 음률로 채워가는 우륵의 탄식이 실개울처럼 가늘고 길게 이어진다. 우륵의 탄식은 이내 계고가 탄주하는 가야금의 고뇌 어린 회한이 되고, 법지가 부르는 애조 어린 연가가 되고, 만덕이 추는 번뇌에 찬 춤사위가 된다. 또 그것은 백척간두(百尺竿頭)의 위기에서 나라 구하기 위해 몸 바쳐 싸우다 장렬히 전사한 탄금대 원혼들의 처절한 함성이 된다.

길었던 겨울의 칙칙한 잔영을 걷어낸 산자락에서 봄의 혈맥이 맹렬히 고동친다. 오월의 완연한 햇살 아래 봄기운이 형형색색으로 온몸을 치장하고 나그네를 유혹한다. 문득, 역사의 수레바퀴도 계절처럼 자꾸만 앞으로 내닫는 관성을 지녔음을 깨닫는다. 계절이 아무리 가쁘게 내달아도 결국 춘하추동의 예정된 사계절을 되새김질하는 사실에 불과하듯, 역사도 같은 여정을 반복하여 답습하는 되풀이로 특성 지을 수 있다. 오늘의 역사는 어제의 역사가, 내일의 역사는 오늘의 역사가 원형질에 변화의 색채를 덧칠하여 되풀이하는 순환작용에 다름 아닌 것이다. 그러기에 하루하루가 탑신처럼 쌓이는 역사의 장에서 오늘만큼 중요하고 의의 깊은 날은 없으리라.

'춘래불사춘(春來不似春)'이라 했던가. 지금은 봄이되 아직 봄이 아니다. 산야에 지피는 봄은 저처럼 만개하여 질펀이는데 아직도 가끔씩 북풍은 혹독하기만 하다. 체면상 자존심을 버리고 망연히 물러가기 민망해서 부려보는 마지막 투정일 게다. 꽃샘바람은 시샘의 눈망울이 크고 시퍼렇게 날을 세운 바람결은 거세게 맹독까지 뿜어낸다. 꽃샘바람은 때로 칼바람보다 더 앙칼진 눈매를 치뜨고 할퀴어대는 관습이 있음을 기억한다. 오는 바람보다도 가는 바람이 더욱 매운 법이다. 하지만 악착같이 버텨봐야 기껏 며칠에 불과하리라. 다행히 꽃샘바람은 하루살이처럼 수명이 짧다. 아무리 기를 쓰고 흉포한 심성으로 난삽한 행패를 부려도 한시적이다. 화풍(和風)은 꽃샘바람의 대퇴부를 타고 온다. 유연한 몸짓으로 모난 성깔을 다독이고 온유한 심성으로 대지를 다스린다. 그러기에 봄바람의 눈망울은 항시 아늑하고 포근하다.

꽃샘바람

아직은 좀 더 아파야 세상이 푸근해지려니,
꽃잎에 내려 또르르 구르는 아침이슬
한기에 움츠리고 오들오들 떤다
숲에는 아직 무소불위로 맹독을 뿜어대는
거칠고 흉포한 무뢰한이 숨어 살기에

바람은 산발하고 펄펄 날아다니며
군데군데 깊은 묘혈을 파고
세상의 모든 온기가 그리로 빨려 들어가
서릿발로 묻힌다

산자락에서 야금야금 봄을 끓이던 햇순들
화급히 두툼한 이파리로 몸을 감싸지만
부지런한 꽃송이는 종래 앙상한 뼈로 남는다

아무리 채워도 충족되지 않는 허기가
진드기처럼 자꾸만 달라붙어
밧줄로 아침 한 자락 끌어와
잠자고 있는 뿌리들 일으켜 세운다
바람의 소용돌이에 조각나 덜컹거리는
가여운 삶의 문양들
잘근잘근 햇빛 속에 감아올린 후에야
나는 비로소 녹색 수피(樹皮)에 돋아난
완연한 봄을 만난다.

탄금정 주위에서 봇물로 터지는 꽃망울이 나물 캐는 처녀의 앞가슴처럼 탱탱하다. 탄력적인 꽃망울이 아픈 역사의 얼룩 자국 위에서 봉긋한 가슴으로 만개하고 있다. 이제 머지않아 얼룩은 지워지고 그 자리는 화사한 꽃잎으로 채색되리라. 겨울의 음영이 지배했던 골을 더듬어 완연한 봄이 나래 펼치고 향을 뿜어내리라. 그때쯤이면 내 가슴에서도 봄이 철쭉처럼 화사하게 화르르 타오르리라. 그리고 온갖 색조로 꽃망울이 터질 내일의 산천은 분명 오늘보다 아름다우리라.

열여섯 번째 이야기

죽녹원(竹綠園), 대숲에 드는 바람소리 온유해라

대숲에 바람 한 줄기 서성입니다. 고요한 대숲이 수런거립니다. 댓가지가 비켜서서 바람 길을 터줍니다. 대나무 우듬지에서 푸르게 젖은 하늘이 댓잎을 초록으로 채색합니다. 당기면 금세 터질 것 같은 탱탱한 하늘에 양털구름 한 조각 떠가고 있습니다. 하늘이 호수처럼 깊습니다. 자연이 선사해 주는 형용할 수 없이 아름다운 한 폭의 수채화입니다. 통통한 햇살이 댓가지에 앉아 빛을 산란합니다. 빛이 댓가지를 타고 내려와 죽순에 머무릅니다. 햇살이 자그만 입을 오물거리는 죽순을 안고 수유합니다. 대숲은 바로 그들의 정든 고향입니다. 대숲에 들면 적이 마음이 평온하고 온유해집니다.

대숲에 들어섭니다. 입구에 들어서자 이내 들큼한 댓잎 향기가 초록 길을 안내합니다. 온몸으로 깊이 들숨을 들이쉽니다. 이내 신선한 공기가 영혼까지 맑게 씻어줍니다. 대숲에는 안락한 평화가 있습니다. 헝클어진 영혼을 정화하는 맑은 바람과 새소리가 있습니다. 그곳에 들면 오랜 날 퇴적층에 층층이 쌓인 번뇌와 갈등이 희석됩니다. 갖가지 애석한 일, 아쉬운 일, 화나는 일, 부끄러운 일들을 모두 털어내고 무심으로 온전히 자아만의 세계에 몰입할 수 있습니다. 갯바위에 덕지덕지 들붙은 굴 껍질처럼 숨통을 막아온 삶의 까끄라기를 말끔히 파쇄(破碎)할 수 있습니다. 대숲은 완벽히 자신만의 자유를 향유할 수 있는 아늑한 사유와 휴식의 공간입니다.

댓바람 소리

바람 한 줄기 대숲에 와 머물고
댓잎소리 스르르 한지에 젖어 드는 밤
동산의 둥근 달 하얗게 소복하고
고향집 할머니 방문 앞에서
밤새도록 봉창을 두들겼습니다

바람소리처럼
물레 돌아가는 소리 들리다가
적막 속에 이따금씩 헛기침과 함께
탕 탕 탕
쇠 재떨이에 곰방대 털어대는 소리
그윽한 달빛에 진액으로 묻어났습니다

밤이 빛날수록
달도 빛났습니다

뒤뜰에 선 감나무
화안히 꽃 등불 밝혀들고
밤을 지새울 무렵
댓바람 한 줄기 살갑게 다가와
까치밥에 앉아
어둠을 쪼아 먹었습니다

밤새 이슬에 젖은 댓바람이
온몸으로
새벽을 일으키고 있었습니다.

먼저 운수대통길에 들어섭니다. 야트막한 언덕길을 오르니 대숲 속에 돌연 탁 트인 광장이 나타납니다. 일행은 투호놀이를 하고, 난 동전 던져 넣기를 하였습니다. 좁다란 대나무 구멍으로 동전이 들어가면 한 해 내내 운수가 좋다고 합니다. 거리를 재고 정신을 집중하여 몇 차례 던져보았으나 들어가지 않습니다. 개구쟁이 때는 동네선수였는데도 말입니다. 역시 내 인생에서 운수대통은 인연이 먼 일이었습니다. 그런 행운이 세상의 많은 사람들을 제치고 나한테까지 올 리 만무했습니다. 그것은 가끔씩 복권을 구입할 때마다 이미 실증되었던 상례입니다.

정겨운 돌계단을 밟고 죽마고우길에 들어섭니다. 빼곡한 대숲에 오후의 햇살이 비켜 듭니다. 학교를 다녀온 개구쟁이들이 고샅에 나와 구슬치기를 하고 있습니다. 어떤 녀석은 딱지치기도 하고 자치기도 합니다. 한 녀석은 플라타너스 그늘에서 계집애들이 고무줄놀이 할 때 살그머니 다가가 치마를 들치다가 선생님에게 벌을 받기도 합니다. 개구쟁이들은 교문을 나서자마자 뿔뿔이 흩어져 제각기 자기의 길을 걸었습니다. 언덕을 넘고 개울을 건너고 산모롱이를 돌아가기도 했습니다. 우장도 없이 걷는 그 길에 때로는 비바람 몰아치고 한설이 들이치기도 했습니다. 한참을 그렇게 걷다가 문득 돌아보니 어느새 개구쟁이들의 머리에 하얗게 무서리가 내려앉았습니다. 어떤 녀석은 친구 문상 간다고 거울 앞에서 검정 넥타이를 매고 있기도 합니다. 세월은 참으로 수유(須臾)이고 찰나(刹那)임을 절감합니다.

죽마고우

빗살처럼 퍼지는 학교 종소리 책보에 둘러메고
문둥이가 애기 잡아먹는다는 호밀밭
머리칼 쭈뼛 서서 단숨에 가로질러
첨벙첨벙 냇물 뛰어들고 물장구치던
동네 개구쟁이들

검붉은 태양 서녘하늘 채색할 무렵
냇둑에서 삘기 뽑아먹고
밭두렁에서 콩서리 해먹고
어스름에 버들피리 불며 돌아올 때
걸음마다 장미꽃술 진홍색으로 피어났다

밤새, 무서리 내려 꽃잎 지고
아이들 구슬치기하던 길도
운동회 날 목 터지던 학교 운동장도
개구쟁이보다 두어 뼘 웃자란 잡초가 뒤덮었고

폐수로 숨통 막힌 냇물은
아예 코 움켜쥐고 돌아서서 흐름을 멈추었다

해와 달의 변환이 안개를 몰아오고
혈액으로 들어차 곰삭은 그리움
뼛국 끓이듯 고아낸 자리에
학교 종소리 가물가물 메아리로 잦아들고
눈꽃처럼 피어나던 애틋한 추억들
점점이 멀어져간 동네 어귀
잎새 지고 수피 튼 정자나무 곁에서
오늘, 또 한 송이 장미가 목을 꺾는다.

샛길은 그냥 지나치기로 합니다. 애초부터 샛길을 모르고 살아온 삶이었습니다. 샛길을 감지할 만큼 영특하지도, 그 길을 선택할 만큼 담대하지도 못했습니다. 샛길은 효율적이나 부도덕한 길로 여기고 에둘러갔습니다. 이따금씩 샛길을 걸어가던 사람들이 화면의 주인공이 되는 모습을 보며 그 길은 정도(正道)가 아니라는 심증을 굳혔습니다. 한평생 교직에서 아이들을 가르치는 입장에서는 더욱 그랬습니다.

사랑이 변치 않는 길로 접어듭니다. 하늘 높이 쭉쭉 뻗은 왕대들이 숲의 터널을 이루다가 길을 터줍니다. 앞에서 중년을 넘어선 부부 한 쌍이 천천히 걸어갑니다. 굽어진 길에서 남자가 잠시 멈춰 서더니 두어 발자국 뒤에 따라오는 여인의 손을 잡습니다. 땀이 배어 끈적거릴 텐데도 싫지 않은 표정입니다. 젊을 때는 참으로 예쁜 손이었을 겁니다. 그 손이 어느 결엔가 솔 껍질처럼 거칠어졌을 겁니다. 험난한 세월을 여미다 생긴 옹이자국이고 눈물자국이고 한숨자국일 겁니다. 지금, 그 손에 더할 수 없이 뭉클한 사랑을 한 움큼 쥐어주고 있습니다. 여인이 한동안 환한 미소를 짓고 그윽이 남자를 올려다봅니다.

부부

아름다운 절정의 화음을 위해
한 몸으로 융합하여 격동으로 떨면서도
더욱 감동적인 환희를 위해
따로 떨어져 존재하는 거문고 현(絃)
부부는

애틋한 연정 일상으로 충일하여
깊고 너른 사랑의 물길 이루면서도
신뢰와 믿음으로 가슴 깊이 젖어들기 위해
절제의 뿌리 든든히 다지며
속을 다독여 흐르는 강
부부는

풀잎이 청명한 이슬에 젖어
살랑대는 들길
상념에 잠겨 외로이 걸을 때
물안개처럼 지피는 사랑의 정념
애틋한 그리움으로 마름질하여
영혼의 향기로 배어드는 들꽃
부부는

한낮을 달구던 태양
서녘으로 가만히 기울면
그제야 볼우물 깊이 미소 짓고
화안한 꽃잎으로 피어나는 분꽃처럼
밤이 깊을수록 서로를 환히 밝히는 달빛
부부는

그윽이 마주하여 바라보면
바람 한 점 새나갈 틈 없지만
멀뚱히 등지고 돌아누우면
지구를 한 바퀴 돌아들어야
겨우 만날 수 있는 사이
부부는

서로의 관심과 배려로
튼실한 사랑의 씨앗 정성 들여 심고
비바람 들이쳐 질척이는 뒤안길에서
가슴앓이로 싹 틔워 품어 안는 존재
부부는.

청춘의 연인들이 폭포를 배경으로 사진 찍느라 여념이 없습니다. 대나무와 폭포가 어우러져 만들어내는 음이온으로 인하여 사랑하는 이가 가장 아름답게 보인다는 장소입니다. 빼곡한 대숲을 배경으로 돌에 하얗게 떨어지는 맑은 물줄기가 시원스럽기 그지없습니다. 죽녹원에서 가장 운치 있고 수려한 풍경으로 여겨집니다. 음이온 때문인지 주위 경관 때문인지 여인들이 참으로 예뻐 보입니다. 사랑이 꽃피는 쉼터에서 잠시 머물기로 합니다. 호젓이 주위를 에워싼 대숲이 무척 안락하고 평화롭습니다. 세속의 번잡하고 잡다한 까끄라기들이 말끔히 정화되어 청명해집니다. 대숲에서 맑고 상서로운 바람이 불어옵니다. 댓잎 서걱거리는 소리가 지상에서 가장 미려한 음계로 자연의 교향악을 선사해 줍니다.

천천히 성인산 오름길을 걷습니다. 이는 담양향교 뒤편을 감싸고 있는 산입니다. 담양 사람들은 이 산이 공자의 인의예지신(仁義禮智信)을 담고 있다고 믿는다 합니다. 곧 어짊과 의로움과 예의와 지혜와 믿음을 뜻하는 덕목들입니다. 공자의 오덕은 인간으로서 기본적으로 갖춰야 할 인성이고 가치 있는 덕목입니다.

오늘날, 세상이 각박해지고 생존경쟁이 심화되면서 학교를 비롯한 각종 교육기관에서 인성 교육이 사라지고 말았습니다. 인성 교육이 사라지자 공공질서가 무너지고 공동체 의식이 실종되고 있습니다. 극단적인 이기주의와 황금만능주의가 팽배하면서 끔찍한 범죄들이 비일비재하게 일어나고 있습니다. 참으로 아침에 눈을 뜨기 두려운 세상이 되어가고 있습니다. 더 늦기 전에 서둘러 개개인이 갖춰야 할 기본 덕목과 인성을 강화하는 인간교육이 실행되어야 하겠습니다.

철학자의 길에 들어섭니다. 호젓하고 아늑하여 사색하기에 안성맞춤인 길입니다. 댓잎을 스치는 바람소리만으로도 청량감이 충만해집니다. 댓잎이 터주는 대로 대숲을 걷다가 의향정(義鄕亭)에서 잠시 땀을 식히기로 합니다. 정자 마루에 드러눕자 시원한 기운이 등줄기를 타고 온몸으로 번져옵니다. 까슬까슬한 댓바람 한 줄금에 스르륵 눈까풀이 잠겨옵니다. 그냥 이대로 한숨 자고 싶습니다. 자고 나면 지친 육신도, 영혼도 개운해져서 포동포동 살이 오를 것만 같습니다.

어설픈 철학자

예전, 뒷골목 허름한 목로주점에서
어느 여인의 술잔에 어설픈 철학 한 잔 따라놓고
사랑과 우정을 논쟁하면서도
그 여인에게 장미꽃 한 송이 전해주면
내 손에도 진하게 꽃향기가 머무르는
그 가벼운 이치조차 몰랐습니다

철 지난 폭풍이 바다 거머쥐고 날뛰며
동마루 높여 마구 먹물을 뿜어댈 때
가랑잎처럼 파도타기 하는 통통배에다
망연히 동경과 낭만의 시선을 꽂은 채
그게, 주검의 사선을 넘나드는
마지막 몸부림이라는 걸 몰랐습니다

쪼글쪼글 때 거른 시간
허겁지겁 뼈 해장국집에 들어
가쁘게 숟가락을 놀리면서도
하찮은 뼈마디 하나가 어떻게 살아왔는지
얼마나 뜨겁게 자기 생을 불태웠는지
그들의 가쁜 숨소리를 몰랐습니다

풀숲에 든 귀뚜라미
밤새 구겨진 오솔길 팽팽히 잡아당기는
목쉰 노래 들으면서도

그게 혼신으로 임을 부르는
영혼의 애절한 절규임을 몰랐습니다

그땐 미처 생이 여물지 않았기에
그땐 미처 삶이 뜨겁지 않았기에.

정자에 드러누운 채로 지난날들을 돌이켜 봅니다. 자랑스럽고 당당했던 일보다 부끄럽고 감추고 싶은 일들이 훨씬 더 많은 삶이었습니다. 이상을 실현하기 위해 도전하고 개척하기보다 현실에 적당히 안주하고 타협하는 편안한 생으로 일관해 왔습니다. 그렇게 살다가 어느덧 일출보다는 일몰이 더 뭉클해지는 나이테를 두르고 말았습니다. 이제라도 좀 더 의미 있고 가치 있는 발걸음을 내디뎌야겠습니다. 앞만 바라보고 달려가던 관성에서 벗어나 주위 사람과 자연도 돌아보고 해찰도 하면서 좀 더 차근차근히 걸어야겠습니다. 철학자의 길은 비단 철학자들만을 위한 길은 아닌 듯합니다.

선비의 길에 들어서자 대나무의 의미가 더욱 가치 있고 소중하게 느껴집니다. 나무라 하기엔 속이 텅 비어 있어 나무가 아니요 풀로 보기엔 모양새가 더더욱 풀이 아닌 식물입니다. 대나무가 살갑게 다가섭니다. 부러지면 부러지되 결코 휘어지지 않는 강직함과 올곧은 기개가 참으로 가상한 존재입니다. 눈 속에서도 결코 푸름을 잃지 않고 사시사철 청록으로 살아가는 대쪽 같은 선비의 표상을 지녔습니다. 속 비우고 겉을 단단히 다졌으니 세속적 욕구에 초탈한 선각자의 모습이기도 합니다. 게다가 한겨울에는 매운 북풍을 막아주고 한여름에는 시원한 바람을 불러들여 인간을 이롭게 하는 덕을 지닌 나무이기도 합니다. 대나무는 참으로 조금도 버릴 것이 없는 보배로운 식물입니다.

대나무 이야기

솜씨 좋은 장인(匠人)이랍니다
솔 껍질처럼 거친 손길이 척척 손발을 잘라냅니다
새삼, 예전에 대꽃 피우며 혼신으로 용쓰던 생각이 납니다
어디선가 아련히 퉁소소리 한 곡조 들려옵니다
이내, 예리한 칼날이 심장부까지 째고 들어옵니다
하지만 전혀 두려울 게 없습니다
평생 무심으로 속 비우고 살아왔기에 베어질 게 없습니다
장인이 몸통을 잘라 내고 살을 잣고 있습니다
드디어, 죽세공품이라는 새 생명으로 환생하는 운명의 순간 입니다

기왕이면 서민의 손때 덕지덕지 묻어나는 소박한 제품이면 좋겠습니다
곁의 친구는 화사하게 대꽃자리로 환생하며 벙긋거리지만 검박한 우리 품성과는 어울리지 않는 모습입니다
어떤 친구는 대가리개가 되어 처녀 방에 걸리고 있습니다. 신나는 미소가 얼굴 한 가득입니다
죽부인으로 태어나는 친구는 한여름 밤 잠 못 이루는 남정네 품에서 다리도 받쳐주고 외로움도 달래주며 살아갈 겁니다
소쿠리도 되고, 삿갓도 되고, 방석도 되어 벽에 걸리거나 팔려나가는 친구들도 있습니다
그러나 대개는 장식용에 불과합니다
새로움과 기능성을 추구하는 문명의 속성은 실용적인 우리 전래의 전통적 가치마저 훼손했습니다

그런데, 돌연 장인이 칼을 놓고 있습니다
오늘은 더 이상 칼을 쓰지 않을 모양입니다
헝클어진 공방에 부러진 살만 너부러져 있습니다
오늘 아직 내 운명은 결정되지 않았습니다
속히 새 이름표 달고 새 삶을 살았으면 좋겠습니다
하지만, 무엇이 되든 내 본질은 대나무입니다
나는 영원히 대나무의 본성으로 살아갈 겁니다
꼭 대나무의 자존을 지키며 서민의 생을 살아갈 겁니다.

대나무는 지극히 서민적이어서 친근합니다. 가볍게 이웃집 마실 나가는 아낙처럼 일부러 꾸미지 않아 소박하고 편안합니다. 대나무를 소재로 하는 죽제품들도 실용적이고 검박하기 이를 데 없습니다. 일찍이 문장가 소동파는 '고기 없는 식사는 할 수 있어도 대나무 없는 생활은 할 수 없다' 고 말했습니다. 고기가 없으면 몸만 수척해지나, 대나무가 없으면 사람이 저속해진다는 지적입니다.

대나무는 육십여 년에 걸쳐 단 한 번 꽃을 피우고 일제히 고사(枯死)하는 식물입니다. 그렇게 생을 마지막 꽃봉오리로 갈무리하고 무의 세계로 들었다가 다시 죽순으로 태어나 새로운 생을 시작합니다. 순환적 삶을 살며 불교의 윤회설을 실증해 보이는 식물입니다. 대나무는 그렇게 고결하고 격조 높은 성품을 지녔습니다. 그러기에 고산 윤선도는 「오우가(五友歌)」에서 물, 돌, 솔, 달과 함께 대나무를 시적 대상으로 삼아 다정한 벗으로 예찬하고 있습니다. 대나무는 철학의 나무이고, 우정의 나무이고, 순결의 나무입니다.

대꽃

그것은 성스런 눈물 꽃입니다
단 한 번 숭고한 희열을 위해
대숲이 목숨 바쳐 피워낸 구슬픈 꽃송이입니다
마지막 한 모금의 수액까지 모조리 끌어올려
순결한 꽃 한 송이 모질게 피우고
일제히 바람의 넋으로 산화하는
그것은 참으로 거룩한 종교입니다

그것은 처절한 소금꽃입니다
단 한 순간 전율적 환희를 위해
무리가 혈액 터뜨려 피워낸 애절한 꽃송이입니다
마지막 한 모금의 진기까지 모조리 토악질하여
눈부신 꽃 한 송이 질기게 피우고
일제히 바람의 넋으로 산화하는
그것은 참으로 경건한 의식(儀式)입니다

험난한 삶의 여울에서
뿌리는 어둠 속을 실핏줄로 더듬고
줄기는 눈보라 속에서 마디를 키우고
이파리는 바람에 흔들리며 꿈을 매달았습니다
그리하여, 비로소 품 안에
새를 불러들이고
구름을 불러들이고

그것은 화인(火印)으로 새긴 전설입니다
그것은 용암처럼 터지는 신화입니다
나는 전설 앞에서 경건합니다
나는 신화 앞에서 엄숙합니다
나는 대꽃 앞에서 옷깃을 여미고 또 여밉니다.

출구 가까이 이르니 목가적(牧歌的) 서정시인 신석정 님의 「대숲에서서」라는 제하의 시가 눈에 들어옵니다. 주위를 둘러보면 곳곳에 빼곡히 세워진 호화로운 시비가 홍수를 이루는 시대입니다. 너나없이 통념적인 언어를 각자(刻字)하여 오석으로 시비를 세우는 바람에 갈수록 시의 가치가 경박해지고 있습니다. 그런 마당에 나무판에 흰 글씨로 써서 대나무에 동여맨 소박한 시 한 수는 각별히 감동적인 느낌으로 다가옵니다. 시에서 그윽한 향이 진하게 배어납니다.

— 대숲으로 간다/ 대숲으로 간다/ 한사코 성근 대숲으로 간다/ 자욱한 밤안개에 벌레소리 젖어 흐르고/ 벌레소리에 푸른 달빛이 배어 흐르고/ 대숲은 좋더라/ 성글어 좋더라/ 한사코 서러워 대숲은 좋더라/ 꽃가루 날리듯 흥근히 드는 달빛에/ 기척 없이 서서 나도 대같이 살거니.

시어(詩語)마다에서 대나무 향이 감미롭게 번지고 있습니다. 전원적인 시인의 대숲에서 사슴이 뛰어놀고 노루가 뛰어놀고 있습니다. 새와 나무가 상승하여 희망의 이상세계를 추구하고, 바람과 비와 노을이 하강하여 아름다운 현실 세계를 구현하고 있습니다. 자연이 몽환적 분위기로 형상화되어 이상향을 펼치고 있습니다. 소박한 언어들이 함축성 있는 의미를 담고 꽃무리 지어 피어나고 있습니다. 서정시인의 대숲에서 타고르와 도연명과 만해가 반가이 만나 자연의 시를 화답하며 읊조리고 있습니다. 참, 정겨워 보입니다.

전망대에 오릅니다. 거침없이 탁 트인 들녘이 한눈에 들어옵니다. 관방천변의 우람한 나무들이 가지를 활짝 펼치고 짙푸른 이파리를 매달았습니다. 이따금씩 진녹색 이파리들이 나풀나풀 춤을 추어댑니다. 영산강의 상류인 담양천의 물길을 다스리기 위해 제방을 축조하고 길을 따라서 나무를 식수하였다고 합니다. 이백년 이상 된 팽나무, 느티나무, 이팝나무, 엄나무들이 강을 끼고 거대한 풍치림을 이루어 시원한 그늘을 드리우고 있습니다. 그늘마다 행락객이 들어 솜사탕 같은 오후의 휴식을 즐기고 있습니다. 유유히 흐르는 관방천의 느긋한 물줄기도 시원스레 조망됩니다.

이제 찻집에 들러야겠습니다. 대나무 잎에서 떨어지는 이슬을 먹고 자생한다는 죽로차(竹露茶) 한 잔 음미하며 오늘 답사에 대한 종결부호를 찍으려 합니다. 이슬과 향기와 바람으로 빚어진 죽녹원, 영원한 마음의 고향을 가슴에 담아두고 이제 익숙한 세상 속으로 걸어들어 가려 합니다. 그런데, 죽녹원을 나서자마자 자꾸만 대숲이 다시 뒤돌아보아져 걸음이 몹시 더뎌집니다. 옮기는 발자국마다 댓잎소리가 고여 들어 향기를 지펴댑니다. 참, 평온하고 아늑합니다.

열일곱 번째 이야기

울릉(鬱陵), 영원히 뜨겁고 격동적인 국토의 품이어라

첫째 날

동해시 묵호항에서 울릉도행 배에 승선한다. 배에 오를 때부터 이미 고통은 예정된 것이기도 하다. 예전에 승선했던 배는 넉넉했는데 오늘 배는 무척 협소하다. 답답한 선실의 부자유와 무릎을 속박하는 좁은 의자가 지속적으로 고통을 극대화하여 온다. 부자유와 속박의 밀도가 조밀할수록 자유에 대한 욕구도 정비례하여 확장된다. 바다로 나갈수록 바다의 배앓이가 심해진다. 선두에서 명멸하는 권태로운 바다는 줄곧 수평선까지 섬 하나 내어 보이지 않을 만큼 인색하다. 온 세상은 그저 출렁이는 물결뿐이다. 망망대해(茫茫大海)란 바로 이런 정황을 지칭하는 용어였다. 보는 이 없어도 입심 좋게 떠들어대는 화면의 수다가 지속되고 음계의 진폭을 무시한 어느 노인네의 흥얼거리는 노랫가락도 줄곧 이어진다.

시간을 갉아내기 위해 애써 잠을 청한다. 하지만 끊임없이 달려드는 억센 억양의 말소리와 엔진소리가 혼합된 복합적 상황은 결코 쉬 잠을 허락하지 않는다. 드높은 파도를 타고 넘는 배의 요동은 지속적으로 우리가 바다에 있음을 각인시켜 준다. 파도를 가른 지 두 시간 남짓, 인내심이 바닥을 드러낼 때쯤 되어서야 멀리서 섬 하나가 검은 점으로 출몰한다. 문득, 십여 년 전 이곳 울릉에 들렀다가 태풍에 갇혀서 설날까지도 나가지 못해 발을 동동 굴렀던 예전의 기억이 아슴푸레 떠오른다.

울릉, 그날의 수채화

그리움이 설움의 체액으로 북받쳐 오르던
한겨울 그때,
산더미 같은 격랑 뚫고 여기 왔었지
바다는 진종일 하얀 포말 토악질하며
검푸른 숫돌에다 파도의 결을 갈아대고 있었지
섬뜩한 파도의 날에 바람의 갈기 싹둑 베어지고 있었지

주먹밥 두어 덩이 허리춤에 차고
해풍에 닳은 산자락 헤치며 성인봉에 올랐지
무릎까지 푹푹 빠지는 눈길
극한적 인내로 극복하며 한 발 한 발 더듬어 나아갔지
온 세상이 산신령의 화첩에서 눈꽃으로 피어났지
화첩을 넘기며 비로소 원초적 시련의 늪을 건너야
희열의 성지에서 오묘한 비경(秘境)을 체험할 수 있고
깔딱거리는 숨으로 험난한 비탈에 올라서야 비로소
평탄한 내리막에 들어서는 상식적 진리를 절감했지

그날, 주먹밥 한 볼떼기는 터지도록 눈물겨운 새참이었지
얼음꽃 무성한 주먹밥의 달짝지근한 실뿌리에까지
굶주린 혓바닥의 부리가 찰거머리처럼 달라붙었지

섬은 진종일 눈보라로 외연을 칭칭 휘감았지
온 세상이 목화로 궁전을 쌓고 하얀 꽃망울을 터뜨렸지
싸르륵싸르륵 쌓이는 눈 소리에 섬처럼 납작 엎드려 있다가 해안에 나가 몽돌을 줍기로 했지
모난 세상 조금은 둥글어지고 더 원만해지기 위해
파도소리에 자꾸만 뾰족한 모서리를 갈고 깎아댔지

폭풍 속으로 해일처럼 세모(歲暮)가 흘러가고
파도더미 위에서 원단(元旦)이 석류처럼 피어났지
태양의 수레바퀴가 찬연히 파도소리를 굴리고 있었지
설빔 곱게 차려입은 바위틈 새로
하얗게 몰려드는 목쉰 파도의 노랫소리 들려왔지
그때서야 비로소 바다는 무기수에게 다가와
수의(囚衣) 벗고 출옥할 시간을 통지해주었지

섬을 떠나는 날
섬도 함께 따라왔지.

울릉은 극도의 부자유를 담보로 하여 얻은 값비싼 획득물이다. 검푸른 바다색을 배경으로 검게 형체를 드러내던 섬은 이내 선창 가까이까지 다가와 높낮이를 달리하며 오묘한 자태를 뽐낸다. 배가 접안하자 해

풍에 절은 섬사람들의 살 냄새가 진하게 풍겨온다. 갈매기도 덩달아서 활기찬 날갯짓으로 선수(船首)를 회유하며 반긴다.

짙푸른 바다색과 하얀 갈매기의 색채 조화가 몽환적인 수채화 한 폭을 선사한다. 바다에서 그토록 출랑대고 요동치던 배가 새색시처럼 얌전히 매무시를 여미자 섬은 반대로 동적인 모습으로 변모되어 활력 있게 출렁인다. 섬에 들뜬 첫발을 들여놓자 발바닥에 알싸한 섬의 고동소리가 따개비처럼 들붙어 온다. 부두에서 오징어 냄새와 함께 쫄깃쫄깃한 호박엿의 맛깔이 미각에 스며들어 군침을 돌게 한다. 이는 바로 울릉의 진솔한 향취이고 울릉 사람들이 살아가는 구수한 삶의 냄새이기도 하다. 나는 울릉섬의 지맥을 딛고 서서 강인한 섬사람들의 심장소리에 귀 기울인다.

섬의 밤은 유난히 적요하다. 그토록 그악스럽게 끼룩대던 해조울음도 잦아든 지 이미 오래이다. 섬을 에둘러 검은 화선지에 보석처럼 박힌 별꽃이 초롱초롱 빛난다. 해안가에서 숱 많은 밤의 머릿결이 탐스럽게 윤기로 흐른다. 바다는 끊임없이 해안으로 밀려와 하얀 포말을 되새김질하며 부서진다. 인적 끊긴 포구를 밝히는 등대 불빛이 무척추식물처럼 자꾸만 휘감는 어둠을 털어내느라 분수하다. 섬은 어둠 속에서 파도소리와 바람소리 외에 모든 소리를 여과 장치로 걸러낸다. 한밤에 거행되는 섬의 정결한 정화의식(淨化儀式)이다. 섬이 목욕재계하고 바닷가에서 또 한 편의 신이하고 애절한 신화를 쓰고 있다. 세상 어디서나 날은 저물고 생명을 가진 것들은 저마다 제자리로 돌아가 잠자리에 든다. 바람도 이제 섬의 구들장을 베고 눕는다.

둘째 날

태산은 한 줌의 흙도 마다하지 않기에 웅대하고 바다는 실개천을 가리지 않기에 웅장하다. 바로 울릉이 그러한 사실의 실체임을 보여준다.

앞에는 일망무제로 트인 드넓은 바다를 드리우고 뒤에는 병풍처럼 드높은 산자락을 둘러쳤다. 신새벽, 이제 막 기지개를 켠 바다가 어느 결에 내륙까지 다가와 출렁인다. 고난과 그리움으로 인해 울고 왔다가 울고 간다는 섬, 울릉의 진솔한 맨살을 대면하기 위해 이른 아침 바닷바람을 안고 해변으로 나선다. 설레는 마음으로 56㎞에 이르는 해안도로를 따라 섬의 일주에 나선다.

울릉은 무려 사천오백만 년 전에 화산이 폭발하여 형성된 섬이다. 현재 이곳에는 구천여 명의 주민이 거주하고 있고, 연간 쾌청한 날씨가 겨우 오십오일 정도에 불과하다고 한다. 도동의 가두봉 등대를 거쳐 통구미에 이르니 거북형상의 해안암석이 환상적인 형상으로 반긴다. 해변에 위치한 투구바위와 사자바위는 조망하는 위치에 따라 입체적으로 형태를 달리 하여 보이고, 낙타봉과 코끼리바위는 동물 형상을 그대로 빼닮았다. 태고의 역사가 층층이 돌로 쌓인 자연의 순수하고 오묘한 작품들이 저마다 개성적으로 미려한 자태를 뽐낸다.

바위에 뿌리내리고 선 향나무 '석향'이 온통 시선을 낚아챈다. 통구미의 향나무 자생지에서 솔솔 풍겨오는 향이 새콤하다. 울릉도에는 원래 향나무 군락이 많았다고 한다. 허나 목공예를 만들고 제사 향불로 쓰고 정원수로 사용하기 위해 무분별하게 산림을 훼손하는 바람에 지금은 우량한 나무를 찾아보기 어렵다고 한다.

울릉에는 지금도 우리나라에서 가장 오래된 향나무 한 그루가 서식하고 있다. 척박한 암벽 틈에 뿌리를 내린 이 향나무는 섬에 사람이 살기 시작한 때와 역사적 뿌리를 같이 하고 있다. 도동터미널 뒷산 능선에 위치한 이 나무는 안타깝게도 태풍에 상부의 중심 줄기가 부러지고 지금은 밑면 부분의 줄기와 작은 가지만 남아 있어 안타까움을 더한다. 비바람 거세고 한풍 몰아치는 가파른 능선에 선 이 향나무의 생존은 섬에 처음 자리 잡은 토착민의 험난한 삶과 무척 닮았으리라. 이들의 끈

질기고 강인한 삶에 가슴이 뭉클해진다.

예전, 태풍에 갇혀 뭍으로 나가지 못했을 때 온종일 함박눈을 맞으며 몽돌을 줍던 해변이 그대로여서 반갑다. 바닷가에 지천으로 너부러진 돌밭도 예전 그대로여서 정겹다. 해변을 따라 끝 간 데 없이 이어진 붉은 현무암 기암괴석 군이 장관을 이루고 있는 모습도 예전 그대로이다. 억세고 변화무쌍한 세월의 소용돌이에 휘말려 세상의 모든 것들이 본질과 원형을 잃고 변모해감에도 불구하고 울릉은 굳건히 본연의 품성을 고수하고 있어 다행스럽다. 울릉도 최초의 개척지로 알려진 태하마을에 들어서니 돌연 안개가 짙게 앞을 가려 신비로움을 더한다.

울릉에 가면

동쪽바다 신비의 섬 울릉에 가면
도동항 괭이갈매기가 맨발로 날아들어 반기고
최고령 향나무가 척박한 암벽에서 질긴 생명력을 내보이고
닥나무 자생지 몽돌해안이 감미로운 교향악을 연주하고
동백나무와 마가목이 숲의 터널을 이룬 일출 전망대에서
태양을 출산하는 쪽빛 바다와 부신 수평선을 만난다

동쪽바다 환상의 섬 울릉에 가면
미려한 괴석과 기이한 동굴이 저마다 설화를 쓰고
흑비둘기가 후박나무숲에서 재잘대며 말 걸어온다
봉래폭포가 원시림에서 하얀 물줄기를 쏟아내고
행남 등대가 밤바다 멀리 나가 고깃배를 맞아들이고
지하 공기가 바위틈에서 용출하는 풍혈(風穴)이

바닷바람 알맞게 삭혀 진객을 맞는다

동쪽바다 수려한 섬 울릉에 가면
우산국 도읍지 황토구미의 환상적인 낙조가 신비롭고
통구미 해변에서 조약돌에 부서지는 달빛이 교교하고
비파산 바위가 국수가닥처럼 늘어져 기이하고
산줄기가 바다에 곤두박질치는 비경 속에서
옥빛 파도의 뜨거운 속삭임을 듣는다

동쪽바다 천혜(天惠)의 섬 울릉에 가면
먼 바다이야기가 꽃무릇으로 피어나는 해변에서
바다처럼 살아가는 섬사람 만나
쫀득쫀득한 호박엿 정겹게 나눠 먹고
담백한 산나물 안주에 시원한 막걸리 한 사발로
나그네마저 한 점 섬 풍경이 된다

화산폭발의 원시 이야기가 있고
산과 바다 생명의 활기찬 숨소리가 있고
오징어가 있어 정겨운 섬
울릉에 가면.

차량이 바닷길을 버리고 줄곧 산속으로 달음박질친다. 요철 심한 고갯길을 한참이나 뒤뚱대며 넘어서니 돌연히 거기서도 쪽빛 바다가 반갑게 앞섶을 열어 제친다. 유리알처럼 투명한 바다는 줄곧 가까이 다가섰다가 멀어지고, 또다시 다가서기를 반복한다. 굽이굽이 돌아들고 돌아내리는 길에 산세는 불후의 기상처럼 근엄하고 아스라이 깊은 계곡은 아낙네 고쟁이처럼 더욱 깊어진다. 가파른 오르막길에 연하여 조성된 숲엔 산죽이 군락을 이루고 삼나무와 고로쇠나무가 무성히 이를 에워싸고 있다.

오르막길을 차고 올라 준령을 넘으니 돌연 산으로 둘러싸인 광대한 나리분지가 펼쳐진다. 분화구의 폭발로 형성된 분지가 담록(淡綠)으로 물들어 적이 싱그럽고 화평하다. 원통형 지름이 워낙 큰 평원이기에 분화구 안에 들어와 있다는 느낌조차 들지 않는다. 바람 한 줄기 가벼이 스쳐가는 데도 옷자락이 펄럭펄럭 날린다. 울릉전통가옥 지붕에 돌을 촘촘히 얹은 사유가 이해된다. 거센 바람과 눈이 많은 환경에 대처하기 위해 그 나름의 독특한 모양과 구조를 지닌 전통가옥에 많은 관심이 간다.

분지주민들은 주로 밭작물을 중심으로 하는 농업에 종사하고 있다. 그들은 특히 천궁 · 황금 · 황귀 등의 약초와 더덕 · 명이나물 등의 산초재배로 고소득을 올리고 있다. 이곳 분지는 집중호우 때 물이 외부로 흘러나가지 않기 때문에 일시적으로 큰 호수를 이룬다고 한다. 그리고 지하로 침수된 물은 섬의 북측사면에서 솟아올라 관개용수와 발전용수로 요긴하게 쓰인다고도 한다. 드넓은 분지가 호수로 변모될 때의 특이하고도 환상적인 정경이 한 폭의 그림으로 연상되어 온다.

나리분지는 울릉에서 유일하게 드넓은 평지로 구성되어 있다. 울릉이 생겨날 당시 분화구 안에 화산폭발재가 쌓여 생긴 분지이다. 이곳에는 섬말나리꽃이 많다. 지구상에서 유일하게 울릉에만 자생하는 꽃이다. 옛날 울릉에 정착한 개척민들이 식량이 부족할 때 주변에 흔히 널린 섬말나리의 뿌리를 캐먹으며 연명했다고 전한다. 바로 이 식물명에서 '나리'라는 지명이 유래한 것으로도 전해지고 있다. 울릉 오미(五味) 중 하나로 꼽히는 산채비빔밥 음식점은 거의 나리분지 안에 집결되어 있다. 출출한 점심 때, 어디선가 향긋한 나물향이 자연의 맛을 극대화하고 미각을 자극해 온다.

나리분지(羅里盆地)

태초의 빛으로 하늘 열리던 날
바다는 자궁 열어 산을 분만했다
산에 층층이 견고한 염원이 쌓여
응어리로 뭉쳐 일렁이다가 용암을 분출했다
뜨거운 불기둥 하늘 높이 솟구쳐
온 세상을 정토하고
바위 밑에서 단단한 씨앗들이 씨눈을 떴다

낙조의 축등 검붉게 하늘을 채색하고
하늘은 가슴앓이로 사계를 잉태하여
봄을 빚고 가을을 빚고
녹엽을 빚고 홍엽을 빚고
그리하여, 햇살 물컹거리는 날
분지는 강고한 염원 서리서리 품어 안아
바람에 절은 너와집 뒤란에
크고 넓은 담록(淡綠) 이파리를 피워냈다

평원을 줄기차게 달려오는 바람
까맣게 윤기 흐르는 어둠 헤치고
봉긋 솟아오른 꽃망울로
여린 봄을 한 접시 데우고 나면
섬은 만추의 심혈관에서 핏줄 터뜨려
마른 가지에다 무서리로 성장(盛裝)한 바람을 매단다

그리고 그때쯤부터
나리분지는
투막집에 억새로 겹겹이 우데기 두르고
꿈 한 자락 불러들여 하얀 겨울잠에 든다.

나리분지는 신생대의 화산활동으로 생성된 화산체의 함몰에 의해 형성된 화구원이다. 이 화구원 안에서 재분출된 용암이 흘러내려 알봉분지와 나리분지로 분리되었다. 분지에는 울릉의 전통가옥인 너와집과 투막집이 있고 자생식물인 울릉국화, 섬백리향이 서식하고 있으며 화목원, 수목원, 놀이시설 들이 들어서 있다.

전통가옥 입구에 서 있는 아름드리나무가 한결 고택의 운치를 더해준다. 이 가옥은 1940년대 건축물로서 울릉 개척 당시의 모습을 원형 그대로 지니고 있다. 지붕에는 돌을 얹거나 기다란 나무를 가로 세로로 엮어 바람 많은 지역의 기후 특성에 대비하고 있다. 집을 에워싸고 우데기를 단단히 둘러친 가옥 구조가 사뭇 인상적이다. 우데기는 억새로 집을 한 바퀴 둘러 바깥으로 둘러치는 벽을 말한다. 겨울이면 눈이 많이 내리는 기후 특징상 집을 보호하고 생활공간을 확보하기 위해 창안한 집 안에 집 구조를 지닌 가옥 형태라 할 수 있다. 억새로 바람을 막아내고 억새 품속에 또 하나의 집을 품고 있는 집 구조이다. 섬의 기후는 수시로 변화무쌍하여 예측하기 어렵다. 해마다 그런 자연을 되풀이하여 살며 자연을 이용하여 자연의 재해를 예방하고 다스리는 지혜를 터득한 섬사람들 삶의 슬기가 결코 범연치 않다.

독도 행 나들이에 나선다. 울릉 탐사에서 가장 흥분되고 기대되는 일정이다. 얼추 배 출항의 자투리 시간을 맞추기 위해 항구에 연한 바위굴 산책로를 거닌다. 울릉기행의 출발점이기도 한 도동항 좌우편 해안

절벽이 빼어난 절경을 이루고 있어 경탄을 자아낸다. 화산암으로 이루어진 해벽에 부딪치는 파도와 깊은 해식 동굴이 쑥물 든 바닷물과 어우러져 천혜의 비경을 이루고 있다. 우리나라에서 일곱 번째로 큰 섬에다 동해바다 유일하게 유인도인 울릉은 섬 전체가 그대로 자연의 보고이자 관광의 천국임을 실감한다.

독도는 우리나라 가장 동쪽 끝 섬이다. 도동에서 89.5㎞의 바닷길을 한 시간 넘게 잘라내자 드디어 독도가 멀리서 고귀한 자태를 드러낸다. 선상에서 일시에 환호성이 터진다. 두 손을 높이 들고 함성을 내지르며 격렬히 뛰어대는 사람들도 많다. 비교적 낮고 평탄한 동도와 가파르고 높은 서도를 에워싸고 서른네 개의 돌섬으로 이루어진 화산섬, 물새가 먼저 마중 나와 뱃전을 회유하며 반긴다. 층암절벽으로 깎아지른 바위섬은 해풍에 닳은 바위 구멍의 예술적 조형으로 신의 작품임을 입증해준다. 감격 어린 전율이 금세 등뼈를 타고 올라 온몸을 마비시킨다. 나는 선상에서 통상적인 모든 언어를 상실하고 무작정 아무런 소리라도 질러대야 했다. 그냥 동물처럼 괴성이라도 내질러 내가 여기에 와 있음을 천지에 알려야 했다. 이곳이 바로 그토록 열망하던 독도이기 때문이다. 이곳이 바로 그토록 열망하고 간절하던 우리의 독도이기 때문이다.

배가 느릿느릿 섬을 안고 돈다. 동도와 서도의 두 봉우리 사이로 트인 바다에서 솟구친 기암괴석이 두 섬에 징검다리를 놓고 있다. 섬이 외롭지 않게 상호 내왕할 수 있도록 배려한 우주의 섭리이다. 이는 신이 건너다니는 징검다리이기도 하고, 해풍이 건너뛰는 풍로(風路)이기도 하다. 수많은 바다제비와 슴새와 괭이갈매기들이 벼랑 끝에서 기류를 타고 오른다. 동해 망망대해에 외로이 떠서 부유하는 섬을 위무하기 위해 벌이는 해조들의 자선공연이다. 절절한 그리움으로 외로운 섬을 찾아든 본토 사람들을 반기는 환영의 몸짓이기도 하다. 일행을 맞아들이는 섬의 촉촉한 눈동자가 동해바다처럼 한없이 그윽하고 깊다.

독도 · 1

이 시퍼런 바다색을 어쩌란 말인가
이 애틋한 바위섬을 어쩌란 말인가

곡예사처럼 외발로 절룩거리며 살아온
생의 틈바귀에서 아리게 진물 묻어나고
그렇게 사는 게 서러워 버둥거리다가
가난한 영혼에 두꺼운 여러 벌의 죄가 덧씌워지고
무겁게 겹쳐진 죄의 무게만큼
동해 퍼런 물에 얼룩진 넋을 벅벅 씻어내며
나는 거기서 서러이 통곡한다
너무도 섬의 바다색이 시퍼렇기에
너무도 바위섬의 눈망울이 애틋하기에

이 구슬픈 바람소릴 어쩌란 말인가
이 절절한 파도소릴 어쩌란 말인가

폭풍우 일렁이는 파도에 생살 에이며
가슴 속 깊이 사무치는 그리움 안고
눈물겹게 살아온 두 개의 돌섬
파도의 날을 베고 누워서도
태양이 다져놓은 결기만은 꿋꿋해라
장엄한 동해물결 동맥으로 고동치는
한국 령, 그 거룩한 이름표 어루만지며
나는 거기서 서러이 통곡한다

너무도 섬의 바람소리 구슬프기에
너무도 섬의 파도소리 절절하기에

이 애절한 바다제비 숨소릴 어쩌란 말인가
이 애처로운 슴새 울음소릴 어쩌란 말인가

수많은 인고의 세월 바람에 닳으며
국토의 초병(哨兵) 되어 살아온 날들
수평에서 떠오르는 만삭인 하얀 달
괭이갈매기에게 한 귀퉁이 쪼아 먹힐 즈음
하늘 저쪽에서 굶주린 먹구름 몰려들기에
황조롱이는 두 눈 부릅떠 섬을 순시하고
바람은 파도 세워 격랑으로 섬을 지키는데
그 어디쯤에서 아기울음처럼 터지는 새소리에
나는 거기서 서러이 통곡한다
너무도 바다제비 숨소리 애절하기에
너무도 슴새 울음소리 애처롭기에.

독도는 울릉도 남동쪽 오십 마일 해상에 있는 화산섬이다. 처음 독도라는 명칭으로 우리 문헌에 나타난 것은 광무10년(1906년)으로, 울릉군수의 보고서 중 '본군 소속 독도' 라고 기록되어 있다. 또한 구한말 시인이자 애국지사인 황현(黃玹)의 『매천야록』에도 같은 명칭이 드러나고 있어 구한말 고종 때부터 이 섬을 독도로 부른 것으로 추정된다. 우리나라는 조선 초기부터 독도를 우산(于山)이나 삼봉도(三峰島)라는 명칭으로 불러왔다. 『세종실록지리지』에서는 '우산, 무릉의 두 섬은 울진현 동쪽바다 가운데 있는데, 두 섬의 거리가 멀지 아니하여 일기가 청명하면 서로 바라볼 수 있다'고 기술하고 있다.

올해도 일본에서는 '다케시마의 날'을 기려 온갖 축제를 벌이고 있다. 1905년에 시네마 현은 독도를 다케시마로 개칭하여 자기들 영토로 편입시키고 울릉 군수에게 이 사실을 통고하여 왔다. 그러나 식민지 시대 실질적인 주권을 잃은 우리는 이에 대해 효율적인 대처를 하지 못했다. 일본이 독도를 자기 고유 영토라고 주장하는 근거의 실마리를 제공한 것이다. 나라도 강력한 힘을 지니고 있어야만 온전히 자기 것을 지켜낼 수 있다는 뼈아픈 역사의 실증이자 교훈이다.

섬 뒷면으로 돌아나가니 오랜 세월의 풍화작용으로 마모된 기암괴석이 신이한 바위 군락을 이루고 있다. 검푸른 바다에서 불쑥 지표면을 뚫고 솟구친 형세가 신이하다. 독도가 바다에다 가장 아름다운 선의 예술로 바위섬을 그리고 있다. 배가 선두를 돌리자 상당한 거리를 두고 이격되었던 동도와 서도가 점차 가까워지더니 하나로 겹쳐진다. 독도는 구멍 난 바위섬의 형이상학적 모습으로 멀어지면서도 기꺼이 피사체가 되는 선심을 베푼다. 오늘따라 배는 파랑의 심술로 입도(入島)하지 못하고 그렇게 안타까운 발길을 돌리고 만다.

독도 · 2

망망대해 망연히 부유(浮遊)하던 섬은
또 다른 섬을 만나 한 편의 설화로 피어나고
뼈마디 쑤시던 아픔의 잔해들
사선(斜線)으로 비켜나간 수평에서
사철나무는 척박한 바위틈에 생명을 내리고도

푸름으로 강건하게 생을 물레질하고
비탈에 선 채송화 두 송이
선홍빛 빛깔로 줄기차게 바다를 채색한다

물골에서 소용돌이치며 오열하던
슬픔으로 범벅된 수많은 사연들
겨레사랑으로 점점이 소멸하고
건어물처럼 바싹 말라가던 사념들이
장중한 선율로 생의 찬가를 노래한다
돌개바람 속에서 부화한 백로 한 쌍
파도더미에 앉아 달빛 쪼아 먹고
바다에다 포만한 노랑부리 닦는다

천년 한을 씻은 파도소리 넘실거리는
평화와 풍요가 만선인 섬으로
축복 받은 유성들이 자박자박 걸어 들어가고
햇빛 한 무더기 팽창하여 무지개로 일어선다
은연한 해초가 우아한 자태로
먼 바다에서 연둣빛 말간 숨을 쉬고
포동포동 살진 두 개의 섬은
서로 어깨동무하고
파도 등성이에다 장밋빛 아침을 끓여댄다.

독도를 밀쳐내느라 쉽게 자맥질해대는 배 뒷전에서 거칠게 하얀 물보라가 인다. 이윽고 독도가 적당히 멀어지자 배와 섬 사이로 바닷물이

한꺼번에 와락 들이치며 인간과 자연의 사이를 냉정히 갈라놓는다. 독도는 자꾸만 아스라이 멀어지는데 갈매기는 아쉬움에 쉬 뱃전을 놓아주지 않는다. 독도가 뜨겁던 용암의 체액을 다스리고 아쉬움에 자꾸만 손을 내젓는다. 점차 멀어지는 동쪽 최종단의 섬이 애달프다.

셋째 날

죽도 행 배에 오른다. 호기심과 기대감이 한껏 팽창되어 몸을 부풀린다. 울릉에서는 비취색으로 인하여 어디가 바다이고 하늘인지 경계조차 모호해진다. 다양한 형세로 지형을 펼쳐 환송하던 울릉이 죽도 가까이까지 따라오며 배웅해준다. 출항 때부터 줄곧 배를 따라붙는 갈매기 떼가 간단없이 손바닥에서 새우깡을 낚아채간다. 갈매기의 줄기찬 날갯짓이 환송의 의례적 몸짓이 아니라 배와 동행하는 것임을 알아챈 것은 죽도에 거의 다다라서이다.

갈매기

하얀 깃털에 바람의 날갤 달고
태초의 해원에서 날아와
등마루 높은 바다물골에 둥지를 튼다
물빛 푸른 파도의 억센 살결 헤쳐
황금빛 햇살 쪼아 먹으며
쇠비름 같은 생을 이어간다

때로는 바닷가 시력 좋은 등대처럼

섬으로 떠나는 배 견인하며
호기심 많은 어느 여인에게서
새우깡을 탐하기도 하지만

갈매기는 바다의 본질이다
인생의 바다를 줄곧 꾸밈의 자리에서 살아온
남루하고 허름한 내 생과 달리
바다의 뿌리를 먹고사는
그는 바다 그 자체이다

으레, 바다가 있으면
파도가 있고 바닷바람이 있고
추억이 있고 꿈이 있듯이
은빛 갈매기는.

바다는 삶에 지친 일상을 푸른 가슴으로 맞아주고 섬은 고요히 바다를 끌어안는다. 뱃길에서 조금씩 울릉도 사람들 삶의 흔적이 지워지면서 죽도의 단아한 모습이 나타난다. 배가 깎아지른 절벽에 접안하고 승객들이 설렘으로 발길을 들인다. 나선형으로 구축된 삼백예순다섯 개 계단을 밟고 달팽이처럼 돌아들어 허위허위 섬에 오른다. 누군가 '죽도록 고생하여 찾아와보니 죽도가 좋더라' 고 우스갯소리를 했다던가? 달팽이가 되어서야 이를 더욱 실감한다. 여행은 고난의 관문을 통과하는 의례적 시험이기도 하다.

곳곳에서 대나무가 군락을 이루고 절벽에서는 괭이갈매기들이 둥지에서 알을 품고 있다. 포란한 갈매기의 경계심 많은 부리가 줄곧 곁으로 스쳐가는 내방객을 겨냥한다. 벼랑 끝 바위 모서리에 있는 둥지에서 새끼 갈매기가 날개 펴는 실습을 하다가 해풍에 말려 위태로운데 어미는 의외로 이를 지켜보면서도 태연하기만 하다. 죽도를 향할 때는 무수한 갈매기가 새우깡 욕심에 경쟁적으로 따라오며 날갯짓을 하지만 내방객들이 다시 울릉으로 돌아갈 때는 어느 누구도 동행하지 않는 영특한 새이기도 하다. 관광객들에게서 이미 자신들의 먹이가 바닥난 것을 간파하여 알기 때문이다.

죽도는 울릉의 도동항에서 동북방으로 약 7㎞ 지점에 위치한 섬이다. 울릉부속도서 가운데 면적이 가장 큰 섬으로서 가장자리 끝단이 깎아지른 절벽으로 형성되어 있다. 죽도에는 한 가구 주민이 거주하는데, 우물이 없어 평소에 빗물을 받아두었다가 식수로 사용하기에 집 앞에 커다란 물통이 나란히 놓여 있는 모습은 죽도의 진풍경 중 하나이다. 독도가 거칠고 가파른 바위섬의 형태를 지닌 것에 비해 죽도는 평원석처럼 단아하고 평탄한 모습으로 이루어져 대조적이다.

해안가 산책로에 들어서니 원시 숲이 빼곡히 우거진 관음도와 삼선 암을 비롯한 작은 섬들이 죽도 앞 바다까지 점점이 징검다리를 놓고 있다. 드넓은 바다에 외로이 떠서 부유하는 죽도를 배려하는 울릉의 따뜻한 마음이리라. 깎아지른 절벽과 초록색 나무들, 한 점 티 없는 쪽빛 바다와 짙푸른 하늘이 저절로 감탄사를 연발케 한다. 아늑한 오솔길로 외면을 두른 섬 길에 싱그러운 대숲터널이 환상적이다. 댓가지가 자연스레 가지를 엮어 만든 대숲터널이 마치 꿈의 세계를 현시한 듯이 아름답다.

대숲터널을 지나니 드넓은 더덕 밭이 펼쳐진다. 죽도 지표면에 얇게 덮여 있는 부석이 풍화작용에 의해 쉽게 토양층을 만들고, 이 토양에서 더덕이 잘 자란다고 한다. 밭은 이미 수확을 마친 후이나 아직도 군데군데 더덕 싹이 그대로 남아 있다. 더듬더듬 그곳을 파니 제법 탐스러운 더덕이 삐죽이 고개를 내민다. 가을걷이 끝난 논에서 이삭을 줍듯이 농사 끝난 밭에서 더덕 줍는 재미가 제법 쏠쏠하고 재미있다.

죽도(竹島)

시들어가는 잎사귀 두어 장으로 해가림하고
사막 횡단하는 쌍봉낙타처럼
메마른 길 터벅터벅 걸어보지만
내게 아직, 향기는 너무 멀리 있습니다
섬의 대숲터널은 신이한 오아시스로의 통로입니다
댓가지 둥글게 엮어 바닷가로 신기루의 길을 내고
바닷바람 한 줄기 싱그러이 맞아들입니다
향기에 심히 조갈 들 때 아름아름 향기가 풍겨옵니다
선창가에서 상큼한 갯내음 풍겨오고
섬은 눈망울 깊을수록 더욱 고요해집니다

섬 속의 섬입니다.
섬이 출산한 신생아들의 동공이 샛별처럼 빛나고
그 동공에서 화르르 희망 한 점 지핍니다
때론 외로움이 비늘을 털어대기도 하지만
그건, 섬의 외로움이 아니라
섬을 찾아든 길손의 외로움입니다
꼬장꼬장 마른 비늘들이
바람에 훨훨 날려가고 있습니다

바닷바람에 더덕 향기 흥건합니다
섬에 뿌리박고 섬을 먹으며 자란 토종이라서
흙냄새까지 구수합니다

향이 그윽할수록 맛도 깊습니다
천만년 사연 주저리주저리 피워낸 운무(雲霧)가
쑥부쟁이 떡잎에 앉아 보랏빛 바람 일으키고
섬의 아름다운 풍경화가 진본이라고
햇살 조는 중천 떠돌며
낮달이 허공에 낙관을 찍어대고 있습니다

대숲 향 짙은 바람이
더덕 꽃 망울지는 밭고랑에 앉아
쪽이 묻어나는 바다 얘기 재잘대고
거기서, 무명 치마폭 같은 섬의 설화(說話)가
무성한 꽃잎으로 피어나고 있습니다.

선착장에서 뱃고동이 울린다. 쪽빛 바닷물에 흠뻑 젖은 뱃고동소리가 거푸 떠남을 채근한다. 그래, 이제 뭍으로 발길을 재촉할 시간이다. 섬에, 바다에, 괭이갈매기에 마음속 깊이 안녕을 고한다. 돌아서는 바닷길에서도 마음 한 자락 여기에 머물러 미처 챙겨가지 못할 것이다. 그리고 머지않아 이곳에 자생하는 그 마음을 만나러 그리움의 발길은 또다시 바다를 건널 것이다. 그날까지 심층에서 환상으로 잠재하는 울릉바다는 한 점 티 없이 맑은 쪽물로 나를 푸르게 채색할 것이다. 그리고 생의 다채색 화음이 올올이 원음(圓音)으로 생성되는 지평에 서서 나는 지속적으로 푸른 바다 건너 한 점 섬 이상향을 꿈꿀 것이다.

흥, 멋, 신명으로 풀어낸 국토 순례기

— 최병영의 『길에서 만난 풍경』의 작품세계

정 목 일

(한국수필가협회 이사장 · 한국문인협회부이사장)

1.

최병영 작가의 시와 에세이로 엮은 기행문을 읽었다. 최병영 작가는 시, 수필, 문학평론을 함께 쓰고 있는 재능 있는 작가로서 국악인이기도 하다. 또한 평생 동안 교육자로서 학생들을 가르치다가 정년퇴임 했다. 한 가지 재능을 지니기도 어려운 일인데, 다재다능(多才多能)을 타고난 것만 보아도 예사롭지 않다.

하늘이 신임하는 사람임을 알게 된다. 문학의 재능, 교육자의 품성, 국악인의 기예를 부여받았다. 재능은 타고난다지만, 저절로 피어나는 게 아니다. 썩히고 게으르면 재능이 닳아 소용없이 되기도 하는 법이다. 최병영 작가는 근면 성실의 손을 타고 났고, 겸허하고 꾸준한 자세로 재능을 꽃피우고자 부단한 노력을 기울여 온 듯하다.

표정이 진지하고 천성이 착하다. 『길에서 만난 풍경』을 읽고 느낀 점은 그냥 일회성(一回性), 일과성(一過性)으로 여행지를 견학한 소감을 담아 놓은 기행문과는 다름을 알았다. 도시를 떠나 자연 경치를 완상하면서 삶의 피곤과 긴장을 풀기 위해 여행을 떠나는 경우와 사뭇 다르다. 현대인에겐 여행이 어느새 생활의 한 부분이 되었다. 여행 기록을 남기는 사람들이 없진 않지만, 출발지에서 도착지까지의 자연 풍경과 느낌들을 기록해 놓은 것에 불과하다. 스쳐간 것들의 본 대로 느낀 대로의 기록일 뿐이다.

최병영 작가의 이번 『길에서 만난 풍경』은 '바람 따라 물결 따라 시와 에세이로 엮은 문학여행기'라는 부제(副題)를 붙여 놓았다. '바람 따라 물결 따라' 가는 여행은 마음의 여유가 보이고 신바람과 흥취를 느끼게 한다. 계획과 시간에 얽매이지 않고 홀가분한 기분으로 자연과 풍경에 눈 맞추며 일생에 한 번 우리 국토의 가보고 싶었던 곳에 머물러 시를 읊고 신명이 나면 피리라도 한 곡 불어서 만년 명상의 산과 흘러내리는 강물과 대화하고 싶은 심정으로 길을 나서고 있다.

그냥 여행이 아니라 유람이다. 자신이 태어나고 영육을 키워낸 어머니나 다름없는 산천을 찾아보고자 함이다. 가장 한국적인 정감과 흥취를 불어넣어 팔도 유람을 하면서 시와 문장을 지으며, 시조도 한 수 읊조리며 자연을 벗 삼던 옛 선비들의 신명과 운치를 되살리며 가는 길이다.

인간은 태어날 때부터 어디론가 떠나는 존재이다. 삶이란 행선지를 알 수 없는 운명의 길을 가는 도정임을 말한다. 어디에서 와서 어디로 가는지 모를 길을 가는 것이 삶이다.

2.

한국 기행문학의 시발점으로 혜초의 『왕오천축국전(往五天竺國傳)』을 들고 있다. 통일 신라 시대, 727(성덕왕 26)년에 혜초(慧超)가 고대 인도의 다섯 나라와 인근의 여러 나라를 순례하고 당나라에 돌아와서 그 행적을 적은 글이다. 1908년 프랑스의 학자 펠리오(Pelliot, P.)가 간쑤 성(甘肅省) 둔황(敦煌)에서 발견하였으며, 현재 남아 있는 것은 1권 1책이다.

우리나라 문학사에서 우뚝 솟은 것은 기행문학이다. 『왕오천축국전』은 우리나라 최초의 문학 서적이며, 연암 박지원의 『열하일기』는 조선시대 문학의 백미(白眉)이다. 근대 문학의 효시(嚆矢)로 유길준의 『서유견문록』이 있다. 모두 기행문학이란 공통점이 있다.

기행문학은 현장 답사를 토대로 체험과 견문을 쓴 글이다. 인간은 한자리에 머물 수 없는 존재이다. 새로운 세상을 위해서 떠나는 존재이다. 선구자와 개척자들은 먼저 길을 찾아 떠나는 사람들이다. 현자와 성자들은 길 위에서 명상한다. 많은 사람들이 목숨을 걸고 가고자 했던 길, 실크로드는 인류의 이상과 욕망을 속속들이 보여주는 개척의 흔적이다.

혜초는 깨달음에 목이 마른 구도자이자, 새로운 세상을 체험하고 알려고 한 탐험자였다. 목숨을 걸고 험난한 실크로드를 드나들던 용기는 종교적인 신념과 중생제도의 소명을 안고 있었기 때문이다. 그의 일생의 면모는 한국 최초의 기행문학 서적을 낸 문학가이며, 탐구와 개척의식을 보여준 탐험가였고, 새로운 세계를 추구했던 인물이었다.

근래에 여행이 생활의 일부가 되면서 많은 여행수필들이 나오고 있지만, 수준 높은 작품은 대하기가 어려운 실정이다. 옛 선비들은 평생에 한 번 국토 여행을 꿈꾸었지만, 교통 사정과 경제 상황이 따르지 못해 이루기 힘들었다. 현대에 와선 주말마다 가족이나 친구들과 함께 여행이 생활의 일부가 됨에 따라 여행문학이 번성하게 되었다.

3.

최병영 작가의 기행문은 색다른 모습과 양상을 보여준다. 손쉬운 주말여행이나 해외여행처럼 삶의 활력과 기운을 북돋워주려는 의도와 계기를 마련하고자 시행하는 단순한 문학기행이 아니다. 공직에서 물러나 일생에 한 번 꿈꾸던 국토여행길에서 우리나라 자연의 풍광과 아름다움의 진수를 온전히 온몸으로 체득하고자 나서고 있다. 휴전선으로 가보지 못하는 북녘 땅을 제외하고 경상, 전라 남녘과 서해와 동해지역, 충청 내륙, 강원도에 이르기까지 가보고 싶은 지역을 크게 나눠어 그 고장이 지닌 향토의 멋, 맛, 미와 자연과 인물, 문화와 특성을 체험하고자 하는 의도를 담고 있다.

『대동여지도』를 펴낸 김정호는 백두산에서 한라산까지 걸어서 답사하며 우리나라의 산, 들, 강과 만났다. 고을마다 문화와 유산을 살피고 전 국토에 땀에 밴 발자국을 남기면서 한 장의 온전한 지도를 그려놓고자 했다. 깊고 뜨거운 국토애로 홀로 삼천리 국토를 세 번씩이나 답사하였다.

최병영의 국토 순례는 어쩌면 일생의 한 목적이 아니었는지 모른다. 그의 순례기엔 향토 사랑의 피가 흐르고 애환이 담기고, 독특한 향토색과 문화전통이 엿보인다. 최병영은 한 사람의 흘러가는 여행객이 아닌 시인이며 수필가요 평론가로서 오늘의 우리나라 국토가 지닌 풍경과 문화의 모습을 담아놓고자 했다. 그는 스쳐가며 풍경을 담으려고 하지 않는다. 순간의 만남일지라도 그 지역이 지닌 자연의 특질과 문화의 꽃을 음미하고 노래하고자 한다. 일찍이 국악을 익혀 마음속에 농악 장단이 울려나오기도 해서 운율이 있고, 풍류가 흐른다. 흥과 멋을 살리고 맛과 미를 찾을 줄 안다. 지역마다의 고유한 역사와 자연과 문화를 살피는 여행은 지루하지 않고 신명에 젖어 있다.

신바람과 운율이 있기에 시가 흐르고, 설명해야 할 부분이나 묘사를 해야 할 부분에서 문장이 신명나게 척척 이어진다. 그의 여행기는 감탄이며 음미이다. 그냥 길에서 만난 단순한 풍경들이 아니다. 민족의 숨결이요, 향토사의 흐름을 보고 있다. 여행을 통해 한민족이 대대로 살아온 국토와의 대화와 마음의 교류를 꾀하고 있음이다.

문장가로서 국악인으로서 옛 선인들이 평생에 한 번 팔도 유람을 떠나듯이 신명과 국토애로 대자연의 풍광을 찾아 시를 읊고 문장으로 남기면서 흥겨움에 노래하고 신비스러움에 취하고 흥겨움에 추임새를 붙어 넣으며 한국의 멋과 흥과 신명을 찾아가고 있다. 그의 기행은 현대의 편리한 방식대로, 일과성 일회성으로 스쳐가는 여행이 아니다. 일생에서 우러난 삶과 자연과 문화를 통한 통찰과 애정을 드러내고 있다. 말하자면 전통적인 기행문의 율법과 특색을 고스란히 살려보고자 했다. 여행지마다 사람과 문화를 접하고 그냥 눈으로만 보고 스치는 게 아니라, 그 풍경 속에 함께 취하여 막걸리 한 잔을 마시며 어깨춤을 추면서 흥겨움에 시조 한 수라도 읊조려야 신명이 풀리는 흥취를 살리고 있다. 한국인의 전통적인 정서와 흥을 살려놓은 기행문이라 할만하다.

4.

최병영의 『길에서 만난 풍경』은 모두 17마당으로 구성돼 있다. 첫 번째 이야기– 바람의 깃에 은빛 날개를 달고 나서다/ 두 번째 이야기– 소쇄원(瀟灑園),

대숲에서 퉁겨지는 대피리 소리/ 세 번째 이야기- 백령(白翎), 그 섬에 극점의 붉은 바람이 분다/ 네 번째 이야기- 〈우리 읍내〉, 비 오는 날의 수채화/ 다섯 번째 이야기- 갯벌이 빚어내는 삶과 죽음의 처연한 풍경/ 여섯 번째 이야기- 정선, 아름답고 순결한 땅에 설화는 지피고/ 일곱 번째 이야기- 해오름의 심지 촛대바위, 그 장엄한 불꽃/ 여덟 번째 이야기- 청남대, 저토록 진초록 숨결 질펀하건만/ 아홉 번째 이야기- 마산, 뜨거운 저항의 혼불 시비로 새기다/ 열 번째 이야기- 안동, 겨울 강에 흰꼬리수리 날아들고/ 열한 번째 이야기- 예천(醴泉) 가는 길, 봄이 물큰하더라/ 열두 번째 이야기- 청백리(淸白吏), 정녕 고매하고 위대한 이름이어라/ 열세 번째 이야기- 명동, 빗속에 잃어버린 젊은 날의 초상/ 열네 번째 이야기- 플라타너스는 빗소리로 우산을 깁고/ 열다섯 번째 이야기- 탄금대(彈琴臺), 열두 대는 퍼런 강물에 목이 메고/ 열여섯 번째 이야기- 죽녹원(竹綠園), 대숲에 드는 바람소리 온유해라/ 열일곱 번째 이야기- 울릉(鬱陵), 영원히 뜨겁고 격동적인 국토의 품이어라

시와 수필로 쓴 기행문은 하나씩의 이야기 형식으로 구성돼 있다. 문학 장르로는 기행문으로 수필 영역이지만, 시가 있고 소설적인 구성의 묘를 살려 놓았다. 기행 공간은 남한의 전지역을 17등분하여 강원도 정선에서 남도의 담양 소쇄원에 이르기까지, 서해의 백령도에서 동해의 울릉도까지, 내륙의 안동·예천 등을 두루 답사하고 있다.

『길에서 만난 풍경』은 어떻게 펼쳐지고 있는가. 기행문에서 공통적으로 도입되고 있는 글쓰기의 양식과는 다르다. 대개 출발에서 귀환까지의 보고 들은 견문에 대한 느낌이나 생각을 보탠 보편적인 기행문 쓰기의 양식에 벗어나 있다. 최병영 작가는 한 마당씩의 이야기 속에 자연 풍물과 함께 그 지역만의 고유한 문화 전통과 풍속의 미를 재발견하고 음미하고 있다. 현대의 모습을 현대인의 시각과 마음으로 보는 데 그치지 않는다. 선조의 얼과 마음과 문화를 꿰뚫어 보며 가슴으로 느끼고자 한다. 그냥 스쳐가는 여행객의 눈과 마음이 아니다. 대동여지도를 완성시킨 고산자 김정호의 발걸음처럼 우리나라의 국토애와 자연애에 몰입되어 그 마음과 전통과 풍속을 낱낱이 바라보고자 한다. 그래서 그의 기행문에는 시가 있고 흥이 있고 신바람이 있다. 대개의 기행문에서

시간과 공간과 역사적인 기록이 중요시 되곤 하지만, 최병영의 기행문은 시 · 공간을 뛰어넘어 우리 향토의 역사, 문화의 뼈와 영혼을 느껴보게 하려는 의식이 배여 있다. 옛 선조들의 양식을 취한 것이지만, 현대에 눈여겨보고 되살려 보고픈 시도로써 온고지신(溫故知新)의 아름다움을 느끼게 만든다.

5.

글월이 마구 겉돌아
칠흑 같은 어둠의 늪을 헤맬 때
훌쩍 진안에 가서 마이산을 만났습니다
거기서 말처럼 두 귀 쫑긋 세우고
돌탑 사이로 흐르는 바람소릴 들었습니다
온 정성으로 층층이 쌓아올린 돌탑과
청량한 바람소리가 글귀를 터주었습니다

글은 바로 돌탑이고
돌탑을 스치는 바람소리였습니다

시상이 마구 덜컹거리며
갈림길에서 미로를 헤맬 때
훌쩍 두물머리에 가서 한강을 만났습니다
거기서 우화한 나비처럼 팔랑팔랑 날며
북한강과 남한강이 살 섞는 소리를 들었습니다
퍼렇게 멍울져 흘러가는 강물과
해맑간 물새 울음이 시의 행간을 열어주었습니다

시는 바로 강물이고
강물을 쪼아대는 물새소리였습니다

나는 지금 강 안개에 감쳐져 희끄무레한
활자의 뭉툭한 돌기로 판화(版畵)를 새기며

청정한 강어귀 열목어의 눈빛으로
목단 같은 여인의 사타구니를 탐하고 있습니다

하지만,
해 설픈 오후
돌탑 다리가 자꾸만 짧아지고
물새 부리가 자꾸만 닳아지고 있습니다

여인의 사타구니는
바람소리 거칠고 강물소리 드센
시의 늪이고 미로였습니다.

— 최병영 〈서시(序詩) · 2〉「청정한 열목어의 눈빛으로」

최병영 작가는 『길에서 만난 풍경』을 쓰면서 느낀 감회를 다음과 같이 적고 있다.

세월호 사고 이후 좀체 글을 정리할 수 없었다. 그저 멍하니 현실이 아닌 듯한 침몰의 바다만 지켜보았다. 거기에선 속절없이 탁한 물살만 흘러갔다. 팽목항의 통곡소리만 들려왔다. 진도체육관의 비통만 왱왱거렸다. 생기 차게 재잘거리며 수학여행을 떠나던 어린 꽃송이들의 주검이 쇠망치로 가슴을 쳐왔다. 교단에서 평생 아이들을 가르치며 교육자의 길을 걸어왔기에 그랬다. 여기 담는 글이 바로 여행 이야기이기에 더욱 그랬다. 그러기에 자꾸만 헝클어져 이완되는 의식으로는 글의 감성도 사유(思惟)도 좀처럼 정리할 수 없었다.

이 소소한 여행 이야기가 이 땅의 가슴 아픈 이들에게 조금이라도 위로가 되면 좋겠다. 고통 어린 멍울을 안고 살아가는 이들에게 조금이라도 정서적 위안이 되면 좋겠다. 일찍이 영국시인 T.S Eliot는 「황무지」에서 사월을 잔인한 계절이라 노래했지만, 정작 이 땅의 비극이 이렇게 잔인할 줄은 예견치 못했다. 극도로 이기적이고 탐욕적인 세상에 대한 하늘의 응징이리라. 정녕, 내일의 태양은 오늘보다 좀 더 순박하고 은연하면 좋겠다. 오늘이 너무 슬프고 아리기에 내일의 태양은 꼭 그랬으면 좋겠다.

최병영 작가는 중등 교장으로 정년을 맞은 교육자로서 2014년 4월에 발생한 '세월호 침몰'로 수백 명의 학생과 탑승자들이 희생되어 전 국민이 비탄과 슬픔에 빠져 있음을 보면서 '바람 따라 물결 따라 시와 에세이로 엮은 문학여행기'『길에서 만난 풍경』의 첫 장에 '세월호' 침몰의 희생자에게 바치는 '서시'로 시작하고 있음을 눈여겨본다. 수학여행을 가던 중에 일어난 일이기에 교육자로서 문학여행기를 내는 작가로서 희생자에 대한 애도를 독자들과 나누려 하고 있다.

해묵은 생채기 하나씩 보듬고
거기에 길이 있어 그 길을 걸었네
때론 눈비 내리고
때론 폭풍우 들이치고
질척거리는 어둠 속에서도
길은 길을 낳고 길로 이어졌네

—「길 2」 부분

최병영의『길에서 만난 풍경』은 여행길에서의 풍경만을 담은 것이 아니다. 인간은 태어날 적부터 길을 떠나는 존재다. 행선지를 알 수 없는 길을 가고 있다. 삶이란 길 위에서 얻는 것이며 종착지를 알 수 없는 길을 가고 있다.『길에서 만난 풍경』 속엔 자신의 인생 풍경과 체험과 느낌이 담기기 마련이다. 이번『길에서 만난 풍경』 속엔 작가의 인생적인 삶의 의미와 깨달음을 이 여행문학에 담아놓고 있다.

6.

저자는『길에서 만난 풍경』을 '문학여행기'임을 밝히고 있다. 기행문은 시간의 경과에 따라, 혹은 공간 이동에 따라 보고 느낀 것을 써내려간 글쯤으로 생각하는 사람들이 많다. 그래서 여행기는 가벼운 글인 양 여겨지는 경우가 많은 게 사실이다. 일회성 일과성적인 만남과 살핌으로서는 깊이와 내면을 담아내기가 어려운 노릇이다. 바깥만을 보고 수천 년의 역사와 문화를 지닌 고대 문물과 건축물을 제대로 이해하고 감상하기는 어려운 일이다. 바깥이 아닌 속을 보려면 오랫동안의 관찰과 대화를 통한 시간이 필요하다. 대상에 대한 탐구가 필요하다. 최병영 작가의 『길에서 만난 풍경』은 오랫동안 우리 문화에 대한 공부와 해석으로 눈으로 척 보고서 마음으로 통하는 눈 맞춤과 마음의 대화가 다정히 들려온다. 이런 풍류와 정감이 있어야만 제대로 우리 향토 내음이 나고 멋들어진 자연 풍광과 풍속을 속속들이 이해할 수 있는 법이다. 최병영 작가의 『길에서 만난 풍경』이란 여행문학은 이런 맛과 멋과 흥을 보여준다는 점에서 남다른 면이 있다.

대숲에 바람 한 줄기 서성입니다. 고요한 대숲이 수런거립니다. 댓가지가 비켜서서 바람 길을 터줍니다. 대나무 우듬지에서 푸르게 젖은 하늘이 댓잎을 초록으로 채색합니다. 당기면 금세 터질 것 같은 탱탱한 하늘에 양털구름 한 조각 떠가고 있습니다. 하늘이 호수처럼 깊습니다. 자연이 선사해 주는 형용할 수 없이 아름다운 한 폭의 수채화입니다. 통통한 햇살이 댓가지에 앉아 빛을 산란합니다. 빛이 댓가지를 타고 내려와 죽순에 머무릅니다. 햇살이 자그만 입을 오물거리는 죽순을 안고 수유합니다. 대숲은 바로 그들의 정든 고향입니다. 대숲에 들면 적이 마음이 평온하고 온유해집니다.

대숲에 들어섭니다. 입구에 들어서자 이내 들큼한 댓잎 향기가 초록 길을 안내합니다. 온몸으로 깊이 들숨을 들이쉽니다. 이내 신선한 공기가 영혼까지 맑게 씻어줍니다. 대숲에는 안락한 평화가 있습니다. 헝클어진 영혼을 정화하는 맑은 바람과 새소리가 있습니다. 그곳에 들면 오랜 날 퇴적층에 층층이 쌓인 번뇌와 갈등이 희석됩니다. 갖가지 애석한 일, 아쉬운 일, 화나는 일, 부끄러운 일들을 모두 털어내고 무심으로 온전히 자아만의 세계에 몰입할 수 있습니다. 갯바위에 덕지덕지 들붙은 굴 껍질처럼 숨통을 막아온 삶의 부스러기를 말끔히 파쇄(破碎)할 수 있습니다. 대숲은 완벽히 자신만의 자유를 향유할 수 있는 아늑한 사유와 휴식의 공간입니다.

댓바람소리

바람 한 줄기 대숲에 와 머물고
댓잎소리 스르르 한지에 젖어 드는 밤
동산의 둥근 달은 하얗게 소복하고
고향집 할머니 방문 앞에서
밤새도록 봉창을 두들겼습니다

바람소리처럼
물레 돌아가는 소리 들리다가
적막 속에 이따금씩 헛기침과 함께
탕 탕 탕
쇠 재떨이에 곰방대 털어대는 소리
그윽한 달빛에 진액으로 묻어났습니다

—「죽녹원(竹綠園), 대숲에 드는 바람소리 온유해라」 부분

하나의 공간인 '죽녹원'을 보고서 시가 나오고 흥이 솟고, 신바람이 나는 멋과 운율이 흐르는 문장을 보여준다. 이런 걸음걸이로 마음으로 우리 국토의 정다운 풍취와 문화의 가락과 삶의 운치를 잘도 살려낸 전통적인 기행문학의 계승을 보여준다.

시인, 수필가, 국악인이기에 어느새 마음에 민족의 가락이 흐르고 이번 국토 순례기를 통해 자신의 삶의 길에도 신명과 의미를 불어 넣고자 한 의식을 보여준다. 이 남다른 '시와 에세이로 엮은 문학여행기'인 『길에서 만난 풍경』의 상재를 축하드리고 독자들의 많은 호응이 있길 바란다.

길 위의 마술사, 최병영의 작품세계를 보쌈하다

정 성 희(수필가)

기골과 풍치가 사뭇 웅걸한 이 선비가 누구시더라. 가만가만……. 작년 이맘때쯤 『깡태의 꿈』이란 시집을 출간한 최병영 시인이 아니시던가. 보드레한 조갯살 같은 감성으로 시를 주물럭거리던 그가, 이번에는 전보다 더 큰 일을 벌이고 돌아왔다. 광개토왕이 되어 강원도 정선에서 남도의 담양 소쇄원을 거쳐, 서해의 백령도와 동해의 울릉도를 가로질러 내륙의 안동과 예천을 두루두루 답사하고 돌아왔다. 손가락만 까딱하면 온 세상이 눈앞에 펼쳐지는 컴퓨터시대에, 굳이 보따리를 싸매고 발품을 팔아 구석구석 풍물들을 찾아 직접 보고 냄새 맡고 손으로 만지는 국토순례 길에 나섰던 것이다. 그 길 위에서 만난 대자연의 풍광을 시로 읊고 한국인의 흥과 한을 문장으로 남긴 기행문 한 꾸러미를 엮어 돌아온 것이다.

일 년 만에 돌아온 시인은 하루 스물 네 시간을 절단해가며 엿가락처럼 늘여서 영혼을 빚었으리라. 한여름 콩죽 끓이는 가마솥더위에도 쉬지 않고 길 위에다 세월을 깔고 글 고랑을 다졌으리라. 청나라를 기행하면서 『열하일기』를 남겼던 연암 선생도 달리는 말 위에서 글을 썼다고 하니, 이들의 치열한 작가의식에 쩍 벌어진 입을 다물 여력조차 없다. 영화 〈빠삐용〉에서 재판관의 판결이 생각난다. 살인의 누명으로 자신의 억울함을 하소연하던 빠삐용에게 재판관은 '소중한 시간을 허투루 낭비한 죄가 가장 크다' 라고 언도를 내린다. 살아가면서 소리 없이 줄기차게 문학의 솔기를 파고드는 시인의 부지런함을 두고두고 새겨둘 만한 명판결문이 아닌가 싶다.

'닳아 없어지는 것이 녹슬어 없어지는 것보다 낫다' 라는 서양속담은 최병영 작가를 두고 일컫는 말일 게다. 시인이며 수필가이며 평론가인 그의 왕성한 문학적 업적은 외려 인생의 후반기에 이루어졌다. 예술창작에 정년이 없다는 말이 실없는 소리는 아닐 듯하다. 하기야 늦깎이 집념이 어찌 그뿐이겠는가. 소크라테스는 칠십의 고갯마루에서 그의 철학을 대성하였고, 베르디는 팔십 줄에 오페라 〈오셀로〉와 〈아베마리아〉를 작곡하지 않았던가.

요즈막 들어 그는 주기적으로 건강을 체크하느라고 병원에서 적지 않은 시간을 소비하고 있다고 들었다. 그럼에도 쉼 없이 형형색색의 글 꽃을 피워내는 열정에 눈시울이 붉어진다. 어느 시대건 위대한 사람들은 파란만장한 나날을 보내고도 이에 굴하지 않고 불후의 명작들을 창조해오지 않았던가. 베토벤이 그렇고, 존 밀턴이 그러하다. 베토벤은 천둥소리조차 들을 수 없을 정도로 귀가 멀었을 때, 최고의 오라토리오를 작곡했다. 존 밀턴은 한치 앞조차 볼 수 없을 정도로 눈이 멀었을 때, 불멸의 걸작 『실낙원』을 저작했다.

작가는 예리한 붓끝으로 세상을 그리는 길 위의 마술사이다. 두 발로 걸으면서 산맥을 넘고 강을 건너면서 한 땀 한 땀 박음질한 풍경을 원고지 안에 차곡차곡 쟁여둔다. 온 산야에 꽃불을 지피는 봄의 들뜸도, 화려한 꽃 타래를 주렁주렁 매단 여름의 화사함도 다 끌어모아 둔다. 코스모스의 하늘거림이 넘실대는 가을의 청량함도, 눈 덮인 바위에 적막이 고드름 지는 겨울의 황량함도 다 쓸어 담아 둔다. 들녘 너머 허물어진 돌담과 빛바랜 풍경도, 가파른 구절양장 오르막에 둥지 튼 응달진 사람들의 애환도 주워 모은다. 세상소리가 소복소복 들어 있는 그의 디딤이야기는 진즉 생의 이면을 알아버린 사람들의 냉한 가슴을 잔잔하게 흔들어 아늑한 옛날로 되돌린다. 시간의 수레에 실려 사라진 것들은 시문에다 절여두고, 사람과 사람을 잇는 인정은 글 솔기마다 새지 않게 촘촘히 마름질한다.

천봉만악(千峰萬岳)을 휘돌아온 물줄기가 두물머리에서 합수하여 큰 강을 이루듯, 시와 수필이 어우러진 그의 글에서는 묵은 장처럼 곰삭은 세월 냄새가 난다. 메마른 땡볕에 폭우가 내리듯, 세월 속에 가지런히 정제된 그의 혼불에는 천지가 내리고 만물이 소생한다. 깊은 사색으로 결을 삭여 시간의 풍화에도 마모되지 않는 맑은 영혼이 깃든 그런 담박한 글이어서 그러하다. 독자의 마음을 훈훈하게 적셔주고 삶의 향기와 감동이 있는 그런 소담한 글이어서 그러하다. 맨 처음 그의 「막사발」을 마주한 순간 낚싯대에 걸려든 물텅벙이 마냥 절대 놓치고 싶지 않는, 봐도 봐도 물리지 않는, 여태껏 내가 찾아 헤매던 그런 글이었다. 재 너머 엿본 청상과부를 보쌈해온 홀아비의 심정이 그러했을까…….

고수의 장단에 창이 이끌리듯, 집 나간 마음을 불러들여 사설 한마당을 시로 둔갑시키는 괴력으로 드문드문 써낸 글이 한 꾸러미 되었다. 작가는 자신의 여행담에다 전통적인 시상을 가미한 오곡백과를 소담한 그릇에 담아 세상에 내놓는다. 시의 묘사와 함축, 수필의 철학적 이미지를 정교하게 치대어 유려한 문장으로 아우르는 이들의 동거는 여정 내내 이어져 열일곱 마당을 이룬다. 큰댁과 작은댁을 넘나들며 길 위 여기저기에서 발굴된 세상 이야기가 수묵화처럼 경계를 긋지 않고 천연덕스럽게 어우러져 도타운 이웃 간의 정리를 보는 듯하다.

이 긴 세월 다져진 심지 곧은 향토문화가 그의 혼불로 인하여 찬란한 꽃을 피우며 칠흑의 세상 위로 우두둑 쏟아져 내린다. 삶에 대한 깊은 혜량과 맛깔스런 문체로 일상적인 소재도 신선하고 참신한 글로 부활시키는 붓끝의 마술이 몸서리치도록 소름끼친다. 범상한 일상에서 건져 올린 범상치 않은 글들, 그가 아니면 절대로 쓸 수 없는, 신이 강림한 듯한 신기마저 감도는 글에 어떠한 찬사도 아끼지 않는다. 번잡한 서사적 얼개를 다 버린 담박한 골계미에 섬광처럼 돌올한 상상력과 해박한 지식, 심오한 사상과 심미적인 언어구사력은 줄곧 내 시선을 옭아매어 놔주지 않는다. 간혹 글이 싱거우면 초밥 속에 맵고 알싸한 맛을 내는 고추냉이처럼 짭조롬한 추임새로 간을 다지는 글 발림에 온 정신이 아뜩해진다. 무릇 훌륭한 글이란 바로 이런 경지를 두고 일컫는 게 아닐까. 언제부터인가 하루라도 그의 글을 읽지 않고서는 삶이 무의미하게 느껴질 정도의 신들림 같은 지독한 열병에 빠져버렸다. 단어 하나, 문장 한 줄도 허투루 쓰지 않은 그의 치열한 글이랑 사이를 헤집으며 내 인생의 밑줄을 쭈욱쭈욱 긋는다.

반가사유상처럼 턱을 괴고 앉아, 닭이 모이를 쪼듯 그의 마당이야기를 낱낱이 해부해본다. 한 갈피 한 갈피 너덜너덜해진 책장을 넘기며 거친 소용돌이 속을 휘몰이바람 되어 살아온 그의 인생 역정을 읽는다. 삶이 덜컹거릴 때면 진양조 한풀이로 얼래며 서릿발 같은 고갯마루를 굽이굽이 넘어왔을 그의 고뇌가 시문 너머로 언뜻언뜻 얼비친다.

바람이 문고리를 달랑거리다 봉창에 부리를 박는다. 바람소리에 인내의 저점에서 술렁이던 고독의 줄기세포가 꼿꼿하게 등뼈를 곧추세운다. 속살을 저며 드는 바람의 옷자락이 파랑으로 너울거린다. 늘 이맘때쯤마다 계절은 아리게 가슴의 밑면을 파고들어 술렁인다. 슬픔의 잔상들이 바람의 골마다 들쑤시며 심층에서 먹빛 갈기를 곧추세운다. 가을마다 돌기하는 아픔과 슬픔에 나는 오늘도 뭉컹하게 운다. …(중략)… 그래, 이제 바람의 깃에 은빛 날개를 달자. 은빛 날개를 단 바람을 타고 훠이훠이 창공을 날자.

—「바람의 깃에 은빛 날갤 달고 길에 나서다」 일부

내 안의 뚝방이 무너져 내릴 때면, 늦바람난 과부마냥 쏘다니고 싶다. 봄꽃이 분분히 천지에 흩날리면, 이 산 저 산 내달리는 바람 되어 나그네 길을 떠나고 싶다. 삶의 등짐을 뒤란에다 잠시 부려 놓고 땅 끝까지 길을 넓히고 싶다. 자, 이제 떠나리라. 문학의 뼈마디를 보퉁이에 싸매고 최병영 작가가 걸어간 발자국을 밟아가며 길 위의 여정에 오르리라.

대숲에서 일렁이는 대피리 소리를 따라가니 거기서 청량한 물소리가 마중한다. 뒷산에서 흘러내리는 계곡의 물색이 가공되지 않은 수정처럼 원색으로 맑다. 장원봉과 까치봉에서 발원한 물이 폭포수로 떨어져 작은 소(沼)를 이루다가 천천히 대숲 쪽으로 흘러간다. 개울이 물길 굽이진 곳에서 옥구슬처럼 또르르 물소리를 굴려간다. 멀어져 가는 물소리의 여음(餘音)이 긴 파장의 메아리로 되돌아온다. 심호흡으로 청량한 바람소리와 물소리를 가슴 깊이 들인다. 이내 세사의 온갖 고뇌와 잡념들이 제 스스로 까끄라기를 털어내 소멸되고 머릿속까지 명징해진다.

—「소쇄원(瀟灑園), 대숲에 드는 바람소리 온유해라」 일부

작가는 울창한 수목들이 늘어선 숲길을 거닌다. 숲의 청량한 정기를 받아 어둡고 탁한 기운을 뱉어내고, 허파자루에 짙푸른 산기운을 욕심껏 채워 넣는다. 산정을 휘돌아 골짝으로 내달리는 바람을 따라가니 계곡물소리가 마중한다. 콸콸콸 시원스레 흘러내린 둥근 물소리가 세속에 찌든 시커먼 영혼을 비질하여 선의 경지에 들게 한다. 초록의 묵향에 그는 이미 숲이 되어 있다. 그의 몸 안에 수목이 우거지고 냇물이 흐른다. 구름이 떠가고 새들도 날아다닌다.

연극의 막이 내렸다. 무대를 비추는 스포트라이트는 눈부셨다. 많은 찬사와 갈채 속에 마지막 무대가 장막을 닫았다. 장막의 내부는 웅대하고 탄탄했다. 많은 시선들이 떠나지 못하고 장막 안에 머무르고 있었다. 무대 밖엔 세차게 비가

내리고 있었다. …(중략)… 그녀가 미친 듯이 키들키들 웃어댔다. 어디를 뛰어다녔는지 붉은 황토가 잔등에서 머리칼까지 점점이 튀겨 있었다. 미쳐 사는 게 진짜 사는 거라고 했다. 연극에 미쳤을 때 진정 사는 것처럼 살았다고 했다.

—「〈우리 읍내〉, 비 오는 날의 수채화」 일부

바람의 언저리에 비가 질척거린다. 범람하는 황토 빛 물결 위로 젊음이 젖는다. 사랑이 젖는다. 방황이 젖는다. 어디선가 동백꽃 한 송이가 자지러지게 웃어댄다. 바람처럼 헛도는 빈 웃음 속에 그녀의 깊은 고뇌가 들려온다. 미쳐 사는 게 진짜 사는 거라고……. 여태껏 반들반들 잘 닦여진 수월한 길만을 고집해온 인생길에 돌 웃음을 던지는 파장을 바라보며 생각에 잠긴다. 앞장서 길이 되지도, 가다가 길이 막히면 헤쳐 나가지도 못한 지난날들이 부유물처럼 떠오른다. 살아 있지만 사는 것 같지 않은 헛인생이 그저 아쉽기만 하다. 물살을 거슬러 오르는 연어 떼처럼 한갓 부질없는 대거리일지언정, 살아 있는 생명들은 그렇게 다 거슬러 오른다는 걸 동백꽃은 웃음으로 말해주었다. 죽은 물고기만이 허옇게 배를 뒤집고 물살 위로 유유히 떠내려간다는 걸 동백꽃은 죽음으로 일러주었다.

갯벌 생명들은 물때가 가까워질수록 점점 더 가빠진다. 도요새가 바삐 다가오자 도망치기에 이미 늦었음을 인지한 농게가 본능적으로 집게발을 들고 대항한다. 가벼이 집게발의 공격을 피한 도요새가 날카로운 부리로 쪼아대자 농게는 순식간에 두 동강이 나고 만다. 도요새가 농게의 딱딱한 몸체를 먹기 좋게 다듬질하여 목구멍에 집어넣는다. 농게의 생명을 건 용감하고 무모한 투쟁은 이내 허망하고 처참한 결과로 귀착되고 만다. 약육강식의 세계는 늘 처절하고 비참하기 그지없다.

—「갯벌이 빚어내는 삶과 죽음의 처연한 풍경」 일부

살아 있는 모든 유기체는 누구나 다 먹어야 산다. 먹는 것에 대한 욕구가 가장 우선되는 본능이다 보니 밥 한 톨에 비굴해질 수밖에 없다. 생애 전반에 걸쳐 밥만큼 비참하게 내 존재를 지배했던 적이 있었던가. 원형에 충실한 삶일수록 생존의지가 강하다는 걸, 밥을 탁발해온 이들은 다 경험했으리라. 얻을 것이 있어야 생명이 꼬인다고, 밥을 흥정하다 얼키설키 뒤엉켜 모가지를 잡고 늘어질 때도 허다했으리라. 더 많은 밥을 차지하려고 제 몫이 아닌 줄 알면서도 막무가내로 북북 우겨댈 때도 허다했으리라. 밥에는 이런 억지가 있어서인지 입 안에 넣으면 곧바로 비린내가 난다.

오래 전, 밭이랑을 타고앉아 호미질하던 어머니의 신발이다. 빛바랜 수건 친친 두르고 해와 달을 견인하여 고랑을 일구던 어머니였다. 솔 껍질 같은 날들의 틈바귀에서 오로지 피붙이를 먹여 살리기 위해 밤낮없이 밭이랑을 일궈야 했던 어머니였다. 밭이랑마다 서리서리 호미 날 끝에 묻어나오는 구슬픈 타령 한 곡조 주절거리며 설움으로 허기진 삶을 다독여야 했던 어머니였다.

—「갯벌이 빚어내는 삶과 죽음의 처연한 풍경」 일부

밭이랑 따라 깨끔질로 걷다가 움찔 멈칫한다. 어디선가 비릿한 슬픔의 냄새가 난다. 킁킁거리며 그 냄새를 좇는다. 울 엄마다. 울 엄마 냄새다. 큼지막한 생을 보퉁이에 이고 홍시 빛 달뜬 사랑을 내보이며 저만치 멀찍이 서서 아롱아롱 눈물짓는 울 엄마. 어쩌다 시뻘겋게 달아오르다가도 떫지근한 성미에 물러터지고 마는 촌뜨기 같은 울 엄마. 일평생 자식들의 앞날에 티를 가려내느라 늙어 쇠잔해진 엄마에게선 늘 습지고 퀴퀴한 냄새가 났다. 그땐 그 냄새가 너무도 수치스러웠다. 살을 에는 아픔을 참아내느라 억장이 문드러져도, 바람 잦을 리 없는 마음에 잔걱정이 누에알처럼 슨다한들, 엄마는 그래도 되는 줄 알았다. 그땐 그런 줄 알았다.

흘러간 뽕짝가요의 구성진 노랫가락을 따라가니 정선 명물 각설이의 엿가위 장단이 낭자하다. 구경꾼에 둘러싸인 각설이가 재담으로 장마당을 한바탕 웃기더니 북장구 치며 한창 신바람 고개를 넘어간다. 불현듯 각설이판에 들어 풍물 한 장단 연주하고픈 본능적 욕구가 치민다. 스스로도 제어할 수 없는 치기의 일종이다. 나는 난장에서 풍물놀이로 어우러지는 순박하고 자연스런 정경에 한껏 매력을 느낀다. 일정하게 규격화된 격식 없이 그냥 신명이 주도하는 대로 자유로이 연주하는 흥의 느낌이 각별하기 때문이다. 풍물악기 중에서도 꽹과리와 모듬북에 대한 연주 욕구는 더욱 강렬하다.

—「정선, 아름답고 순결한 땅에 설화는 지피고」 일부

쑥덕쑥덕 굿마당이 술렁댄다. 어디선가 먹구름이 몰려온다. 세찬 바람이 불어온다. 천둥번개가 내려친다. 꽹과리를 두드리는 물 찬 제비 같은 그가 굿마당에다 한 됫박의 소리군락을 퍼질러놓는다. 가락이 굿마당 위로 꽃비처럼 흩뿌려진다. 가락은 입 다문 소리를 버성기고 만상을 춤추게 하는 신묘한 주술을 부린다. 소슬바람의 등에 무등 탄 나뭇잎새들이 사라락사라락 수다춤을 추며 까불댄다. 굿마당을 힐끗힐끗 곁눈질하던 바람도 흥에 겨운지, 휘익 휘이익 마른 풍경소리로 장단을 메긴다. 산마루에 걸린 쑥대머리 햇살도 좋아라 산만한 머리채를 풀어헤치며 너울댄다. 심 봉사 같던 국악이 그의 상쇠소리에 바야흐로 실눈되어 간다. 한때 색주가의 수박등 같은 화려한 문명을 꿈꾸었다. 원시의 힘으로 불끈 솟구치는 촌스런 아우성이 어지러웠다. 시간은 사람을 묵게 만드나보다. 어느덧 내 인생도 중모리 내리막길로 들어서면서 흙냄새 물씬 풍기는 소박하고 뭉근한 우리 풍물이 좋아졌다. 걸쭉한 입담을 구성지게 늘어놓는 덥수룩한 인생들이 시름도 고뇌도 잊은 채, 흥겨운 가락에 왁자지껄 쏟아내는 걸걸한 너스레가 좋아졌다.

작가는 전통문화에 대한 해박한 지식과 뛰어난 풍물 연주력을 갖춘 풍물패 마당의 상쇠이다. 그는 우리의 전통적인 정서라 할 수 있는 흥과 한을 풍물소리로 푸지게 풀어내어 글 속에다 절여둔다. 긴 강물처럼 곡절을 겪으면서 흘러온 풍물가락이 자지러지는 꽹과리소리에 농익어 간다. 세월의 뒤란 저편으로 사라져가는 옛것들을 풍물소리로 옹골지게 풀어내어 해탈에 이르는 그의 예술세계에 마술 걸린 듯 나도 덩달아 무아지경이 된다. 오늘도 나는 전통악기를 두드리며 굿마당에 시주된 그의 꽹과리소리를 내 안으로 쓱쓱 쓸어 담는다. 고뇌와 울분을 소리로 풀어내고 춤으로 달래 온 작가의 삶을 통해 무욕의 소탈한 풍류를 배운다. 바람을 만나 가락을 엮고 사람을 만나 인정을 다져, 내 안에 식지 않는 천년의 신명을 익힌다.

> 갯바위가 파도더미에 잠겼다가 한참 후 몸체를 드러낸다. 참으로 숙명적으로 아픔을 떠안고 살아가는 고된 생이다. 저 갯바위는 평생 저처럼 파도에 시달리며 생을 살아왔을 것이다. 파도에 부딪쳐 멍들고 부서지면서도 악착같이 일어나 파도에 맞서고 있을 것이다. 그러기에 갯바위를 보면 마음이 아리다. 갯바위의 처절한 삶이 느껴져 그렇고, 예전에 갯바위에서 바다를 응시하던 여인이 있었기에 그렇다.
>
> —「해오름의 심지 촛대바위, 그 장엄한 불꽃」 일부

파도에 헹가래쳐진 바위섬에 올라 사념 한 줄기가 스치듯 나풋나풋 뒤챈다. 하늘과 바다가 맞닿은 아득한 수평선 아래로 해가 떨어지면, 집 나간 아낙처럼 쓸려간 추억이 그의 마음을 허비적댄다. 불꽃은 사위었지만 불기운이 남아 있는 숯덩이처럼, 세월의 영묘한 연금술에 난폭하게 유린당한 추억 한 두름을 건

져낸다. 갯바위에 올라 넘실대는 파도더미를 바라보던 여인의 젖은 침묵이 누렇게 단풍든다. 노도처럼 사납던 아픔이 할퀴고 간 곳에 활화산같이 뿜었던 애증도 곱게 진다. 그리움은 세월 속에 묻히고 옛 사랑은 어스름 속으로 침잠한다. 달빛에 젖은 사랑이 별빛에 마를 즈음이면, 흠씬 곪은 상처 위로 발그레 물든 연분홍 꽃잎 하나 화알짝 피어날 게다.

> 요즘에 심심치 않게 문인들이 자비로 자신의 시비를 세우는 낯간지러운 정황을 목격한다. 육중한 오석(烏石)이 깃털처럼 가벼운 행간에 상투적인 의미를 포란(抱卵)한 모습을 보면 무척 가련해 보인다. 시인이랍시고 누구나 자의로 시비를 세워 홍수를 이루는 기막힌 상황은 배제되어야 한다. 그런 의미에서 나는 아직 시비 하나 갖지 못한 가난이 오히려 자랑스럽다.
>
> —「마산, 뜨거운 저항의 혼불 시비로 새기다」 일부

요사이 문예지에 발표되는 작품들을 훑어보면 시답잖은 덜 여문 신변잡사들만 잔뜩 늘어놓다가, 구렁이 담 넘어가듯 어물쩍 봉합한 글들이 수두룩하다. 그러한 책이 마구 쏟아지다 보니, 처절한 산고의 고통을 치르고 얻어진 작품은 땅바닥에 내던져진 할인마트 전단지 광고보다 무가치하다. 돈이 되지도 그렇다고 남이 알아주지도 않는, 한 끼 밥값보다 헐한 책을 내놓고 세상과 한판 맞짱뜨려는 그의 무모함에 생인손 앓듯 아려온다. 굵은 소금이 한 됫박인데 생각하면 푸른 바다처럼 상할 마음 하나 없다고 말한 시인이 누구였던가. 오늘도 공들인 것에 비해 헛농사가 될지언정, 묵묵히 글밭에 씨를 뿌리고 땅을 경작하는 그의 땀내가 이랑마다 배어들어 달무리를 삼킨 듯 내 안이 뭉클해진다. 얼마 전 직장인들을 상대로 가장 행복한 직업이 무엇이냐는 설문조사가 있었다. 뜻밖에도 예술가가 1위의 대열에 올랐다. 종일 업무에 시달리는 직장인들과 달리, 예술가는 자신이 원하는 일을 거리낌 없이 할 수 있고 보람을 느끼기 때문이라고 한다. 돈도 명예도 아니 되는 불가촉천민 문단의 말단자리가 오늘따라 대우주만큼이나 크게 와 닿아 두 어깨가 으쓱으쓱 우쭐해진다.

> 고요하고 경건한 혁명이다. 정결하고 평화로운 혁명이다. 거룩하고 순결한 의식(儀式)의 발현이기도 하다. 혁명의 색깔은 하얗다. 혁명군은 엄숙한 몸가짐으로 순식간에 온 세상을 평정한다. 기존의 고루한 흔적들을 모조리 지우고 백자

같은 순백색으로 여백 많은 세상을 연다. 혁명으로 인하여 세상이 청순한 눈망울로 새롭게 태어난다. 허위와 질시와 탐욕으로 구각 난 문명의 잔해들이 맑은 성정으로 순연해진다.

—「안동, 겨울 강에 흰꼬리수리 날아들고」 일부

진종일 눈이 내린다. 모난 세상 위로 눈더미가 다복다복 쌓인다. 눈은 먼저 내린 것들의 주검을 겹겹이 딛고서야 쟁여진다. 마을을 휘돌아 나가는 실개천에도, 산길의 돌부리에도, 지상의 사금파리에도 눈 무덤이 돋아난다. 백색의 생명체로 인하여, 나는 세상을 향해 날을 세우지 않아도 좋으리라.

인생살이
— 술이란 녀석에게 · 2

어매, 쓴 거

소태 같은 세상살이
원래 그렇다지

네 잘못 아니거늘

슬픔 삼키고
아픔 삼키고

간밤 쓰린 속
해장술로 달래며

네 탓하는 사람들.

—「안동, 겨울 강에 흰꼬리수리 날아들고」 일부

이 눈치 저 눈치 보며 기죽어 사는 인생. 거간꾼 같은 술을 빌리지 않고서야, 어이 고성방가 큰 소리 한번 오지랖 떨 수 있으랴. 대장간 풀무처럼 불을 지피는 술을 빌리지 않고서야, 어이 근엄한 넥타이가 가붓하게 세상 사는 이야기 한 두름 내보일 수 있으랴. 권커니 자커니, 하늘이 맴을 돌고 땅이 요동을 친다. 반쯤 열린 술집 처마 밑으로 혀 꼬부라진 욕지거리가 각색 없이 마구 쏟아져 나온다.

그런 술을 최병영 작가인들 무슨 재간으로 마다하겠는가. 나는 그에게 술 한 잔 그득히 부어 권한다. 어지러운 세상, 이슬 꽃이 아니고서야 무엇으로 천상의 유열을 맛볼 수 있으랴. 부어라 마셔라, 하늘이 무너진들 땅이 꺼진들 어떠하리.

> 어느 해, 새봄이 예천에 들어 둥지를 틀었다. 봄이 무르익은 동산에서 연꽃마을에 수용된 중증 뇌성마비장애인 한 쌍이 사랑을 꽃피웠다. 천진하고 순결한 그들의 사랑이 향기 짙은 동산에서 원색으로 꽃망울을 터뜨렸다. 축복 속에 결혼을 이룬 그들은 행복했다. 하지만 뇌성마비 부모에게는 그와 똑같은 중증장애아가 태어난다는 비극적인 현실을 운명으로 수용해야만 했다. 경식이는 그렇게 태생적으로 정신박약아가 되어 태어난 안타까운 사랑의 결실이다.
>
> —「예천(醴泉) 가는 길, 봄이 물큰하더라」 일부

목젖을 내보이며 자지러지게 웃어대는 어린왕자, 세상의 바보들은 한결같이 우스꽝스럽게 생겼다. 이름조차도 야무지지 못하고 엉성하기 그지없다. 귀를 닫아 세상의 소리를 잘라버려서일까. 누가 놀려대도 앞니를 헤벌쭉 드러내고 그냥 웃기만 한다. 아마도 바보는 세상의 명리를 다 벗어던지고, 영혼의 자족을 지향했던 디오게네스 뒤를 이을 이 시대의 마지막 철인인지도 모른다. 내가 삶을 온전히 지탱할 수 있는 것도 주변에 잘난 사람들이 많아서가 아니다. 오히려 보잘것없어 보이는, 소외된 생명체들로부터 일상사에 지친 기운을 되찾곤 한다. 그들은 나를 에워싸서 넘어지지 않게 부축해주고, 척박하고 그늘진 마음을 청정하게 여과시켜준다. 호수가 산을 다 품을 수 있는 것은 깊어서가 아니라 맑아서이다. 바보가 좋다. 순수가 좋다. 그 모자란 듯한 일그러진 삶이 좋다.

> 대한민국에서 가장 비싼 땅을 딛고 선다. 단 한 뼘에 억 소리가 나는 금테 두른 땅, 가만히 한 발 딛고 서니 금세 머리카락에서 신발까지 온통 황금빛으로 물들어 번쩍인다. 절로 고개가 빳빳이 들려지고 오금이 곧게 펴지고 등뼈가 통나무처럼 꼿꼿해진다. 명동에서 나는 평소에 이성으로 꽉꽉 억눌렀던 속물적 자아 본성의 밧줄을 풀고 엄청난 부자의 반열에 오르는 희열을 체험한다. 한순간에 어깨에 잔뜩 힘이 들어가 으쓱거려지고 동공은 자꾸만 거만하게 위로 치떠진다. 돈이 사람의 위상을 제고하는 위력과 그 느낌을 알 듯도 하다.
>
> —「명동, 빗속에 잃어버린 젊은 날의 초상」 일부

삶의 궁극적인 가치는 단순함에 있다. 단맛보다는 쓴맛이, 쓴맛보다는 담담한 맛이 더 높은 차원에 있듯이, 요란한 치장으로 분답한 소리를 단출하게 벗겨낸 무덤덤한 비움은 가히 도의 경지라고 말할 수 있지 않을까. 동양화가 북적대지 않으면서도 무언가 신비로운 여운이 느껴지는 것은 미완성의 공간 때문이리라. 잎을 다 떨구어 낸 겨울나무의 텅 빈 단순함을 깨닫는 날까지 내 영혼은 깊은 자숙의 시간 속으로 침잠하려 한다. 문명에 미화된 자아를 자신의 참모습인 양 여겼던 허상의 거품을 걷어내고, 잡다한 세상살이에서 오는 들끓던 마음도 퇴마의식 하듯 쫓아낸다.

노인

흙으로 바람벽한 오두막
심지 그을린 호롱불 밑에서
파뿌리는 자꾸만 은빛으로 늙어갔다
탱자가시로 바람 구멍 막고
철조망으로 계절의 길목 막아보지만
늙음은 이미 지름길을 알고 있었다

태양의 빛살 한 무더기 등에 지고
산 넘고 물 건너 모둠발로 뛰었다
거기서 일렁이는 바람결이
묘목같이 싱싱한 피부에 검버섯 슬어놓고
삶은 갈라진 손마디마다 굳은살로 박혔다
쓰바귀가 회오리바람 말아 올리는 고샅에서
청춘은 가뭄으로 시들어가고
메마른 가랑잎만 우수수 바람에 날렸다

어느 결에 이파리 죄다 떨어진 나목(裸木)
앙상한 가지 곁에다
청양고추처럼 매웠던 생을 부려놓고
노인도 주름 골 깊은 나목이 되어 간다.

—「플라타너스는 빗소리로 우산을 깁고」 일부

도심 한복판에서 딱히 할 만한 일도 마땅찮고, 갈 만한 곳도 여의치 않은, 그저 자리만 축내는 별 시답잖은 노인들. 오랜 지기 하나 없는 썰렁한 도시를 말없이 지켜온 그들의 외로움이 바람결에 일렁인다. 세상 틀 다 바꾼 거만한 도시의 눈이 늙고 야윈 이들에게 흘릴 연민의 눈물인들 남아 있으랴. 모진 목숨 홀로 이어가려니 꺼억꺼억 목이 메온다. 바람은 일터로 간 사람냄새를 몰고 온다. 그럴수록 모가지를 늘이게 하는 그리움이 짙어간다. 텅 빈 마당에 바스락 소리만 들려도, 자신을 찾아온 객인가 싶어 긴 목 빼어 물고 자손들의 안부를 다그챈다. 가까이 있으면서도 다가갈 수 없는 먼 그들을 향한 애틋함이 무구한 사랑으로 짙어진다. 겨울이 다 되지 않으면 솔이 푸름을 모르듯, 청잣빛 물이 듣던 시절엔 늙음이란 전생만치나 아득하게 느껴졌다.

> 한껏 가야금 현을 음률로 다스리던 여인이 애절히 사랑가 한 대목을 내놓는다. 바람결에 나부끼는 구슬픈 소리마디에서 꽃비처럼 은빛 가루가 흩날린다. 이루지 못한 연정과 애련에 대한 안타까운 탄식이리라. 임에 대한 사랑이 그리움과 기다림으로 맺힌 회한이리라. 아픔의 비장한 음결을 타고 열두 줄을 퉁기는 여인의 손가락이 버들가지처럼 가늘게 출렁댄다. 기러기발을 넘나들며 음의 진액을 흩뿌리던 여인의 손끝에 파르르 미세한 떨림이 인다. 낮고 화평했던 가야금 음곡이 점차 격정으로 치달으며 심히 몸을 뒤튼다.
>
> —「탄금대(彈琴臺), 열두 대는 시퍼런 강물에 목이 메고」 일부

달천의 수심보다 더 깊게 곰삭은 정한을 울컥울컥 토해내는 여인의 애절한 가락이 내 심장에 와 닿아 오소소 소름을 돋게 한다. 엷은 햇살이 가지 끝에 도르르 말린 새순을 풀무질해대는 봄이 온들, 산등성이를 타고 내려온 계곡물 줄기가 초록의 향연을 돋우는 여름이 된들 임은 돌아올 줄 모른다. 소슬바람이 나뭇가지를 저으며 맑은 풍경소리를 내는 가을이 온들, 흰 장삼을 걸치고 바라춤을 추듯 나부대는 꽃눈이 온 세상을 덮는 겨울이 된들 임은 돌아올 줄 모른다. 신은 가을빛 그리움, 물빛 안개, 달빛 아래 그림자 같은 아련한 것들을 만질 수도 잡을 수도 없는 먼 곳에 두셨나 보다.

> 사랑이 변치 않는 길로 접어듭니다. 하늘 높이 쭉쭉 뻗은 왕대들이 숲의 터널을 이루다가 길을 터줍니다. 앞에서 중년을 넘어선 부부 한 쌍이 천천히 걸어갑

니다. 굽어진 길에서 남자가 잠시 멈춰 서더니 두어 발자국 뒤에 따라오는 여인의 손을 잡습니다. 땀이 배어 끈적거릴 텐데도 싫지 않은 표정입니다. 젊을 때는 참으로 예쁜 손이었을 겁니다. 그 손이 어느 결엔가 솔 껍질처럼 거칠어졌을 겁니다. 험난한 세월을 여미다 생긴 옹이자국이고 눈물자국이고 한숨자국일 겁니다. 지금, 그 손에 더할 수 없이 뭉클한 사랑을 한 움큼 쥐어주고 있습니다.

—「죽녹원(竹綠園), 대숲에 드는 바람소리 온유해라」 일부

큰 싸리비 뒤를 바짝 좇는 적갈색 나목이 앞서거니 뒤서거니 걸어가고 있다. 걷다 보니 어느새 잎이 다 져버린 숲 깊숙이 와 있다. 삶의 변곡점을 훨씬 넘긴 듯한 달빛 그림자를 이고 어둑한 산길을 내려온다. 달빛 그림자는 토라졌다가 풀어졌다가 내쳤다가 가까워졌다가 발밑으로 자취를 감추었다가 능청스레 고개만 슬쩍 내밀었다가 온갖 요사를 부리면서도 종래엔 하나로 뭉쳐진다. 아, 이럴 수가! 서리 맞은 노을이 한나절 태양보다 더 붉은 꽃빛을 담아낸다는 걸 여태 알지 못했다. 빈 가지만 남은 앙상한 나무가 파릇한 청록빛을 뿜어내지 못한대도 그 속에 사계절 아름다움이 스며 있다는 걸 여태 알지 못했다. 늙음은 추하다지만, 마음의 안뜰은 오랜 연륜으로 정갈하게 가꾸어져 깊고 그윽하다는 걸 여태 알지 못했다. 서방도 헌 서방이요, 마누라도 헌 마누라요, 사랑도 헌 사랑이니 헐값에 팔려다가 함께 넘어가야 할 인생 고갯길의 동반자인지라 곰삭아 문드러진 긴 한숨으로 앞서 한 말 거두어들인다.

오늘날, 세상이 각박해지고 생존경쟁이 심화되면서 학교를 비롯한 각종 교육기관에서 인성 교육이 사라지고 말았습니다. 인성 교육이 사라지자 공공질서가 무너지고 공동체 의식이 실종되고 있습니다. 극단적인 이기주의와 황금만능주의가 팽배하면서 끔찍한 범죄들이 비일비재하게 일어나고 있습니다. 참으로 아침에 눈을 뜨기 두려운 세상이 되어가고 있습니다. 더 늦기 전에 서둘러 개개인이 갖춰야 할 기본 덕목과 인성을 강화하는 인간교육이 실행되어야 하겠습니다.

—「죽녹원(竹綠園), 대숲에 드는 바람소리 온유해라」 일부

올곧은 생각이 세상을 지배한다. 세월이 과거의 틀을 다 바꾸었다고들 하지만, 만물의 중심은 옛것에서 발원하여 현재를 괴는 지렛대가 아니던가. 근래에 들어 유교문화를 통해 청소년들의 인성 교육을 활성화하려는 노력이 활발

해지고 있다. 전통예절교육과 공동체의식을 함양할 수 있는 '도심 속 선비서당'이 분주해지고 있다. 단순히 지식뿐만 아니라 성현의 철학과 기본예절을 비롯한 사람의 도리도 아울러 가르치고 배운다. 산등성이를 넘고 온 옛 선비들의 맑은 정기가 도시의 어린 유목민들에게 마음의 길잡이가 되어 휘청거리는 인생을 다잡아주니, 안도감에 절로 흐뭇해진다. 아이들이 깔깔댄다. 활짝 드러난 치아가 해만큼이나 눈부시다. 문밖을 기웃대던 햇살이 맑은 소리를 내며 아이들의 습한 마음을 말려준다. 낮볕으로 잘 다듬이질된 아이들의 가슴에서 충효예제의 옛정신이 은행 알처럼 다복다복 맺어진다.

여기에서 시와 에세이가 절묘하게 환상적으로 어우러진 최병영 작가의 작품집 『길에서 만난 풍경』을 갈무리하고 그와의 인연 이야기를 언급할까 한다. 작가와의 인연은 지난 2009년부터였다. 인터넷에서 우연히 작가의 글을 접하고 그의 작품세계에 빠져들게 되었다. 최병영 작가의 작품 「소리꾼」으로 인하여 나의 작품 「舞」를 완성할 수 있었다. 작품 「舞」는 2010년 제2회 천강문학상 수필 부문에서 대상을 받았다. 이후 작가의 글은 내 수필을 풍요롭게 가꾸어주는 거름 구실을 해주었다. 바람난 서방 본가 찾아들듯, 줄곧 붓방아만 찧어대던 무성한 잡초 사이로 그의 글이 가만가만 내려앉기 시작했다. 벼려지지 않는 통찰력과 무딘 감수성에 마음만 조급했던 내 글은 시나브로 푸르스름한 싹이 트면서 간밤 사내 다녀간 과수댁 낯꽃처럼 화사한 빛이 돌기 시작했다. 무미한 사변과 경직된 관념만 모래알처럼 서걱대던 빈 원고지 위에 먹을 듬뿍 묻혀 힘 있게 획을 그어 그의 문체를 흉내 낸다. 오늘도 작가의 글을 낚는 강태공이 되어 셀 수 없는 이문을 남긴다. 푸른 모퉁이를 돌아 마흔의 영마루를 가쁘게 올라서서야, 훌륭한 문학적 지식과 덕목을 갖추고 작가로서 빼어난 그의 이름 석 자가 풍기는 향기를 내 가슴 한켠에 담을 수 있어 온 세상을 얻은 듯 마냥 뿌듯하다.

정 성 희

- 대구교도소 교도관
- 등대문학상 수필 부문 우수상, 교정의 날 기념 학술 · 문예 우수상, 사계 김장생 문학상 본상, 천강문학상 수필 부문 대상, 중봉조헌문학상 우수상, 공무원문예대전 수필 부문 최우수상, 평사리토지문학상 수필 부문 대상 외 다수 수상

문학세계대표작가선 724

길에서 만난 풍경

최병영 시 · 수필집

인쇄 1판 1쇄 2014년 8월 25일
발행 1판 1쇄 2014년 9월 1일

지 은 이 : 최병영
펴 낸 이 : 金天雨
펴 낸 곳 : 도서출판 天雨
등 록 : 1992. 2. 15. 제1-1307호
주 소 : 서울시 성동구 무학봉28길 6 금용빌딩 2F(하왕십리동 966-23)
전 화 : 02)2298-7661
팩 스 : 02)2298-7665
http://www.moonhaknet.com
E-mail : chunwo@hanmail.net

값 15,000원

ISBN 978-89-7954-576-0